吳明隆 著

教學倫理

如何成爲一位成功教師？

教育成功爲師盼，學生進展令人安，
倫常道德要淬勉，理則行爲展風範。

The Ethics of Teaching

How do we become a successful teacher?

五南圖書出版公司 印行

序言

「教育成功為師盼，學生進展令人安，倫常道德要淬勉，理則行為展風範。」

教學是一種科學方法與藝術策略的統合方法，一位成功的教師必須是位讓「學生喜愛接納、家長滿意認同、同仁肯定讚賞」，同時其教學、輔導管教與班級經營、評量、親師生溝通等策略方法都能符合倫理道德準則。要成為一位稱職、成功的教師不難，困難之處在於教師有無正確理念、有無用對方法，若是教師對於整個班級經營事務處理方法不對、用錯手段，則可能傷及學生自尊，未見教育效益反見其害。

《教學倫理》一書在於解析教師應表現的倫理道德行為，書中融入於許多中小學教育實際現況發生的案例，從案例中思辨論述教師的不當行為，這些不符合教學倫理準則行為並非全是不法行為，許多是合法但不合情理的教師行為。一位成功的教師，其教學或管教學生方法必須兼顧情、理、法，從這些案例的解析中，教師可以對自己的教學方法或採取的管教輔導手段加以省思，是否也曾有類似的行為。

本書論述的教學倫理守則實例主要包含五個方面，教學行為倫理、測驗評量倫理、輔導管教評量、親師生溝通評量、教師課堂用語倫理（教師的一句話）。全書提出的案例多數在中小學教育情境中均曾發生過。想要成為一位稱職、成功、有效能的教師，就是要避免重蹈覆轍，有些教學行為是不允許教師從犯錯經驗中習得的，因為這對學生可能造成嚴重傷害。《教學倫理》一書內容是可讓教師變為有效能教師的最佳秘笈策略。

本書得以順利出版，首先要感謝五南圖書出版公司的鼎力支持與協助，尤其是陳念祖副總編輯的聯繫與行政支援。由於筆者所學有限，拙作歷經半年多的琢磨，著述雖經校對再三，謬誤或疏漏之處在所難免，尚祈各方先進及學者專家不吝指正。

吳明隆 謹誌於 國立高雄師範大學師培中心

二〇〇九年六月一日

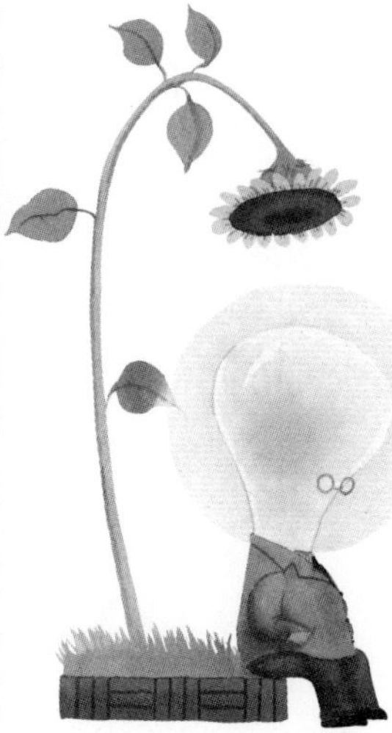

目錄

第一章　教學倫理的意義

「教育之道無私心，學識淵博贏人心，
倫則行爲不偏心，理性管教可放心。」

「師者，教人以道」，教學與研究一般，研究一方面強調的是其科學的研究方法與程序，另一方面則更應重視其倫理（ethics）守則。教學是師生互動的過程，教學不僅是一種科學方法，也是一種藝術策略。企業界重視的是企業倫理（business ethics），所謂「好的倫理即是良善的經營」，醫學強調的是醫病關係，重視的是醫學倫理，一位好的醫生不僅要有精湛的技能與豐富的醫學知能，更要有醫德，醫德就是醫生要遵守的倫理守則或道德規範。在教育現場中，一位稱職的教師，不僅要有教育專業知能，也要恪遵「教學倫理」（the ethics of teaching）守則。瑞士教育心理學家裴斯泰洛齊（J. H. Pestalozzi）認爲學生如爲花木，教師角色就如園丁，教師職責在於因應學生個別差異，開展學生潛能，並培養學生道德行爲。

德國教育心理學家福祿貝爾（F. Froebel）認爲學生同時受到家庭教育與學校教育的影響，家庭教育是學校教育的基礎，他提出「教育之道無它，愛與榜樣」，教師無私的愛及耐心與教師的身教就是最佳的教育方法。「愛與榜樣」、「兼顧學生身心發展與個別差異」就是教師的教學倫理行為之一。教學倫理是教師與學生及家長相處中，應遵守的行為規範與準則」，在班級經營中，若是班級學生常覺得「我們老師動不動就生氣」、「我們老師動不動就喜歡罵人」、「我們老師好像吃錯藥，一件小事情也生那麼大的氣」時，則這個班級的師生關係肯定不會十分和諧，班級氣氛也可能欠缺融洽，之所以如此，其責任在於身爲班級領導者的教師。

未盡職的家長常會被社會貼上「只生不養、只養不教」的標籤；一位欠缺倫理道德行爲的教師，則是「只管不教、只罵不育」，凡是同學有做錯事情，教師只會責罵學生而沒有輔導教育學生。以教學評量而言，沒有倫理道德的教師，其行爲表現是「只教不考、只考不論、只論不思」，沒有評量活動的配合，無法得知教學目標是否達到，學生的學習成效爲何；只有評量考試沒有進行試題內容的檢討討論，學生只知其然（知道答案）而不知其所以然（答案是如何算出來的），沒有達到評量應有的功能；沒有進行省思，檢視學生學習成效爲何如此，則教師沒有眞正了解教學評量的實施意涵，因而教師「不僅要教授，也要考試；不僅要考試，也要討論檢討；不僅要討論檢討，也要省思。」

印度聖哲甘地曾爲現代社會列出七點値得大家檢討與省思的宗罪：「富裕但不勞而獲、享樂但失去良知、有知識卻沒有品格、做生意而沒有道德、搞科學但不知人文、信宗教但卻不懂犧牲、弄政治但沒有原則。」甘地所提的七個宗罪就是各行業人員所應遵守的倫理道德準則。身爲教師「不能只會教書不會教人、只會獨處不會與人溝通、只知有自我而不關心他人（學生）、只以教書匠自滿而不以教育家自許、只知言教而不懂身教、只會處罰責罵學生而不會輔導管教學生。」教育是一種專業，身爲教育工作者必須敬業、樂業，不僅要作爲成功的經師，也要成爲一位成功的人師，如此才能展現教師的風範。

展現教學倫理行爲是一位成功教師必備條件：「教育人才滿杏壇，學文易至養仁難，倫常載覆存師輩，理使身修世道安。」

校園倫理行為案例

1.某國中一年一班班導師爲鼓勵學生努力向上，於班會中讓同學舉手表決訂下一條班規：「課堂中考試不及格的同學，一科要罰交十元作爲班費。」

2.某國小六年級家長跟教師表明想要進一步認識其小孩班上同學，請老師將全班同學的個人資料影印一份，老師認爲是班上家長沒有關係，就將班上同學的個人資料影印一份給此家長，學生個人資料中包括學生家中的電話號碼及家中地址，由於此家長與其他人共同投資某文理補習班，因而又將此資料輾轉交給補習班負責人以招攬學生。

3.學生因違反班規，放學後被導師留下做服務勞動，老師沒有通知學生家長，家長以爲小孩發生意外；而教師自己放學就離開學校，忘記有班上學生留下進行勞動服務。

4.班級學生發生打架或偷竊同學錢財，教師就直接通知警察到校協助處理。

5.課堂中有同學看課外書籍沒有專心聽講，任課教師發現後將課外書籍沒收並當場撕毀，以建立教師的威信。

6.教師發學生考卷時，將分數考得較差同學或未達教師設定標準分數的試卷丟在地上，讓同學自己從地上撿起試卷。

7. 課堂上課中發現有同學上課不專注或與同學講話，教師沒有提醒同學，直接拿起書寫粉筆朝這些同學丟過去。

8. 教師爲鼓勵同學努力向上，凡是定期考查倒數前三名的同學要輪流擔任班級值日生，直到下一次定期考查爲止。

9. 某班教室位於學校廁所旁，同學課堂吵鬧不專心聽講干擾到教師教學活動，被任課教師叫到教室與廁所間的走廊罰站，下課時任課教師直接離開教室，忘記同學被罰站一事，被罰站同學因教師沒有叫其回來，一直站到中午。

10. 某班上因爲有位同學失竊錢包，老師無法找到偷竊者，以無記名投票方式票選那位同學是最可能的偷竊者。

11. 朝會時某班級第一排二位學生因嬉鬧而被校長告誡，朝會結束後導師將全班同學留下訓話，老師訓誡的對象是全班同學而非只是嬉鬧的二位同學，被罰站的也是全班。

12. 某國小營養午餐時間，某位小朋友忘記帶餐具到學校，小朋友告訴老師其餐具忘了帶來，老師爽直的回答：「自己想辦法」，學生想不出辦法，因爲爸爸媽媽都不在家，只好安靜的坐在位置上，看其他同學用餐。

13. 科任教師因爲學生常規稍差，以嚴厲口吻斥責全班學生說：「教到你們這一班，是我最倒楣的一件事。」或「你們這一班是我教過規矩最差的一班。」

14. 學生因爲考試成績不理想，教師發考卷時，一邊分發考卷一邊責罰學生說：「你是豬頭啊！這麼簡單的題目也不會。」

15. 學生因爲家庭因素，營養午餐費未按時繳交，教師將當月未按時繳交營養午餐費用同學的姓名書寫在黑板上，造成未繳交同學被同學嘲弄爲「白吃白喝」者。

壹↓教學倫理的內涵

中國人最講究倫理，「倫爲類、理爲分」，倫理泛指萬事物間錯綜分別的條理；理是仔細辨別事物間，自然存在間的條理法則。因而，所謂倫理，即人與人之間各種正常關係道德規律，爲人類倫常觀念與人倫之道。換言之，倫理乃人類基於理性上的自覺，就人與人的各種關係，而制定出彼此相互間適當的行爲標準，以最簡單的角度來解釋，所謂倫理即是人與人相處的道理，或做人的基本道德準則（林有士，1995）。自古以來中國人對倫理與道德都非常重視，如《詩經．大雅．烝民》所述：「天生烝民，有物有則」、《中庸》所載「天命之謂性，率性之謂道」，其中「天生烝民，有物有則」、「天命之謂性、率性之謂道」皆是強調自然規律或常則，此種自然律就是「理」，北宋思想家程顥、程頤兄弟主張理氣二元論，二者皆以理爲本根，氣爲其次，常則或規律是理之主要哲學意謂，二程子所謂理其實就是規律的意思，理爲宇宙本根，因而規律是事物的根本。中國「倫理」二字連用，見於《禮記．樂記》所載：「樂者通倫理者也。……禮樂皆得，謂之有德，得者德也。」倫理中國用於人與人間相處的「道理」方面，開始得最早，舜命契作司徒，教百姓「五品」相遜，孟子便說是：「使契爲司徒，教以人倫。」〈滕文公〉這人倫在〈禮運〉篇中又說是「人義」，人義即「父慈、子孝、兄良、弟弟（悌）、夫義、婦聽、長惠、幼順、君仁、臣忠。」其用意在論述五種有關係的人，各有對待對方的道理，至於廣泛的對待他人，則要「講信修睦」，此種「人利」，依此意涵，「倫理」便是「作人的基本道理」，作人包括「爲人」（立身在理性）與「作爲」（行爲在道理），作人必須以「理」爲依歸，確實做到便如同本身得到了道理，因而倫理與「道德」（morality）是相通的（余雄，1991；賈馥茗，2004）。

《韋氏大辭典》將「倫理」定義爲「符合社會上之道德標準，或是面對某一種專業的行爲標準。」倫理中的倫是指人倫關係、理是遵守的律則，倫理就是人與人相處互動時應恪尊的道德準則及行爲規範。世界醫學會發行的《醫學倫理手冊》，對於倫理的界定是有別於道德的研究，仔細而有系統地思考與分析過去、現在與未來的道德決定與行爲。可見，道德是倫理中非常重要的美德（virtue），柏拉圖將道德解釋爲善，哲學中對於道德與倫理所指的內涵大同小異。就倫理而言，通常指的是人倫之理，也就是人與人之間互動所需依循的規範原理，倫理之道同時也是組織行爲的準則與規範，倫理是屬於團體自律的範疇，其本身有一套價值規範系統，可以成爲分辨行爲是非對錯的準則（朱延智，2009）。

從人的方面而言，中國把倫理包括於道德之中，若不特指人倫時，最常用的行爲準則一詞爲道德，所以常把合乎倫理的也稱爲是合道德的，西方哲學似乎用倫理一詞較多，倫理這個名詞的出現反而多於道德。在道德意涵方面，柏拉圖認爲「正義與公平」是普遍的善或德，柏拉圖相信道德是「理性」，其中蘊涵著智慧與勇氣，亞里斯多德將德分爲二類：一爲心智或哲學的，稱爲「睿智」；二爲道德的，是實際的行爲表現，包括慷慨、節制、仁慈、勇敢，也可說是實際的智慧，道德是一種理性的選擇，而理性選擇需要相當的智慧。康德以爲正當是自然的正確原則，自有其普遍性，是依哲學與系統知識所作的純科學決定，在行爲方面與「責任」相結合，是道德之一，其中包括三個內涵：一爲正當存在於人與人間外在與實際的關係中；二爲一個人的關係奠基於個人的自由行爲和別人的自由行爲；三爲個人與別人雙方的自由行爲與普遍律相吻合，合於普遍性的行動即是正當的。康德認爲正當法則是一種無上命令，在道德方面的表現有三：一爲公平，即無偏無法；二爲仁，即理性而普遍的愛，利己又利人；三爲自由，即個人的自由不可侵犯別人的自由（賈馥茗，2004）。至於道德，則是人類品行與行爲的卓越表現，同時也是人類人倫關係中判斷是非善惡的標準。道德包括避免（製造）傷害，以及促進快樂與幸福，道德的消極面是不做出傷害他人行爲，道德的積極面是促進快樂。一個行爲若涉及避免傷害他人，或促進幸福快樂，都屬於道德行爲，虐待、斯壓、殺害、欺騙、不誠實、操弄、背信等，都屬於傷害的行爲，因而都是不道德的行爲表現。幫助他人、愛護弱小、尊重他人、除暴安民、誠實公平待人、尊重民主法治等，都可促進快樂，更是道德的行爲。踐踏人權是傷害人的尊嚴，是不道德行爲；保障人權是對人的尊重，是一種道德行爲（楊政學，2007）。

一般道德行爲的判斷標準會從三個哲理論點來判別（高廣孚，1989）：

一、行為動機論

動機論典型代表爲德國哲學家康德，康德認爲行爲的倫理價值，不在於行爲之後的結果，而是行使此行爲時行爲者善的意志（good will），康德曾說：「一個行爲的道德價值，並不繫於所得預期達到的效果，亦非在於任何以效果爲動機的行爲原則。」康德認爲「一個善意之爲善，非因其所生之結果，非因其能達到預想之目的，只因其爲善之意向。」依康德的看法，只有意志有善惡之分，行動的結果無道德的價值，判斷行爲善惡的標準，不能根據行爲的結果，行爲善惡的決定，全以意志或動機爲準，和行爲的結果無關，行爲動機論的倫理觀又稱爲「義務論倫理學」（deontology ethics）。

二、行為結果論

行爲結果論的論點即是目的論倫理學（teleological ethics），代表人物如邊沁（Jeremy Bentham）、彌勒（John Stuart Mill）、赫爾（R. M. Hare）。行爲結果論包含快樂主義及幸福主義，快樂主義者倡導「最大多數人的最大幸福」（The greatest happiness for the greatest number）觀，認定行爲的善惡判斷是根據行爲後的結果，而非是行爲者行使行爲的意志，善意的行爲，若沒有產生善意的結果，則行爲的善意是否爲眞，外人無法得知，動機不分善惡，由動機而產生的結果才會善惡。邊沁及彌勒所提倡的目的論論理學即是一種「功利主義」（utilitarianism），功利主義者認為各種學習活動若是能使人們的生活變為幸福快樂，則其價值性較高。

民國九十八年四月○○市一所國中發生教師對學生「蓋布袋」事情，教師以外套蓋住喜愛打人的學生，之後叫曾遭此學生毆打的七名同學打此學生的背部或屁股。該班導師說，因為這個學生不但常欺負班上同學，更會出手毆打同學，她採取口頭告誡、責備警告或罰學生勞動服務等合理管教策略都沒有效，由於柔性勸導此學生均無法改變學生的不當行為，她改用諮商心理治療法中的「角色扮演」法，讓該名喜愛打人的同學能親自體驗被其他同學打或欺負的感覺。從行為動機論而言，教師的行為是合乎倫理道德的，因為教師的出發點是要矯正學生的不當行為（欺負同學及毆打同學），採用的角色扮演法，是讓當事者親自體驗被人欺負的感覺，此外，班導師也注意到不要讓當事者受傷，因而其他被打的同學只能打其背部或屁股，教師的出發點是好的，是有教育意涵的，是為了導正學生霸凌行為。但從行為結果論的觀點而言，教師採用的以暴制暴的方法，以外套蓋住當事者，叫其他被霸凌的學生真正出手打當事者，其結果與圍毆同學相同，讓同學有「被人罵就要罵回去、被人打就要打回來」的錯誤認知，此種實際動手操弄互毆行為並不是角色扮演的真正內涵，因而從行為結果論而言，教師採用的方法是有違倫理道德行為。

三、非規範論理觀

行為動機論與行為結果論均是一種「規範倫理學」（normative ethics），此二種規範倫理學各有其不足之處，人類行爲表現除了受動機意志影響外，也同時可能受到其它外在變因影響，一個結果行爲也可能受到行使者所處生態的環境而影響。非規範論理（non-normative ethics）觀認爲道德判斷的準則可能因人而異，因而若能同時兼動行使者的動機、行爲的歷程與行爲結果進行綜合判斷，則較能歸納出一個較爲合理而爲多數人能接受的準則。

倫理規範也重視正義原則，此種倫理通常稱爲正義倫理，正義倫理公平、公正的處理事情，將個人的情感從事件中抽離，強調普遍性原則，依法行校、依理行事就是正義倫理意旨，至於關懷倫理則強調人與人之間的互動關係，重視他人的內心感受及行使者的關懷，考量行爲者所處的生態脈絡。日本東機電力株式會社企業倫理行動宣言明確指出：「我們堅持個人倫理觀，以良心和良能爲根本，以公正誠實進行事業的活動。」其宣示的五項基本倫理原則爲：1.遵守相關法令與法規；2.完全尊重個人的權益與利益；3.以良好的社會均會均衡，沒有欺瞞社會大眾；4.以達成社會責任的自覺爲主要目的；5.以廣大的視野，迅速的行動爲爲主。一般商業倫理的律則爲「企業如果經常以不合法，不道德的手法經營，社會（人士）就會通過其政府進行干預，驅使企業重返正途。」（劉原超，2007）。有企業倫理者，會強調利己利人，重視產品的品質，企業內組織氣氛和諧，企業員工有組織有強烈的投入感與工作熱忱，規範合理、健全及合理的人事管理制度，表現關懷倫理、群體合作倫理；對外秉持顧客至上與信譽保證，強調高品質的產品，沒有欺騙、虛偽行爲，企業品牌能獲得廣大消費者的信賴。

倫理道德與法律規範有些是重合、有些是有區別的，如不可偷竊他人財物、不可傷害他人、不可以殺人、不可縱火、不可惡意散播不實言論等，既是倫理道德行爲也符合法律規範；法律規範有其最基本的底線，但倫理道德有時視情境與個人價値觀而不同，如教師在馬路上看到別校學生在打架，因懼怕被傷害而沒有勸架，造成其中一位學生重傷，此教師並沒有法律責任，但教師看到學生在打架卻沒有採取積極的措施，如勸架或迅速通知警察前來處理，此教師會受到社會大衆的譴責，因教師違反倫理道德規範；再如學生上課時間，蹺課離校發生車禍而受傷，家長不能要求學校對學生受傷負損害賠償責任，因爲即使學校疏於管理，導致學生有機會蹺課離校，車禍發生和學校疏於管理並沒有必然的因果關係，如果班級教師未通報學生蹺課離校的事情，教師可能要負行政責任，學生車禍受傷住院，學校雖無民事、刑事責任，但定要負起道義責任，協助學生或家長處理後續事宜，以確保學生的權益（黃旭田，2006）。法律除了區分蓄意犯罪是過失犯罪（如殺人）外，一般不會管犯罪動機，也不深究這種行爲背景和環境原因，它只專注於行爲及行爲後果本身，而道德通常要考量到行爲內在動機與社會背景，因而某些案例的判決，會出現法律判決與社會輿論相背離的情況，如果說「法律是最低限度的道德」，可能最容易同時顯示出法律與道德的重合與區分，若是社會道德是一種「低限倫理」，則法律則可說這種「底線倫理的底線」（何懷宏，2002）。

《說文解字》上：「倫，道也」，《孟子・滕文公》篇「人倫明於上、小親於下」，對於倫的解析意偏向於人與人的正常恰當關係行為，至於「理」則是一種規範或準則，因而「倫理」就是人與人相處時應遵守的規範準則。綜合以上對倫理一詞的詮釋，可將「教學倫理」定義如下：

「教師在整體教學歷程中，所要恪遵的道德規範或行為準則，其倫理道德內涵包括教學行為、測驗評量、輔導管教、親師生溝通，教學倫理的展現在於保障學生學習權，促進學生知能成長、具備正向品德行為。」此意涵包括以下幾點：

1.整體的教學過程

整體教學歷程包括教學行爲、評量實施、管教活動及親師生的互動，這包含所有教師廣義的教學行爲表現，因而除了課堂的教學行爲、教學評量、學生管教與輔導外，也包括教師在課堂外的行爲，如親師互動、與行政人員溝通等。

2.遵守道德的準則

教師所要遵守的道德規範或行爲準則即爲倫理專業行爲，此種倫理行爲包括教師的言教、身教，教師的一舉一動、一言一行、行爲操守均要符合教師專業規範。教學倫理的實踐在於保障學生的學習權，展現教師的專業自主權，教師專業自主權包括教師自主與自律，教師專業自主權是立法機關與社會大眾給予教師的權能，教師可以決定上課方式、成績評定方法、管教與合理處罰學等，教師的專業自主不能恣意或無限上綱不受任何限制，教師的教學行爲、輔導管教、測驗評量與親師生互動均必須符合社會規範與倫理道德，否則教師的權威就不是正用，而是一種權威的濫用與誤

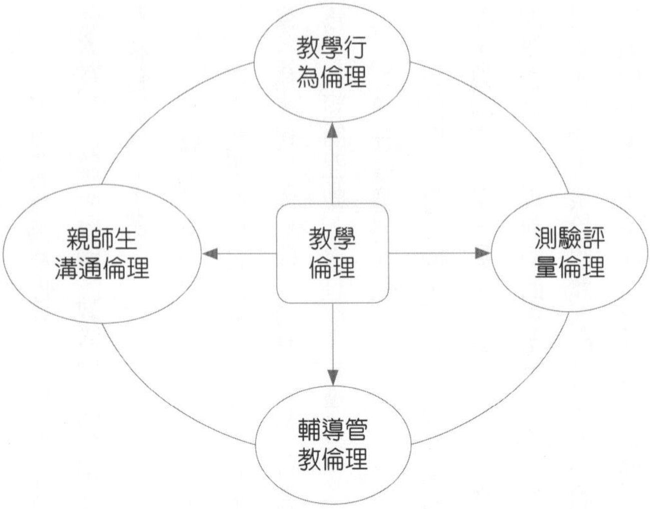

圖1-1　四個主要教學倫理內涵模式圖

用，嚴重的違反教學倫理道德，就是一種違法行爲必須訴諸司法解決

3.全人教育的發展

教師教學倫理表現在於展現教師的專業，提升教師的素質，其目標在建構一個人性化、民主化的學習情境，讓學生樂於學習、喜愛學習，品格及知能均能正向發展。教學倫理實現的目的在於友善班級的營造，讓學生學習權得以保障，此外，也保障學生的自由權、隱私權、健康權、人格權等法律上的基本權利，讓學生能得到良好的教育，身心得以適性發展，智能得以被導引啓發，人格自尊獲得尊重。

教學是一種動態的歷程，不論是教師中心或學生中心導向的學習，教學均是師生互動的歷程，但一般教師對於教學普遍存有以下迷思：

迷思一：把教科書當作唯一的課堂教材

教學迷思之一爲教師將教科書當作聖經，教學就是純粹把教科書的內容教完，其實教科書是學生學習的素材資源之一，許多非書本中的知識如潛在課程也是非常重要的，但教師認爲依教學進度將課本單元或章節如期教完才是教學中最重要，甚至趕進度也無所謂，只要將進度如期上完，就算完成教學工作，至於學生的吸收與轉化情形，則不是教師的職責。

迷思二：知識傳授視爲唯一的教學責任

教學迷思之二爲教師只重視知識的傳授，完全以教師爲中心將課本知能傳授給學生，教師是主動知識傳播者、資訊給予者，學生是被動知識吸收者、資料接受者，由於教師具有專家權，因而學生視教師講授傳遞的知識爲唯一的知識來源。課堂中教師只重視將課本教材的知識很快的傳遞給學生，至於學生是否聽懂、學生的學習態度、待人處世行爲與品德表現，就不是教師教學的職責所在。

迷思三：成績高低作爲唯一的評量成效

教學迷思之三爲教師的評量只以紙筆測驗或實作表現的結果作爲唯一的成績來源，重視學習結果忽略學習歷程與學習者的學習態度及學習投入，如藝術及人文領域課程中的繪畫、表演、才藝，健康與體育領域的技能等，教師只以最後成果（產品）作爲學生唯一的成績評定，忽視學生在整個歷程中的投入與學生的進步情形。紙筆測驗中以學生的成績高低作爲評定學生努力投入程度，不管學生資質不同與個別差異的事實。

迷思四：班級教室作為唯一的學習場所

以班級教室作為課堂教學的唯一學習場所，唯有在班級教室內的教學才算是正式的教學活動，此種迷思為一種「教室中心」或「空間中心」的教學，因而有關班級外的學習活動會被教師加以排除，因為教師認為沒有必要，也會增加教師的負擔並承擔學生安全的風險。

迷思五：教學活動當作唯一的制式流程

教學活動不論是採用講述法、分組討論或實驗操作，教師均把每個單元教材及教學活動視為標準化的流程，此標準化的程序為引起動機、發展活動、總結活動與測驗評量，將教學制式程序套用於所任教的所有班級。將教學視為標準化程序，會忽視班級間的差異與班級屬性的不同，也忽略了班級內個別差異的事實，沒有考量到學習者當時的身心狀態、先前經驗等，教師將教學視為一種「教師職業」，並將教學視為一種例行工作，缺少「敬業與樂業」的態度。

迷思六：成績不佳被視為是學生程度差

不論是紙筆測驗或實作評量，教師採用的絕對標準參照的評定，尤其是紙筆測驗時，學生若是考試成績不佳，教師將其結果完全歸因於學生因素，如學生資質差、不夠努力、上課不認真等，而沒有反思自己的教學行為，及試卷題目的適切性等。每當學生考試成績未達教師期望標準，教師就只會單方面責罵學生不認真，或對於學生的學習成效完全不管，而從未採取任何補救策略。

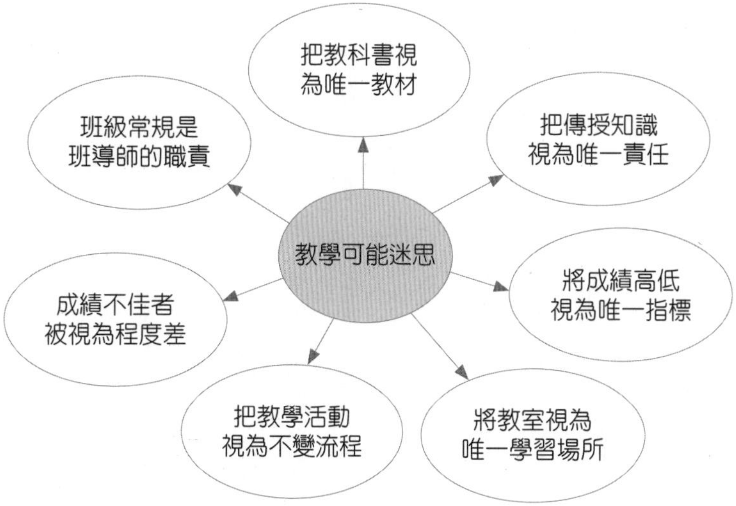

圖1-2 教學可能迷思

迷思七：班級常規是級任老師的職責

科任教師教學時通常只負責將課本知識有效率的講授完畢，對於班級學生常規與課堂中學生的衝突行爲視而不見或見而不管，他們認爲學生常規不好完全是班級導師的責任，課堂學生學習態度不佳是班級導師的班級經營不善，科任教師不必負責班級經營與學生常規問題處理，課堂中學生的衝突或不當行爲必須由導師或教官處理，科任老師的主要工作就是「教書」，將課堂內容依進度教完，評定學生成績，將成績準時交給教務處。

研究倫理的理念，應用於教學領域也是如此。教學不但要重視科學方法、藝術策略，尤其要重視「教學的倫理」（the ethics of teaching），如果教師不重視教學倫理，便無法展現其科學精神與藝術方法，更無法提昇其教育的專業素養，表現教育的專業精神，也違背了身爲教師應有的涵養與應盡的義

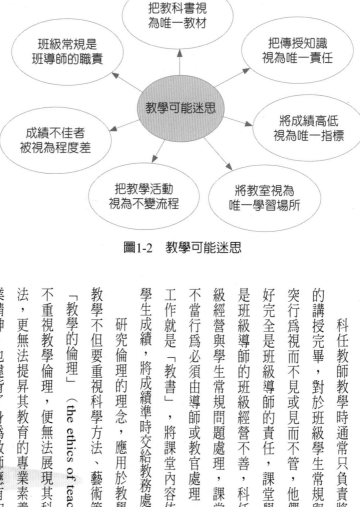

務。一位兼具效能與效率的教師，是位教育專業倫理行爲的實踐者；一位能營造良善班級氣氛與優良班級文化的教師，也是位教育專業倫理行爲的展現者；一位受到家長、同事、學生稱讚的教師，更是位教育專業倫理行爲的落實者。

教育工作者，相信人類的價值與尊嚴，知道尋求眞理，追求卓越和民主原則是非常重要之舉。學習和教導學生維護自由，保証每一個人教育機會平等是達到這些目標所必須的。教育工作者應該接受這個職責，以負起支持最高倫理標準之責。教育工作者了解到固有職責在教學程序中的重要性，爲了贏得同事、學生、雙親或社區團體的尊敬與信任，希望達到符合最高倫理的要求。「教育專業的倫理典範」（code of ethics of the education profession）表達了教育工作者的期望，並提供了行爲判定的標準（Strike & Solits, 1992）。教師專業自主權的展現，包括教師自主性與自律性，由於教師具有專業自主性，因而教師可根據其專業知能決定教學的一切歷程，不受他人的干擾或支配，但此種專業自主性下所採取的各種方法或策略，都必須使學生學習權及人格權不受到傷害，否則教師的專業自主就不符合倫理道德守則。

教學不僅教學生知識，更要教學生品德行爲；教學不僅教學生課本教材內容，更在教導學生做人處世道理；教學不僅在教學生，也在教導教師個人，教師從教學中反思自己的教學過程，與學生互動中檢視自己的言行；教學不僅要敬業，更要樂業，教師要喜愛自己的教育工作，如此，才能投入更多的心力；教學不僅要重視教學效率，有效掌控進度，更要重視教學效能，讓學生的知能成

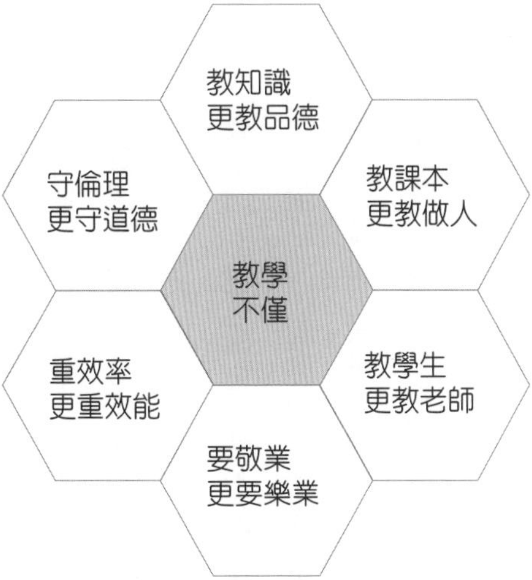

圖1-3 教學倫理模式圖

長，品德行爲有正向改變；教學不僅要符合倫理守則，教師所做的教學活動與輔導管教都要符合專業道德行爲，在法的前提下，兼顧理與情。

貳、美國國家教育學會的教育專業倫理守則

「教育專業的倫理守則」（Code of Ethics of the Education Profession）表達了教育工作者的期望，並提供了行爲判定的標準（Strike & Solits, 1992），「美國國家教育學會」（NEA）及其分會對於教育專業倫理守則有以下詳細的述說，包括教師對學生的承諾與教師的專業承諾（Strike & Solits, 1992；林延慧、張振華譯，1999）。

一、原則一——對學生的承諾

教師們應積極努力幫助每位學生了解他或他的潛能，使其能成爲社會有用的份子。因此教師要盡心地啓迪學生的心靈，探究了解其知識的需要，使其能達

卓越的目標。爲了充實學生的責任感，老師必須：

1.不該爲了追求學習，無理的限制學生的獨立行爲。

2.不該爲了轉移學生的學習觀點，而無理的否定學生之學習權利。

3.不該刻意對學生進步相關的議題加以壓制和扭曲。

4.盡可能的去保護學生，避免損及學生的健康、學習與安全。

5.不該恣意讓學生受窘或刁難謾罵學生。

6.不該因種族、膚色、宗教、性別、國籍、婚婚狀況、政治、宗教信仰、家庭、社會或文化背景不同，而使學生受到不公平待遇，如：(1)摒除任一學生參與任何學習活動；(2)否定任一學生的福祉；(3)准許任何好處給予特定的學生。

7.不能因職業上與學生的親密關係而發展有私人利益的關係。

8.除非爲了達到專業的目的而有法律上的需要，否則不可揭露或公開於專業服務期間所取得與學生有關的資料。

二、原則二—對專業的承諾

教育的專業是受到國家或公衆所託付，以信賴和責任要求教育專業服務達到最高的理想。專業的教育服務品質影響了國家和國民。教師應盡其最大努力提昇職業水準，提高專業的判斷能力，吸收值得信任的人投入教育生涯行列，並且幫助那些阻礙學習且非專業的人們。爲了盡教師專業的義務，教師必須：

1.不得蓄意運用專業職權發表虛假的言論，或隱藏有關能力與資格的事實資料。
2.不得僞造專業資格。
3.不得協助已知在品格、教育、或其他相關屬性上之不合格者取得教師專業職位。
4.不要對一些有意想進入這個行業的人故意造假陳述。
5.不得在未經許可的教學實習中，協助非教育工作者。
6.除非是教育專業目的用途或法律特殊要求，不得公開於專業服務期間所取得與同事有關的資料。
7.不可故意對同事施以有敵意的批評或發表虛假的言論。
8.除非是教育專業目的用途或法律特殊要求，不可公開或揭露於專業服務期間所取得與學生有關隱私的資料。

美國國家教育協會於一九七五年頒布的「教育專業的倫理守則」實包含三個部分，第一部分爲適用性，高懸教育理念與理想，堅持教育工作者應擔負最高倫理標準的責任，同時強調此守則對於規範教育專業人員具有強制性；第二部分爲原則一，明列教育工作者應遵守對學生倫理義務的八大條文，以確保學生接受教育的權益與福祉；第三部分爲原則二，明列教育工作者應遵守對教育專業職權與同事倫理義務的八項條文，以確保教育專業水準的優良品質（林延慧、張振華譯，民88）。

「教育專業的倫理守則」也詳述懲罰及法定程序，表現以下特色：強調知識的自由、對待學生要一視同仁、具民主特性、慎思明辨與反映均衡等。

參、教學倫理之承諾—教師在教育專業上的義務

教學倫理轉化為教師的具體行為表現之一，即是教師教學義務，根據《教師法》第十七條明定：教師除應遵守法令履行聘約外，並負有下列義務：

1.遵守聘約規定，維護校譽。2.積極維護學生受教之權益。3.依有關法令及學校安排之課程，實施教學活動。4.輔導或管教學生，導引其適性發展，並培養其健全人格。5.從事與教學有關之研究、進修。6.嚴守職分，本於良知。發揚師道及專業精神。7.依有關法律規定參與學校學術、行政工作及社會教育活動。8.非依法律規定不得洩露學生個人或其家庭資料。9.其他依本法或其他法律規定應盡之義務。

《教育人員任用條例》第三十四條亦規定教師不得在外兼課或兼職：「專任教育人員，除法令另外有規定外，不得在外兼課或兼職。」《國民教育法施行細則》第十八條規定：「國民小學及國民中學專任教師應於規定時間內在校服務；非經校長同意，不得兼任校外職務。前項兼職，以不違反法令規定者為限。」此外，《教師法》第十四條則明定不續聘、停聘及解聘的要件，包括：刑事

犯罪、貪污瀆職、受禁治產宣告、行爲不檢、教學不力，不能勝任工作等，亦表示教師之間應履行的義務有：遵守法令，檢點行爲及認眞工作。國內曾經發生某高中教師性侵害學生，學生指控遭到教師性侵害，但教師卻辯駁其行爲只是性騷擾並未達到性侵害的程度，當事者只有遭到學校停聘還領取半個月薪水，經人本教育基金會的抗議，學校才改將當事者解聘，在教育職場中，不論是性騷擾或性侵害學生均已經違反教師倫理道德行爲，尤其是性侵害學生，此教育人員已嚴重違反教師義務及教師倫理守則，學校應依照《教師法》法令，依照程序將當事者解聘。身爲教師對自己的品德操守必須有更高的要求標準，若是對學生同仁有性騷擾行爲已違背教師的道德標準，若再對學生有性侵害行爲，則此教師已不適合擔任教職。

教師在教育專業上的義務，綜括起來，包括以下幾個部分：（吳明隆，2001；邢泰釗，1999）

一、遵守聘約的義務

《教師法》第十一條明定中小學教師任用方式：「高級中等以下學校教師之聘任，分初聘、續聘及長期聘任，除依師資培育法第十三條第二項或第二十條規定分發者外，應經教師評審委員會審查通過後由校長聘任之。」對於聘任期限及條件，《教師法》第十三條也規定：「高級中等以下學校教師聘任期限，初聘爲一年，續聘第一次爲一年，以後續聘每次爲二年，續聘三次以上服務成績優良者，經教師評審委員會全體委員三分之二審查通過後，得以長期聘任。」由於中小學教師均採聘任制，於聘約期間內應當遵守聘約內的各項規定，由於學校屬性不同，個別學校與教師共同約定的聘約內容可能未完全相同，因而教師要履行義務可能稍有不同，但不論聘約內容爲何，聘約是學校與教師共同約定的，身爲教師就應履行聘約中所明定的各項事項。若是聘約中沒有列舉或規範的事項，教師是否參與協助應以理性態度與學校行政單位協商，教師若能力所及、時間許可、身心健康允許，本諸教師職責教師可以協助參與。教師在與行政人員互動中，要本著理性、和諧的雙向溝通模式，不要意氣用事，破壞同仁間的良善氣氛。有些教師與行政人員或教師同仁溝通中，拍桌怒罵、像個火爆浪子，此種行爲也有失教師應表現的氣度。

二、教育職業的義務

《教師法》第十四條、第十七條等相關法令規定，教師：1.不得行爲不當，有玷師表。2.不得體罰學生，影響其身心健康。3.不得採用未經審定之參考書。4.不得違反有關教育法令規定之事項。5.不得對學生施與不當補習。違反上述義務之教師，將受記過或記大過以下之懲處，重者尙可予以免職或解聘。教育部九十六年頒布之《修正學校訂定教師輔導與管教學生辦法注意事項》的規範目的爲「……，並落實教育基本法規定，積極維護學生之學習權、受教育權、身體自主權及人格發展權，且維護校園安全與教學秩序，特訂定本注意事項。」第四章〈教師法律〉責任中明定：1.教師禁止體罰：依《教育基本法》第八條第二項規定，教師輔導與管教學生，不得有體罰學生之行爲；2.禁止刑事違法行爲：教師輔導與管教學生，得採規勸或糾正之方式，並應避免有誹謗、公然侮辱、恐嚇等構成犯罪之違法處罰行爲；3.禁止行政違法行爲教師輔導與管教學生時，應避免有構成行政罰法律責任或國家賠償責任之行爲。4.不當管教之處置及違法處罰之懲處：教師有不當管教學生之行爲者，學校應予以告誡。其一再有不當管教學生之行爲者，學校應按情節輕重，予以懲處。教師有違法處罰學生之行爲者，學校應按情節輕重，依相關學校教師成績考核辦法或規定，予以申誡、記過、記大過或其他適當之懲處。許多親師生衝突事件的導火線均起因於「教師不當管教」或「體罰」學生，諸多家長告教師的案例，也是導因於此事件，因而身爲教師必須引以爲鑑，不要再發生類似事件。

三、教育的專業服務

法律所規定之學校教員應對全體學生服務，故應具有使命感，努力完成其教學專業職責。授課與輔導學生，是教師的主要職責，此種專業服務之義務包括授課之前的準備與授課之後的複習工作。複習工作包括批改學生作業，評量授課結果。輔導乃包括身心陶冶訓練，培養學生的健全人格、學生補救教學等。《教師法》第十七條第二項至第六項明訂教師應負義務，身爲教師必須積極維護學生受教之權益，規劃各種有價值性與趣味性活動，導引學生學習，使學生人格能健全發展。教師教育的專業服務包括教學、輔導與管教學生，並根據學生間差異，因材施教，以帶好每位學生，使學生適性適材的接受教育。對此，《教育基本法》第三條便有明確規範，第三條明訂：「教育之實施，應本有教無類、因材施教之原則，以人文精神及科學方法，尊重人性價值，致力開發個人潛能，培養群性，協助個人追求自我實現。」班級內教師鼓勵學生相互扶持、互相幫忙；班級外教師與鼓勵學生有信心接受挑戰，不怕失敗。

四、照顧學生的義務

照顧學生在學校的生活與學習活動，最主要的是身體健康，生活安全的照顧，並注意衛生設備，玩具運動器材等物品安全的照顧，免於傷害。因此照顧範疇包括經濟上及社會上各方面領域，當然包括災難禍害的照顧義務，如學生犯罪與意外事件，老師都有義務照顧之。一九六六年，聯合國教科文組織關於教師地位之建議書第六十九點即載明：「教師應當盡力防止學生意外事件之發生。」照顧學生的義務包括積極面爲學生建構一個舒適、安全、免於傷害的學習情境，如學習角的佈置或教室器材的擺放；遊戲器材的規劃、安全性與防護措施；飲用水的水質安全、校園環境的消毒與清潔，上下學的安全維護，以及校園防護等，讓學生知悉危險的因子在那裏；消極面具備對學生意外事件的處理與應變能力，能有效、快速處理學生所發生的意外事件，積極防止意外事件的發生。《國民教育法施行細則》第十五條中規定：「……校長及全體教師均負學生之訓導及輔導責任。」《修正學校訂定教師輔導與管教學生辦法注意事項》第十八條對學生之輔導中明訂：「教師應以通訊、面談或家訪等方式，對學生實施生活輔導，必要時做成記錄。學生身心狀況特殊，需要專業協助時，教師應主動要求輔導單位或其他相關單位協助。」

許多學生意外事件的發生，是學校硬體設備維修不力或疏忽所致，如校園有工程但沒有做好隔離措施，遊戲器材老舊沒有維修，校園沒有確實做好人員管制，讓學生受到外人傷害，營養午餐管理督導不善，造成學生食物中毒事件等。照顧學生的義務基本上就是要讓學生免於受到身體、心理的傷害。

五、職務守密的義務

這種義務與專業人員如醫師、藥劑師、助產士、建築師、會計師等人職責一般，對於業務上所知的事項，必須有保守秘密的義務，對於學生，尤其人身人格、品行能力、家庭學業以及教育上相關事項，有保密的義務。這種義務，乃是基於保護學生的立場，其目的在避免傷害學生或學校同仁。但是如果學生要求出具學業、品行、能力等證明書時，即有出具證明書的義務。保密是對他人保密，對學生個人無所謂保密，同時學生索求證明書，有其需要，並且有權利索取。教師保密的義務，僅適用於平時的社會生活，如果在法庭上作證時，即應據實陳述。《教師法》第十七條第八項明訂教師義務之一爲「非依法律規定不得洩漏學生個人或其家庭資料。」《修正學校訂定教師輔導與管教學生辦法注意事項》第十七條個人或家庭資料之保護明訂「教師因輔導與管教學生所取得之個人或家庭資料，非依法律規定，不得對外公開或洩漏。學生或監護權人得依政府資訊公開法、行政程序法第四十六條、電腦處理個人資料保護法及相關規定，向學校申請閱覽學生個人或家庭資料。但以主張或維護其權利或法律上利益確有必要者爲限。」其第二十八條搜查學生身體及私人物品之限制明訂：「爲維護學生之身體自主權與人格發展權，除法律有明文規定，或有相當理由及證據顯示特定學生涉嫌犯罪或攜帶第三十點第一項及第二項各款所列之違禁物品，或爲了避免緊急危害者外，教師及學校不得搜查學生身體及其私人物品（如書包、手提包等）。」

六、成績考核的義務

成績考查，是教師的權利，也是重要的義務，教學的成果如果未加以考查，無法評定成效，不知學生的學習效果，同時無法評定學生的學習成效。在教學上說，考試可與教學相輔相成，在行政上說，考試是一種成果的證明。在制度上說，考試結果是學生已學會能力的表現，沒有進行評量（包含紙筆測驗及非紙筆測驗）教學目標是否達成很難檢核，此外，在一個完全沒有評量的情境下，學生的學習進步情形無從得知，學習成效也不理想。在評量過程中，有關考試的題材、技巧、方法與評量結果的使用皆必須符合專業上的原則。如果老師對於考試的方式內容技巧或評分，明顯有疏誤時，教育機關或學校校長，仍然有權基於行政上監督權，給予糾正。國民中小學九年一貫課程評量應採取多元而動態的評量活動與方式，兼顧紙筆與非紙筆式評量方法，本著公平、合理、正義的原則，對學生成績加以考核。有關學生評量於《國民教育法》中有明確規範，《國民教育法》第十三條：「學生之成績應予評量，其評量內容、方式、原則、處理及其他相關事項之準則，由教育部定之；直轄市、縣（市）政府應依準則，訂定學生成績評量相關補充規定。國民小學及國民中學學生修業期滿，成績及格，由學校發給畢業證書。」至於詳細評量實施程序與內容於《國民小學及國民中學學生成績評量準則》中有更詳細說明。

七、財產保管的義務

公立學校教師因爲職務上關係，有時應保管教學用品器具或其他財物，就應該負起善良管理人的義務，忠於職務、負責守分，如果有故意或過失，致發生毀損滅失者，應負賠償責任。教師如果失職，事項如符合國家賠償法要件，被害人可以選擇國家賠償或個人賠償請求之。國家賠償後，有故意或重大過失之老師仍然要歸還國家所付之賠償。若爲故意侵害校產校物，如侵占、毀損等行爲，都是犯罪行爲。公立學校教師是刑法上公務員，如果侵占學校金錢財物器具，即構成貪污罪可處無期徒刑或十年以上有期徒刑（《貪污治罪條例》第四條第一類）。如果因過失而遺失，也要負賠償責任（我國《民法》第一八四條第一項）。因爲公立學校老師也是刑法上的公務員，而公務員因故意及過失侵害他人權利時，國家就要負賠償責任（《國家賠償法》第二條）。因此教師的財務保管義務與監督學生的義務都可發生國家賠償的責任，身爲教師者不可不謹慎警惕。

至於對於違法物品之處理《修正學校訂定教師輔導與管教學生辦法注意事項》中，第三十條也有明確規範：

「教師發現學生攜帶或使用下列違法物品時，應儘速通知學校，由學校立即通知警察機關處理。但情況急迫時，得視情況採取適當或必要之處置。1.槍砲彈藥刀械管制條例所稱之槍砲、彈藥、刀械。2.毒品危害防制條例所稱之毒品、麻醉藥品及相關之施用器材。

教師發現學生攜帶或使用下列違禁物品時，應自行或交由學校予以暫時保管，並視其情節通知監護權人領回。但教師認為下列物品，有依相關法律規定沒收或沒入之必要者，應移送相關權責單位處理：1.化學製劑或其他危險物品。2.猥褻或暴力之書刊、圖片、錄影帶、光碟、卡帶或其他物品。3.菸、酒、檳榔或其他有礙學生健康之物品。4.其他違禁物品。教師或學校發現學生攜帶前二項各款以外之物品，足以妨害學習或教學者，得予暫時保管，於無妨害學習或教學之虞時，返還學生或通知監護權人領回。教師或學校為暫時保管時，應負妥善管理之責，不得損壞。但監護權人接到學校通知後，未於通知書所定期限內領回者，學校不負保管責任，並得移由警察機關或其他相關機關處理。」

八、公平對待學生的義務

教師在教學、輔導、評量或管教學生方面，不能因學生社經背景或學生資質差異，而採取歧視待遇，但教師可以就學生資質或學習結果差異程度，採取適合其學習方式或評量方法，根據學生的人格特質與個性，採取合適的管教態度與輔導辦法，這是個別差異與因材施教理念。此種適性適材的教育，本諸教育目的與教育價值性，如果教師非出於其教育理念與教育目的，而以不公平的態度、不符合正義原則對待學生，則違反教師的義務。《教育基本法》第四條中明訂：「人民無分性別、年齡、能力、地域、族群、宗教信仰、政治理念、社經地位及其他條件，接受教育之機會一律平等。對於原住民、身心障礙者及其他弱勢族群之教育，應考慮其自主性及特殊性，依法令予以特別保障，並扶助其發展。」《修正學校訂定教師輔導與管教學生辦法注意事項》第十一條平等原則中明訂：「教師輔導與管教學生，非有正當理由，不得爲差別待遇。」公平對等學生除強調程序正義外，也要重視實質正義，實質正義是輔導、管教或教學活動也要注意到學生個別差異的事實。《修正學校訂定教師輔導與管教學生辦法注意事項》除訂定「平等原則外」，在第十二條中也增列了比例原則：「教師採行之輔導與管教措施，應與學生違規行爲之情節輕重相當，並依下列原則爲之：1.採取之措施應有助於目的之達成。2.有多種同樣能達成目的之措施時，應選擇對學生權益損害較少者。3.採取之措施所造成之損害不得與欲達成目的之利益顯失均衡。」比例原則即是一種實質正義。

九、實務教學及評量的義務

《教育基本法》第二條第一項特別規定：「人民爲教育權的主體」，學生爲教學主體、教師、學校及家長均爲教學客體，以學生爲中心的教學活動是教師必須履行的義務，教學活動中沒有學生，就不需要聘任教師，教師對於各項教學活動的進行，不管是靜態或動態，均應以學生爲中心，安排多元、有趣、活潑而有價值性的學習活動導引學生學習，教學活動是「教師教學」與「學生學習」間的互動，爲了檢核學生的學習效果，教師更必須採用多元評量方法實施評量活動，並將評量活動結果告知學生及學生家長。教育部九十六年修正《國民小學及國民中學學生成績評量準則》中明訂教師對學生成績評量的規範，第二條：「國民小學及國民中學學生成績評量旨在了解學生學習情形，激發學生多元潛能，促進學生適性發展，肯定個別學習成就，並作爲教師教學改進及學生學習輔導之依據。」第三條：「國民中小學學生成績評量應依學習領域及日常生活表現，分別評量之，其評量範圍如下：一、學習領域評量：依能力指標、學生努力程度、進步情形，兼顧認知、技能、情意等層面，並重視各領域學習結果之分析。二、日常生活表現評量：學生出缺席情形、獎懲、日常行爲表現、團體活動表現、公共服務及校內外特殊表現等。」

十、擔任導師與相關活動義務

《國民教育法施行細則修正條文》第十七條第五項規定：「國民小學及國民中學每班置導師一人。」《教師法》第十七條第九項明訂「擔任導師」爲教師應負的義務之一，此外同條第七項也規定：「依有關法令參與學校學術、行政工作及社會教育活動」的義務。教師除擔任一般教學工作外，也須擔負擔任班級導師之責，負責整個班級的班級經營、營造良好的班級氣氛、建構和諧的班級文化，發揮教師創意，讓學生能於溫馨活潑的環境中學習，協助學生處理同儕間的爭執、解決學生問題，教師不能以能力不及或各種理由搪塞擔任班級導師的職責，而應以擔任班級導師爲榮。此外，教師也應積極參與行政工作及社會教育活動，如協助學校行政工作的推展，兼任行政工作等，教師也不應以各種推託之詞或藉口以婉拒協辦或推展各項學校行政工作或社會教育活動，因爲這些均是教師聘約中應履行的義務，也是教師專業行爲的表現。擔任班級導師也是教師應履行的義務之一，教師擔任班級導師更可展現教師的教育專業，這些專業知能包括班級經營、輔導管教、親師生溝通等。

十一、做好親師生溝通的職務

以全面品質的觀點而言，一位稱職的教師必須能讓外在顧客滿意，班級經營的外在顧客爲學生、學生家長、社區大衆，如果學生能接受、家長能肯定、社區大衆能認同，則此教師才是位稱職教師。《教育基本法》第八條規定：「國民教育階段內，家長負有輔導子女之責任；並得爲其子女之最佳福祉，依法律選擇受教育之方式、內容及參與學校教育事務之權利。」依照多數學者看法，家長在學校教育上享有以下權利：協商權、參與權、隱私權、自行教育權、資訊取得權及學校選擇教育權，教師不能以家長教育專業不夠，拒絕家長教育權的行使（林孟皇，2006）。教師要積極與家長溝通，接納家長、學生不同的意見，以理性方式進行意見交換，若是家長、學生意見可行或有建設性，教師也可應用班級經營情境中，教學要有效能、班級經營要有正向成果，皆需要班級家長的密切配合，家庭教育與學校教育的合作，才能使教育效能達到事半功倍之效。「問題學生根源於家庭、不當行爲顯現於學校、違規犯紀惡化於社會」，身爲教師若能確實做好親師生間的溝通，則能有效減低學生不當違規行爲。

倫理道德就是教師在進行教學活動或班級經營或與人溝通相處時應該要做的事情；倫理道德是教師必須要表現的行爲，這些行爲不能有損教師品德；倫理道德是教師不得不做的事情，這些事情均必須在法的前提下去做；倫理道德也是每位教師基本的行爲表現，如教師身教，對自己有較高的品德要求。以進行教學活動而言，教師要按照進度照將教材內容教完，教師不能因爲放假或其它因素影響，認爲無法按時教完教學進度，而告知學生沒有教完的內容要學生自己看；教師也不能因趕進度，「講不清楚、說不明白」，讓學生一知半解或囫圇吞棗的學習；教師不能因課本有描繪圖片而省略教學活動，直接告知同學，課本畫得很清楚，你們自己看。教師必須要做的是以言教說理，以身教感化學生，當學生進到校園，教師要盡到保護學生職責；當學生進行各種學習活動時，要注意學生的安全，教師要營造一個適合學生學習的環境。

圖1-4　教師倫理道德

學校不是法院，也不是警察局，學校教育基本上是屬於行政權的一環，學校教育若是能有效運作，即可充分實現學生的學習權與受教權，只有當學生學習權無法獲得保障，或教師教學行爲不符合倫理準則或一般的教育道德規範時，才需訴請法院請求救濟，如某國民小學學校行政人員及教師拒收身心障礙學童，家長憤而帶十歲學童向地檢署怒告校長、主任及老師瀆職的事例，此司法事件即導因於學生學習權無法獲得合理保障。教師擁有決定或實施具體教育內容的權能，且教師專業自主權同時受立法及司法的尊重，因而教師從事教學活動時，不能以不違反最低行爲規範的法律自滿，必須展現教育群體及社會所認定的倫理道德或教學專業準則（林孟皇，2006）。因而教師必須時時自我進修，善用教師形式權威（身爲教師基本權力）與實質權威（專業知能與輔導管教權力），保障學生學習權、尊重學生隱私權、盡到教師應負責任、合理而有效的輔導與管教學生，導引學生學習，啓發學生知能，培養學生的正向的品德行爲。

參考書目

朱延智（2009）。企業倫理。台北：五南。

余雄（1991）。中國哲學導論。高雄：復文。

何懷宏（2002）。倫理學是什麼。台北：揚智。

吳明隆（2001）。教師的權利與義務。載於周甘逢、周新富、吳明隆編著：教育導論。台北：華騰（第八章）。

沈銀和（1991）。教師與學生的權利與義務。載於黃光雄主編：教育概論（頁445-478）。台北：師大書苑。

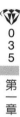

邢泰釗（1999）。校園法律實務。台北：教育部。

林有土（1995）。倫理學的新趨向。台北：台灣商務印書館。

林孟皇（2006）。教育改革潮流下的校園民主、法治與人權保障。載於民間司法改革基金會編著：老師你也可以這樣做—校園法律實務與理念（頁191-206）。台北：五南。

林延慧、張振華譯（1999）。教學倫理。台北：桂冠。

高廣孚（1989）。教育哲學。台北：五南。

黃旭田（2006）。校園中的性、謊言與暴力攻擊。載於民間司法改革基金會編著：老師你也可以這樣做—校園法律實務與理念（頁99-133）。台北：五南。

楊政學（2007）。企業倫理—倫理教育與社會責任。台北：全華。

賈馥茗（2004）。教育倫理學。台北：五南。

劉原超主編（2007）。企業倫理。台北：全華。

Strike, K., & Soltis, J. E. (1992). The Ethics of Teaching. Teaching College, Columbia University.

第二章　教學倫理的實踐

「教育成功爲師盼，學生進展令人安；
倫常道德要粹勉，理則行爲展風範。」

圖2-1　成功教師四種必備特質的模型圖

在史特萊克與索提斯（1992）所著之《教學倫理》一書，爲了闡述教學倫理的議題，蒐集了許多不同的校園生活案例，作爲教學專業倫理思辨的議題，這些案例爲教育工作者提供了另類的思考方向與問題處理的方式。教學倫理實踐的目標在於讓學生「快樂上學、充實學習、喜愛活動、平安回家」，這四個目標看似簡單易行，眞正要讓多數學生感受與認同，並非十分容易，這其中要融合科學方法與藝術策略、發揮教師創意與使用有效手段方能達到。

一位成功教師或稱職教師通常具備以下四種特質：一是具有豐富的專業知能，教師的專業知能包括學科專門知識與教育專門知識；二是具有教育愛與耐心，能表現教育熱忱，投入教育行業；三是會以身作則能爲學生表率；四是教學有方法、管教輔導學生有策略。一位教學成功的教師，其班級經營通常也是有效能的，班級經營欠缺的教師，其學生學習成效（學業表現與品德常規）多數也是欠佳的。成爲一位成功或稱職教師應是每位教育工作者追求的目標，「一位成功的教師才能讓學生認同接納、讓家長肯定滿意、讓同仁讚許學習，一位稱職的教師也是位符合倫理道德守則行為的老師。」

教師照顧學生，要能超越學生的成績好壞、外表身材、家庭環境、品性優劣，讓學生感受到導師的公平與公正、愛心與關懷，只有教師無私的愛與付出，才能感動學生，進而才能矯正學生的不當行爲。有些同學得天獨厚資質聰穎，也有一些同學得天獨薄學習緩慢；有些同學家庭環境富裕，也有些同學家境清寒；有些同學長得眉清目秀，討人喜歡；也有些同學外貌平平，無法引人注意。不論學生的家境、長像、成績、資質程度爲何，每一位學生都渴望得到老師的關懷與教導，就像每一棵樹木都需要陽光和水分一樣，不論樹木的高矮爲何、品種爲何，每棵樹木都需要溫暖的陽光與濕潤的水分，沒有陽光的照射與水分的灌溉，樹木最終會走向枯萎死亡之途；缺少教師的愛與教師關懷的學生，其人格的發展與學業進步也會受限。

壹 教學倫理的兩難問題

案例2-1

陳老師是國中一年三班導師，對於班上同學的常規與行爲表現非常重視，更希望同學各個領域皆能均衡發展。某次教師早會結束後，體育老師怒氣沖沖向陳老師報怨道：「您們班上有幾個女生每次上體育課時，一有空就會聚集在樹蔭下聊天，學習很不用心」，陳老師聽完，馬上跟體育老師道對不起，說她回到教室後會立即處理。陳老師走回教室後，提高嗓門責罵著全班說：「親師座談會時，許多同學爸爸媽媽說體育老師要求太嚴格，球類給分太低，但你們有沒有檢討體育課時有無專心學習，有無用心練習教師所教授的。」頓時全班鴉雀無聲、面面相覷，接著陳老師說：「上體育課時常常三五成群躲在樹蔭下聊天的同學自動站起來。」老師說完，只見班上四、五位同學零零落落的站起，陳老師很生氣的說：「罰站的這幾個人回去寫一篇自我反省報告，明天交給老師。」其實體育課在樹蔭底下聊天的同學還有二個，徐于禎、蘇素麗，但她們二個因爲沒有站起來，所以不用寫反省報告。

第二天午休時間，陳老師因爲運動會學年節目表演事宜和同年級老師討論相關細節，因而慢了十幾分鐘回教室，陳老師經過同棟一年級三個班級時，發現三個班級同學均靜悄悄的在睡午覺，但剛走到自己班上走廊時，聽到部分同學嘻笑怒罵的嘈雜聲，陳老師很生氣的走進教室，大聲吼出：「剛剛吵鬧的同學站起來」，同學看到老師這麼生氣，大多不敢承認，只有二、三位比較誠實的同學站起，陳老師看到站起來的同學這麼少，更生氣的說：「沒有自動站起來的同學，老師要加倍處罰」，陳老師講完，又見二、三位同學站起，這些站起來的同學，被陳老師罰站到教室後面，直到第一節上課。其中有三位同學：徐于禎、蘇素麗、陳國明嘻笑最大聲，但由於他們三個都沒有誠實站起來，因而沒有被老師處罰。

案例2-2

下午打掃時間，平和國中陳校長若沒有外出開會常會不定期巡視校園，一面檢查校園環境，一面觀看學生打掃情形。這天，陳校長走到一年五班負責的公共區域，發現這些負責外掃區的同學只有少數幾個在打掃，有一半同學將清掃用具放在地上，而群聚坐在一起聊天，當同學看到陳校長走來後，立即拿起清掃用具站起來打掃，陳校長走到這些同學身旁告誡他們，打掃要用心，否則校園會很髒亂，之後，陳校長就繼續巡視其他的區域。

隔天早自修時，一年五班級任導師怒氣沖沖走進教室，看到同學就大聲質問：「昨天打掃公共區域坐在地方聊天的同學站起來，校長說我們班打掃外掃區的同學多數不認眞，掃地時都不用心，這幾個同學眞是把班上的面子丟光了」，只見陳一平、林克明、張平澤、吳金雄、陳和堂五位同學站起來，但有群聚坐在一起聊天的林錦榮、蘇國雄、楊傑元三位同學並沒有自動站起來，老師指責五位站起來的同學說：「班上的榮譽被你們五位丟光了，這個星期公共區域的打掃工作全部由你們五位負責，若是沒有認眞打掃，再被老師或校長檢查到，一直掃到學期末。」這五位自動站起來的同學心想，沒有誠實站起來反而沒事，早知道就不必誠實站起來，眞是自討苦吃。

思考議題

誠實是一種美德，班級經營中教師常會鼓勵學生做人做事要誠實，不誠實或欺瞞的行爲是爲人所不恥的，但是當同學誠實承認錯誤而勇於站起來時，所得到的結果是被老師處罰或罰站，而沒有誠實承認錯誤，表現欺瞞教師行爲的同學，反而不會被教師責罵或處罰，教師不是強調學生做人要誠實嗎？但與不誠實結果相較之下，此種誠實所得到的結果是老師無情的責罵或處罰，不誠實站起來同學不僅沒事，也沒有受到更嚴厲的處罰；就教師的立場而言，已知道同學做錯事情，在處罰平等原則下，當然要處罰這些同學，若沒有處罰同學，那班級常規如何維持，是否課堂學習可以不用認眞、不喜歡的學科可以不用學習、午休時間可以吵鬧、掃地時間可以摸魚，那教師如何維持班上應有的紀律呢？因而老師要恩威並濟、賞罰分明，如此才能使班上學生心服口服。

從教師角度而言，違反班級常規或學生表現不適切行爲要即時糾正或輔導，否則教師權威就無法展現，對於班上勇於負責、積極認眞與循規蹈矩的同學才算是一種公平，因爲負責、認眞、遵守常規才能得到教師及同儕的認同，才能得到教師的獎賞，才能得到好的成績，做錯事情要勇於承認，才算是一位負責任的人，這是教師常教導學生的，也是學生從所有教師身上學到的金科玉律。從學生觀點來看，對於做錯事情勇於承認的金科玉律起了很大的懷疑，因爲做錯同樣事情，誠實者被責罵處罰，欺瞞者就平安無事，久而久之，學生被塑造爲「做錯事情，誠實並不是最佳的行爲」，教師所採取的策略，反而對勇於認錯的同學不公平。

教學不只在開展學生潛能，更重要的是學生正向品德行爲的養成，一位學業成績在班級均是名列前茅者，但若是位自私自利、品德操守不好的同學，則教育的目的並沒有達成，五育均衡發展並不是意謂要求學生德、智、體、群、美五育的表現都是班級第一，而是在於要求學生根據個人的資質與能力將五育潛能行爲完成開展出來，教師希望聽到學生的回答是：「老師，我眞的盡力了」，而不是「老師，我爸爸說這個不重要，不用太認眞，因爲這個基測根本不考。」學生人格養成也是一種行爲塑造或社會學習，從班都拉的人格社會學習論而言，個人在生活中，藉由觀察楷模人物或心目中重要他人的行爲，無形中就會模仿與學習，個人認知因素、外在環境與行爲表現三個變項是相互影響，此爲「相互決定論」（reciprocal determinism）。當學生知覺做錯事情不要勇於認錯才是最佳的行爲表現時，學生的價値觀與人格就有偏差，而學生偏差人格的行爲表現與錯誤的認知是外在環境塑造而成的。

貳、教學倫理行為的思辨

倫理議題常伴隨著兩難的問題產生，身爲教師要應用教育良知、教學專業以發揮教學倫理守則。國民教育是學生人格成長的重要階段，身爲教育工作者尤應重視教學倫理問題，權衡利害得失，以學生利益爲優先考量，以使學生五育得以均衡發展，培養新時代國民所需的關鍵能力，以因應知識經濟時代國民所需。對此，教師應該：

一、人的培養以全人教育的養成為考量

教師應以教育愛與教育熱忱投入於教育工作，秉持教育良知與良能，發揮教育的專業知能來輔導、管教、導引學生的人格發展，促發學生的知能，教師應以言教、境教、身教等，尊重學生學習的主體性，以創新化的教學理念、開放式的民主領導、活潑化的多元評量、良性式的師生互動、人性式的班級經營、生活化的課堂素材、趣味化的教學策略等，以促發學生的學習動機與學習意願、學習興趣，提高學生學習的自我投入與工作投入感，使學生的IQ（學科智能）、EQ（情緒智能）、MQ（心理智能）、SQ（微笑智能）、PQ（身體智能）能同時受到啓迪，德智體群美得以均衡發展。全人教育的目標不只在於使學生獲得知識經濟時代中所需的智能，更要安排適宜的活動，使學生的人格獲得最適性的發展，教師必須有教無類、因材施教，帶好每位學生，使學生的智能、品德、操守均能得到最適性的發展。

二、事的處理以雙贏圓滿的策略為考量

學生的不當行爲或行爲問題處理，教師應兼顧「法、理、情」，在教師教學倫理信條中，對於學生不當行爲的處理，不能與法官對待犯人一般，以法爲先，而任意以校規處置，動輒以記過、退學來處理學生問題，教師應以學生的受教權爲優先考量，兼顧情、理、法，先以教師專業的輔導知

能，輔導教化學生、感化學生、以使學生、家長、教師在事件的處理上均是受益者，這就是一種事件處理的雙贏策略。如果情、理均無法發揮其效益，最後便只有訴諸校規一途。對於班級常規或其它事件處理，亦是如此，教師應衡量利弊得失，以公平、公正、正義的原則處理班級發生的任何事件。教師不應偏頗、固執己見、先入爲主，應該去除心中的迷思，以建構一個學習性的班級組織。

三、物的運用以效益安全的功能為考量

教師教學倫理的另一體驗爲物的有效運用，物的運用包括教室情境的佈置與各式教學媒體、器具的擺放。如實驗器材的放置，實驗時有害物品如何操作、如何借放，以免學生身體受到傷害；教室學習角如何規劃以免影響學生的動感與安全；校園遊戲器材如何設計才能發展其遊戲的教育功能，與保障學生安全議題等。任何教學媒體、教學器材、遊樂設施均有其教育功能存在，在學生使用操弄這些器物之中，如何確保學生的安全，又能發揮器物的教育功能，就是教師教學倫理行爲的具體實踐。教師與行政人員所要建構的是一個人性化、教育化、安全化的學習與使用情境，使學生免於受到傷害，而能快樂、自由、自在的學習與活動；唯有如此，才能展現教師的教學倫理行爲。

教育專業倫理守則實踐，在於教師義務的履行。教育專業倫理守則理念在於學生人格權、學習權與隱私權的重視、其基礎在於公正、公平、合理、其運作方式在於民主方式的機制。教育專業倫理守則與民國八十八年立法通過的《教育基本法》之精神內涵相同，其目的在於保障人民學習及受教育之權利。教育專業倫理守則亦是學生學習權的保障，其最終教育目標在於「全人教育」的達

表2-1　教師違法處罰措施行為

違法處罰之類型	違法處罰之行為態樣例示
教師親自對學生身體施加強制力之體罰	例如毆打、鞭打、打耳光、打手心、打臀部或責打身體其他部位等
教師責令學生自己或第三者對學生身體施加強制力之體罰	例如命學生自打耳光或互打耳光等
責令學生採取特定身體動作之體罰	例如交互蹲跳、半蹲、罰跪、蛙跳、兔跳、學鴨子走路、提水桶過肩、單腳支撐地面或其他類似之身體動作等
體罰以外之違法處罰	例如誹謗、公然侮辱、恐嚇、身心虐待、罰款、非暫時保管之沒收或沒入學生物品等

資料來源：取自《修正學校訂定教師輔導與管教學生辦法注意事項》之附表一

成，使學生具備知識經濟時代所需的關鍵能力，對此，教師應表現：

一、認知性

身爲一位教師對教育專業倫理、研究倫理及教育法規內涵應有正確而深入的認識。對於教育專業倫理的哲學思辯應有完善的考量與周延的解析，不衝動、不盲目。以教育部九十二年訂定、九十六年修正之《修正學校訂定教師輔導與管教學生辦法注意事項》爲例，其內容明確規範：教師基於處罰之目的、使學生身體客觀上受到痛苦或身心受到侵害等，均視爲是違法處罰，違法處罰的範例如表2-1所列，注意事項第四十二條也明訂：「教師有不當管教學生之行爲者，學校應予以告誡。其一再有不當管教學生之行爲者，學校應按情節輕重，予以懲處。教師有違法處罰學生之行爲者，學校應按情節輕重，依相關學校教師成績考核辦法或規定，予以申誡、記過、記大過或其他適當之懲處。」教師若以體罰或其他方式違法處罰學生，情節重大者，可依《教師法》第十四條及相關規定處理，解聘、停聘或不續聘。

二、價值性

教育專業的行爲實踐均應有其價值性，以能發揮教育價值、達到教育目標爲主。凡是欠缺教育價值性的行爲或決定，教師應將其轉化，以能保障學生的學習權。任何教育活動或教學程序必須有教育價值性，否則淪爲形式，並不是教育活動。皮德思認爲合價值性活動是教育規準之一，合價值性活動最重要的是道德價值，道德價值的實踐在於教師平時管教與教學歷程中，不僅要以身作則，並且要教育學生了解各種行爲規範，以增進學生辨善惡、知利害的能力。謝富勒指出：每種文化，通常均是要使新生個體根據其規範去實踐篤行，在道德教學時，要以程序原理培養學生公平、合理、自由、和互敬互重的道德態度，對任何一個道德行爲或問題，教師可和學生討論，讓學生能追問理由，這樣才能培養學生評價和批判的能力（高廣孚，1989）。教師不能爲活動而活動，充熱鬧或充場面，舉辦沒有教育價值性的活動，這不僅浪費時間，也失去舉動活動的意義。

三、公平性

公平性理念在於尊重每位學生，身爲教育工作者不應忽略適性教育，發展學生潛能，使每位學生均能獲致其最想要、最適切、最理想的教育模式，以能開展個人潛能。公平性要同時兼顧平等原則（the principle of equality）與差異原則（the principle of difference），平等原則是一種程序正義，而差異原則是一種實質正義，以學生打破窗戶為例，甲同學打掃時以長把掃帚清掃教師上層窗戶，因為不小心將玻璃打破；乙同學在打掃時則不專心，和同學教室嬉鬧追逐，結果將窗戶玻璃打破。同樣是同學打破玻璃，但教師的處理態度不應完全一樣，若教師均要二位同學賠償相同的金額，則不是公平原則的眞正內涵，因為教師只考量到平等原則，沒有考量到差異原則，此種公平是一種形式公平，並非是實質的公平，也非是一種實質正義。再如甲學生因為生病發燒功課沒有寫，乙學生因為懶散而不寫回家功課，丙學生因為幫忙單親媽媽做生意而忘記寫功課，三位同學一樣的行為均是「沒有做完回家功課」，但三個人的動機與原因完全不同，教師在處理上就應有所差別。

四、民主性

教育專業倫理奠基在師生民主對話上，在知識論辯的過程中，知識的自由權甚為重要，教育工作者要能虛心接納不同的學生觀點，不打壓學生獨立之思考行為；如學生是偏頗思想，教育工作更有義務以其專業素養將其導正。課堂對話中，教師要尊重學生的不同意見，當教育思潮從現代主義轉變為後現代主義時，強調的是一種思想或生活的解構，其關注的核心概念是多元性、差異性、不定性、反威權性、去中心化，教師權威中心與教師高高在上的管教方式，並不適合於所有同學，同學可以對老師的教學、教育活動提出質疑，學生並非一定要全盤接受教材內容，教師也不應強迫學生接受教師論點，教師要尊重學生學習的主體性，師生也要共同分擔學習之責，民主多元的教育是一種互相尊重、體諒，學生對教師的認同是一種內發的，而非是外塑的，但民主性的活動不能違背校規、一般教育規範與道德法則。

五、宏觀性

教育工作者對於班級事務處理或學生問題解決，應以一種宏觀、全面的觀點來看待，以生態及交互作用理論模式來解析班級問題、解決師生衝突，教育工作者也應反思自己，以行動研究法反思教學、改變自己。宏觀性表示教師要以鉅觀的態度來看待學生表現，以放大鏡欣賞學生的優點，以顯微鏡看待學生的缺點，以變焦鏡調整對待學生的方法，改變傳統的思維模式，勇於創新與接受挑戰，把教學當作是一種志業、一種興趣，教師能容忍接納學生不成熟或欠缺周延的行爲，並循序漸進的導引學生，以教育愛感化學生，以正向管教策略取代打罵責罰的方法。正如一張白紙上面有一個黑點，教師應將目光集中於整張白紙上，對於白紙上的小黑點可視爲是學生不小心滴上去的，教師不應將所有焦點關注於黑點上，認爲是學生故意將白紙弄黑，而忽視學生小心翼翼的維持白紙清潔的用心，以宏觀角度來看待班級事件，才能容忍接納學生無心的過失行爲。

六、法則性

法則性的觀點在於教育工作者應遵守相關的教育法規規定，以身作則，服從法令，從職前訓練、甄選聘任、權利義務、在職進修、輔導管教等，不應與教育法規內涵相違背。法則性的論點，也是教育專業倫理行爲的一個重要實踐策略。對於教師的權利義務於《教師法》中有詳細規範，對於教師的輔導與管教於《修正學校訂定教師輔導與管教學生辦法注意事項》中有明確規範，對於性

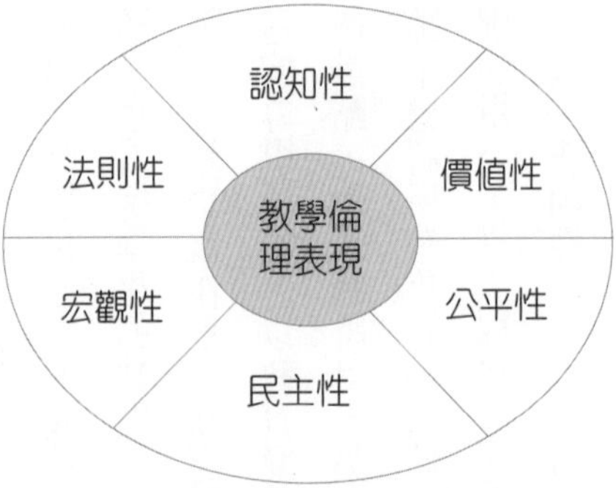

圖2-2　教學倫理表現恪遵的六大原則

騷擾及校園性騷擾於《性別平等教育法》中有具體定義，《性別平等教育法》第二條第四項對於「性騷擾」有明確定義：「四、性騷擾：指符合下列情形之一，且未達性侵害之程度者：以明示或暗示之方式，從事不受歡迎且具有性意味或性別歧視之言詞或行爲，致影響他人之人格尊嚴、學習、或工作之機會或表現者。以性或性別有關之行爲，作爲自己或他人獲得、喪失或減損其學習或工作有關權益之條件者。」同條第五項對於校園性侵害或性騷擾事件的當事者規範更爲具體「五、校園性侵害或性騷擾事件：指性侵害或性騷擾事件之一方爲學校校長、教師、職員、工友或學生，他方爲學生者。」教師若是故意洩露班級學生的個人隱私資料給不肖業者或補習班，將觸犯《電腦處理個人資料保護法》。

在資訊科技時代中，網路科技的使用，講究的是「資訊倫理」；在教育研究領域內，「研究倫理」則受到人們的關注，如研究歷程不能對受試者造成傷害，不能將受試者的個人資料公開，不能因研究使受試者自尊受損等；在教育工作方面，尤其不應忽略「教學的倫理性」。教學倫理是教育工作者最基本的涵養，也是教育工作者應有的專業知能與專業態度。身爲一位教育工作者，如果忽略教育專業倫理行爲，則會與教育本質相違背，優質的教育環境、全人教育目標將無法達成。我們可以說，如果教育工作者不重視教育專業倫理守則，則其標榜的教育改革、創意教學，提倡的課程統整模式將無法發揮其效益，而達事半功倍之效。

教育工作目標在於使每位學生均能得到最適切的教育，使學生能根據其性向、興趣、才能、智能等，發展自我，實現自我，這就是教改所揭櫫的「適性教育」、「帶好每位學生」與「不要放棄任何一位學生」。由於學生間個別差異極大，班級事務繁雜，教師如何同時兼顧不同的學生，發揮教育價值性功效，就需對教學倫理的議題加入深入思辨，唯有教師對自我的承諾、對學生的承諾、對專業的承諾等均符合倫理的規範，才能建構一個優質的學習情境，達到全人教育與精緻教育的目標。

參、教育專業倫理行為的特徵

國民教育是學生人格成長的重要階段，身爲教育工作者尤應重視教學倫理問題，權衡利害得失，以學生利益爲優先考量，以使學生五育得以均衡發展，培養新時代國民所需的關鍵能力，以因應知識經濟時代國民所需。教育專業倫理行爲與哲學思辯有密切關係，雖然教師表現的行爲態度與處理策略未必相同，但其目標卻是一致的，此乃殊途同歸之效——以教育目標的達成爲首要，合價值性、合認知性、合教育性，以發揮教育的實質功能。

教育專業倫理特徵歸納起來，有以下幾點特性：

一、符合公平正義的原則

教育專業倫理的基礎在於因材施教、有教無類，不因學生個人因素而損及學生的學習權或使學生受到不公平的教育對待，重視的是適性、適才教育，將每位學生帶上來，使學生人人願意求學、樂於求學、快樂求學。公平正義的原則首重每位學生均是獨立學習的主體，有其學習權、隱私權與人格權，非經學生同意，不得刁難。此外，於教師甄選聘任方面，更應秉持公開、公正、公平的方式，聘任合格而具專長的教師，不得為特定人員私下護航。教師管教學生、對待學生、處罰學生不能因學生家庭社經地位不同、當事者成績優劣不同、當事者外表容貌不同、當事者父母親職業或教育程度等不同，而忽略形式上的公平；教學評量實施更必須做到公正合理。

二、民主方式的運作機制

教育專業倫理的運作在於民主精神的展現，重視的是學生求知的自由，在知識的殿堂上，師生的對話、辯論均是一種正常的機制，教師不可因學生不同的觀點而藉機打壓學生論點，抹煞學生的創造力與集體智慧的應用空間。知識的自由論辯是教師專業倫理的重要特徵，教師不得無故限制學生追求學問的行動；更不得扼止學生發展不同的觀點與表達的機會。民主的機制如班級模範生的選舉、各項班規的訂定、班級重大活動的規劃、班級常規的合理性等，民主並不是放任，教師在班級民主運作中的角色不是放任不管，而是扮演指導者與導引者角色。

三、尊重學生學習的主體

教育專業倫理的理念在於每位學生均有其發展的潛力與空間，教師不應放棄任何的學生，尊重每位學生學習的權利，重視的是以學習者爲中心的教學模式，而以帶好每位學生爲鵠的。配合多元智慧觀點，應用創新策略，使學生們能發展個人所長，開展個人潛能。以學習者爲中心的心理學原則，重視的是促發學習者內在動機，培養學生具創意及高階思考的能力，教師在教學歷程、輔導管教學生要避免傷害到學生的自尊心，教師要培養學生正向的歸因信念，發展支持性的學習環境，以合作學習取代個人競爭。以學生爲中心的學習或尊重學生主體性的活動並不是一種放任式管理或教學，教師的角色是要從完全指導者變爲導引者，從完全操控者變爲啓發者，從單向式傳遞變成雙向式溝通等。

四、符應學習型班級組織

教育專業倫理的根本在於教師思考與努力的方向，一位具專業倫理的教師會以宏觀角度深入探索發生於班級中的任何事件，使事的處理能達到雙贏的目標；此外，教師應去除傳統刻板化觀念與偏頗的思考方式，去除心中習慣性的自我防衛，以全面化、平等化的觀點匯集學生的論點，深入解析、找出解決策略。學習型班級組織最重要的核心理念就是教師要以去除對學生的刻板印象，輔導管教學生時要對事不對人，處理學生行爲時要心平氣和，做好情緒管理，不要以言語或行爲激怒學生，對學生持正向積極期望。教師僵化的思維模式為未查明事件緣由，教師即根據學生過去行為，直覺判斷事件引發者為某個學生，此種謬誤的推論思維，很容易誤會學生，造成嚴重的師生衝突。

五、全人教育理念的實現

教育專業倫理的目標在於全人教育理念的達成，全人教育的教師角色扮演為經師、人師、友師、境師。全人教育目標在於使學生五育得到均衡發展，具備知識經濟時代所需之關鍵能力，使學生身心得以完全開展，具備豐富的知識與明是非、作決定的理性智慧，使其「知識、技能、情意」得到和諧而圓滿的發展；兼顧理性與感性、個性與群性等。知識經濟時代的創意為學生根據接受的資料，統整歸納為有系統、有意義的資訊，之後再將資訊內化為自我能理解應用的知識，進而再轉化創新為智慧。依據多元智能的觀點，每個學生之語文、邏輯—數學、肢體—動覺、音樂、空間、自然觀察、人際、內省、存在等智慧並不是均衡齊一的發展，學生具備之智慧專長因學生個人而異，因而身為教師要規劃多元學習活動，讓學生的專長智慧得以開展，教師不要全以考試成績來評估學生的學習。花草需要灌溉才能長得壯碩，學生需要啓迪潛能才能開展。

六、教師多元角色的展現

教育專業倫理的轉化在於教師多元角色的扮演，教師不應只是知識的灌輸者與傳遞者，而是學生學習的導引者與啓發者。教師的教育專業在於使學生能因應資訊時代的脈動，以使學生進入社會後，能有效發揮個人專長，成為資訊社會的中堅份子，帶動社會的進步，而不為社會所淘汰。在後現代主義中，教師要扮演的角色很多，如講述者、指導者、規劃者、啓發者、導引者、解決者、學習者、計劃者等，不論教師扮演何種角色，每位教師要以身教爲學生楷模、以言教爲學生講理、以境教爲學生省察。教師多元角色要多用教師的參照權與專家權，少用教師的強制權，愼用教師的法職權與酬賞權。

七、恪遵教育法規的規範

教育專業倫理的落實爲教師應遵守相關的教育法規，深入了解其訂定的精神與內涵，如《教育基本法》、《教師法》、《教育人員任用條例》、《國民教育法》、《兩性平等教育法》、《性騷擾防治法》、《國民小學及國民中學學生成績評量準則》、《政府採購法》等。教師能恪遵教育法規，才能在依法有據的前提下，兼顧情、理、法，以表現教育專業倫理守則。在輔導管教學生方法，教師對於《學校訂定教師輔導與管教學生辦法注意事項》內容必須有充分了解，避免處罰過當造成學生傷害，引發親師生的衝突。法是最低限度的道德標準，在法的前提下，教師要兼顧情理。就班規的訂定而言，班規與校規的訂定不能違反相關行政命令，更不觸犯法律底線。如某個班級班會採用多數決結果，班會收取一千五百元，且二天內要交齊，遲交一天的同學要罰二元，此種班會多數決結果雖然沒有違法，但卻有違反情理，因爲班級少數同學要在二天內繳交一千五百元可能有困難，因爲遲交班費而被罰錢也不合理。

八、教育行動研究的啓航

教育專業倫理的反思在於教師的行動研究。教師從行動研究中會不斷反思自己的教學、管教態度、輔導方法、師生關係、課程教材的適切性等。不斷的反思、改進，會使教師更爲成長，處理班級事務、師生衝突、教學方法與態度等更爲合理與適切；亦更會深入了解學生的立場、感受與內心世界，而採取有效策略，使教學更爲有效。有人說教學是經驗的累積，經驗累積其實就是一種行動反思的歷程，在知識科技時代中，講究的是效率與效能，教師不能再從嘗試錯誤中得到教訓後再作爲教學或管教的改進的依據，尤其過錯是教師不能犯的，如對學生身體或心理的傷害，以言語辱罵學生，傷害學生自尊等，有時教師不當的一句話或一個舉動，對學生的影響是終生的，甚至影響整個學生日後的學習。如繪畫課時，教師將甲學生用心繪製的水彩畫作品，公品展示給全班學生看，而後向全班同學說：「這是老師見過最差的一幅畫，可見○○○是繪畫白痴。」教師的這個舉動與言語絕不能從學生哭泣的表情得到教訓，而是身爲教師時就應具備的倫理道德知能。

九、教育專業評鑑的指標

教育專業評鑑的重點，在於發掘問題、解決問題，以營造適性的學習環境，促發教師的專業成長。教育專業倫理行爲的落實，即是優質班級文化的保證，這是教師的良知、職守、責任與義務，教師不能有任何藉口。未來的教師分級制與教師的專業評鑑之重要指標之一即是教師教育專業倫理行爲。教師倫理行爲是身爲教師應表現的行爲準則，身爲教師面對的是班級學生，教師的一舉一動、一言一行均是學生學習的對象，許多師生衝突事件，就是教師沒有表現教學倫理行爲。民國九十八年四月發生被生父丟入滾燙煮麵鍋的十個月小女孩事件，其生父行爲受到社會大眾大加撻伐，此一駭人聽聞事件的一個導火線可能是小女孩母親以極端挑釁語言跟小女孩父親說：「你有種就把囡仔丟進鍋裡。」若是小女孩母親沒有如此極端挑釁語言反諷小女孩父親，則此悲慘事件可能就不會發生。許多教師在處理班級事件或學生問題時，無法控制自我情緒，全以教師權威角色的觀點出發，因而會跟肇事學生說：「你要攪清楚，我是老師，你是學生」、「你有種，就出手打看看！」這就是教師對學生的一種挑釁行爲，此種挑釁言語或行爲很容易引發師生衝突，不但學生問題沒有處理好，還引發其他更嚴重的問題。

某所高中校規規定學生只能穿白色襪子（此種校規是不合理的）到校，某天，有位同學因穿錯別的顏色襪子而到校，一到校門口被眼尖的學務處組長看到，此組長立即叫學生站在校門口，之後以嚴厲的語氣怒罵同學，說他不遵守校規，故意穿不同顏色的襪子到校，此組長不僅大聲斥責同學，更要同學馬上把襪子脫掉，同學認爲教師在校門口當眾羞辱他，又叫他當眾把襪子脫掉，覺得教師太過份，沒有尊重學生，就直接用書包衝撞教師，說：「我就是不脫，你要怎樣！」當學生沒有尊稱教師爲「老師」，而直接稱呼「你」時，學生心目中已沒有這個教師；當學生再說出「你要怎樣」時，已失去理性，完全不在乎校規，也不在乎被記過等處罰，此種情形就是教師當眾傷及學生自尊所導致的師生衝突。這種衝突事件原本是可以避免的，只應教師處理策略方法不當才會發生於校園之中。

肆↓教育專業倫理行為的教學實踐

信奉人性價值與尊嚴的教育工作者皆認定，尋求眞理、追求卓越、培育民主觀念，具有無與倫比的重要性，這些目標的本質在於保障「教」與「學」的自由，以及教育機會均等的承諾（林延慧、張振華譯，1999）。教育專業倫理行爲的實踐在於落實學生學習權的保障、人格權的尊重。其具體的做法如下：

一、做好情緒管理，以理性態度處理班級問題

許多班級師生衝突事件均導因於教師情緒管理不佳，當然教師不是聖人，會因個人因素、家庭因素、學生因素或學校等因素而有情緒低落時候，當教師情緒不佳時不能將此情緒轉移到學生身上，將班級事件小題大作。如看到教室中有掃地用具就大吼大叫，責備全班學生掃地不認眞、做事不盡力，整節課就環繞在這枝同學忘記收起的掃地用具上，同學清掃用具掃完地後沒有收好，表示同學做事有頭無尾，當然教師可以隨機教育學生做事應有的態度與方法，但此種隨機教育教師也不用怒氣衝天責罵整班學生一節課，有些教師因同學不敢承認，罰整班同學到外掃區域或司令台站一小時或更久時間。教師在處理學生問題或班級事件時，最重要的一件事是先調適好自我情緒，以理性態度來處理班級各項事件。

二、以專業知能與態度從事教學、輔導與班級經營

教師專業知能除了專門科目的知能外，也包括教育專業素養，其內涵包括：完整、周詳而嚴謹的職前教育、遵守專業倫理信條與倫理道德、具備專門教育專業知識與技能、展現教育工作熱忱與工作投入、擁有教育專業自主與專業承諾、持續不斷在職進修與教育訓練、高度的專業自主權與健全態度、完善的而有規範性之教育組織、相關完備而正式條文規範教師、積極進取精神與持續專業成長（吳明隆，2001）。有了專業知能與態度才能「以理說服他人，以情感化學生」，建立良好的師生關係與良善的班級氣氛，經由不斷的在職進修，吸取新知，才能因應教師的多元角色。

三、學生學習權的保障為教育專業倫理考量的首要

學生學習權的保障，在《教育基本法》內之第三條至第六條中有明確的規範，其中包括教育實施、教育機會均等、及教育自由權運作，均與學生的權利息息相關。如第三條：「教育之實施，應本有教無類、因材施教之原則，，致力開發個人潛能，培養群性，協助個人追求自我實現。」第四條：「人民無分性別、年齡、能力、地域、族群、宗教、信仰、政治理念、社經地位及其他條件，接受教育之機會一律平等。對於原住民、身心障礙者及其他弱勢族群之教育，應考慮其自主性及特殊性，並依法令以特別保障，並扶助其發展。」第六條：「教育應本中立原則。學校不得為特定政治團體或宗教信仰從事宣傳，主管教育行政機關及學校亦不得強迫學校行政人員、教師及學生參加任何政治團體或宗教活動。」學生學習權的保障就是教育專業倫理行為的具體展現。

四、具備宏觀、民主、公正與愼思明辨的氣度與胸懷

宏觀即在於跳脫傳統偏頗狹隘的觀點來看事件，教師要去除心中刻板化的偏見與思考模式，以一種公平化、公正化、平等化、全面化的觀點來面對與處理班上所發生的任何事件，尊重學生所發表的看法與意見，接納學生不同的聲音，愼思明辨加以解析，不枉加論斷。當教師能秉持教學專業與教育良知，去除心中固執己見，當能以一種正義而富公平的原則，看待班級所發生的每件事件，不會隨便傷害任一學生，能此，師生關係當能改善。其中最重要的是教師心中論斷事件那把尺應該平直而客觀；此外，教師應以身作則，身爲學生表率，發揮言教、身教、境教的教育功能，帶領學生建立學習型的班級組織。

五、教育專業倫理行為的展現即是教師義務之履行

《教師法》第四章第十七條所訂的教師應履行的義務：如遵守聘約規定，維護校譽、積極維護學生受教權、依法或學校安排的課程實施教學活動、合理的輔導與管教學生、從事與教學有關之研究、進修、嚴守職分，發揚教師專業精神、依法參加有關之教育活動、學生及其家人隱私權的保障、其它教師應盡的義務等，即是教育專業倫理行爲的落實。如以教育專業的觀點而言，在於教師應該履行以下的義務，包括教育職業的義務、教育的專業服務、照顧學生的義務、職務守密的義務、成績考核的義務、財產保管的義務、公平對待學生的義務、實務教學及評量的義務、擔任導師的義務等。

有些中小學爲配合校慶活動、畢業典禮或相關節日會舉辦園遊會，若是年級有被分配要擺設攤位，教師應與班級所有同學共同討論園遊會要販賣的東西，如果活動本身具有危險性，教師應明確告知同學，此種活動或攤位最好不要擺設，如販賣油炸物品定會用到高熱油鍋，此種盛裝滾燙的油鍋讓同學操作極具危險性，尤其是園遊會時參觀攤位的學生很多，一不小心就會打翻油鍋，教師明知班上擺設此種攤位的內容危險性很高，又沒有加以警告阻止學生，則教師就是失職不負責任，若是等到發生意外，教師才覺得內疚或後悔當初沒有警告阻止學生，均已經太遲。班級經營的一個重要原則就是舉辦任何的活動均要以學生的安全爲優先考量，所謂「安全第一、活動第二；品德優先、分數次之」，家長將學生送到學校，最希望的就是子女能於快樂中學習成長，且能平平安安回家，當教師無法確保學生的安全時，寧願這些具高度危險的活動不要辦理，我們常說「教學是經驗的累積」，但有些教學或管教行爲是無法從錯誤中學習的，因爲對學生造成的生理或心理傷害是無法像教學一樣可以重來；再如戶外教學或畢業旅行時，教師明知租用的車輛購買年份已超過規定年限，還叫全班學生搭乘，便有失教師必須保護學生安全義務的職責。

六、教育專業倫理行為思辨要兼顧情、理、法

教育專業倫理行爲用於學生輔導與管教方面，要重視學生人格權，思辨的重點在於懲罰的合理性、價值性與教育性，懲罰並非是體罰，需尊重學生人格尊嚴、重視學生的個別差異、配合學生心智發展需求。對人方面要兼顧情、理、法；對事方面則強調多贏策略，凡事以學生爲第一考量。

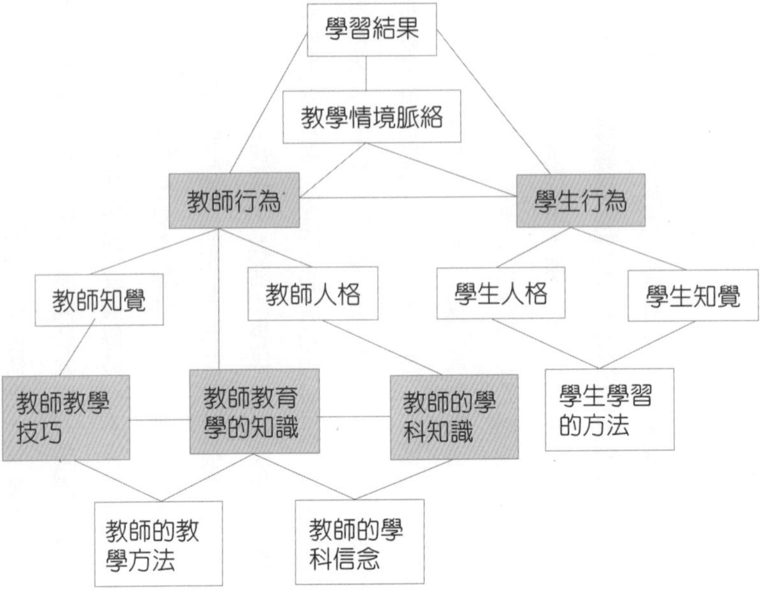

圖2-3　教學與學習模式圖
資料來源：Cloke & Sharif (2001), p.9

當教師作決定，從事有關學生行爲的處理時，首要考量的是其教育價值性如何，方能有效處理師生間的衝突或學生不當行爲問題。

七、融入科學方法與藝術策略來經營帶領班級

不論教學、管教、輔導、評量、溝通等方法應用均有其學理根據與理論支持，身爲教師應具備這些學理根據的智能，如此在班級經營中才能行之有道、言之有理，如行爲改變技術中的消弱法、相互抑制法、忽視法、條件契約法（又稱普立馬克原則—**Premark**，以高發生率的活動作爲低發生率的增強物）、增強活動等及認知行爲改變技術的智能對於學生不當或違規行爲均有顯著的效益。由於學生間資質不

同、個性不同、人格態度不同、價值觀不同，因而並非同一個教學方法或同一行為改變技術可以適用到所有班級或所有學生，班級經營或教學如同領導一般，最佳的策略模式是「權變」，權變就是因應學生的個別差異、因材施教，採取最合適有效的策略模式，如此，不僅不會傷了學生自尊心，又能改善學生的不當行為或促進學生的學習成效。

根據Cloke與Sharif（2001）之教學與學習模式圖可以看出，學生學習結果或學習成效受到教師行為、學生行為與教學情境脈絡的影響。就教師行為而言，其內涵分為教師知覺與教師人格二個變因，整個教師行為包含三個知識技能：教師的學科知識、教師教育學知識、教師教學技巧，三個教師必備的重要專業知能又可統整為教師的學科信念與教師的教學方法。學科信念就是教師班級經營的理念與哲學思維，教師的教學方法就是一種藝術策略的彈性應用。所謂「有怎樣的教師領導，就有怎樣的班級氣氛；有怎樣的教師哲學思維，就有怎樣的班級文化；有怎樣的教師管教，就有怎樣的學生人格態度。」

知識經濟時代的教師角色應是：學生學習領航者的角色、學生創意學習的推手、終身學習的研究者、知識社群的參與者、合作者、人文精神與倫理道德的提振者、轉化型的知識份子。身處知識經濟時代的教師，不僅要擔任知識傳播者，還要扮演知識學習者和知識創造者，讓學生能夠享受知識學習樂趣。知識經濟社會，每位教師應具備終身學習素養，成為社會終身學習的楷模；唯有終身學習才能實現知識經濟社會的目標，創造更美好的願景。知識管理的特質在於知識的共享、分配與使用，知識的創造和利用是其永恆的目標，最終理想達到「有效能、有效率、高品質」的新世紀學校。面對知識經濟時代的衝擊，知識加速成長的挑戰，教育改革的浪潮，與九年一貫新課程的實施，教師應：教學上發揮有效的知識管理，提昇教師專業智能，結合資訊科技、組織學習文化與人文精神，建立各種學習管道與分享機制，營造學校具備創造知識與活力的組織，如此才能提昇教育品質，達到精緻化的教育目標（吳明隆，2005）。

教育工作目標在於使每位學生均能得到最適切的教育，使學生能根據其性向、興趣、才能、智能等，發展自我，實現自我，發展其個性與群性、兼具理性與感性，以達全人教育目標。二十一世紀知識經濟時代中，以「知識」和「知識工作者」為其核心理念，全人教育的目標之一在於使學生具知識管理能力，具備「知識資訊化」與「知識價值化」（尤克強，2002），進而具備資訊科技社會所需的關鍵能力。教師教育專業倫理行為的展現與落實，即在開啟全人教育的大門，當教師能發揮其專業知能與態度、專業精神與涵養，重視學生的學習權、人格權、隱私權、教育平等權、學習自由權等，履行教師應盡義務，則全人教育的目標便可達成，也才可兼顧教學效率與教學效能，使教學發揮最佳的教學成效。

參考書目

尤克強（2002）。知識管理與創新。台北：天下遠見。

吳明隆（2001）。教師的權利與義務。載於周甘逢、周新富、吳明隆編著：教育導論。台北：華騰（第八章）。

吳明隆（2005）。資訊科技與教學應用—議題、理論與實務。台北：知城。

林延慧、張振華譯（1999）。教學倫理。台北：桂冠。

高廣孚（1989）。教育哲學。台北：五南。

Cloke, C., & Sharif, S. (2001). Why use information and communications technology? some theoretical and practical issues. Journal of Information Technology for Teacher Education, 10 (1&2), 7-18.

Strike, K., & Soltis, J. E. (1992). The Ethics of Teaching. Teaching College, Columbia University.

第三章　教學行爲倫理

「班級和善教育風，級務處理創獨功，
經倫滿腹展師通，營造偉學留行蹤。」

教師威廉・杭特（William Hundert）引用阿里斯多芬尼斯（古希臘詩人，喜劇作家）的話語告誡學生：「年輕時，不成熟可以成長，無知可以教育，懵懂可以清醒，但是愚蠢最無藥可救。」（Youth ages, immaturity is outgrown, ignorance can be educated, drunkenness sobered, but stupid lasts forever.）——引自電影「天之驕子」

壹 教師倫理內涵

教學是一種動態歷程，要兼顧教學效率與教學效能，教學要能成功最重要的是要能引起學生的動機，促發學生動機的影響變項很多，學者Muller與Louw（2004）認為有五個變因：教師教學的興趣與投入、教材的適切、教學程序的品質、學生自我的需求與負荷壓力程度，其中教師的教學熱忱、教學的流暢性與完整性對於學生學習動機與學習興趣有很大的影響。Muller與Louw（2004）所提的學生自我決定及學習與學習動機模式圖如圖3-1。

相關實徵研究學生對學科學習的興趣與投入動機態度是正向關係，學生身旁的支持系統與學生的動機也有密切關係，此支持系統就是教師、家長、同儕的協助與幫忙。從教育社會學的觀點來看，班級是小型社會的縮影，學生不能離群索居，個性發展與群育發展同樣重要。此外，在影響學生學習動機與興趣的最大變因應是「教師」，教師的人格特質、管教態度、教學風格、投入程度及與學生互動方式等，皆會顯著的影響學生學習動機與態度。在中小學學習過程中，教師與家長都是

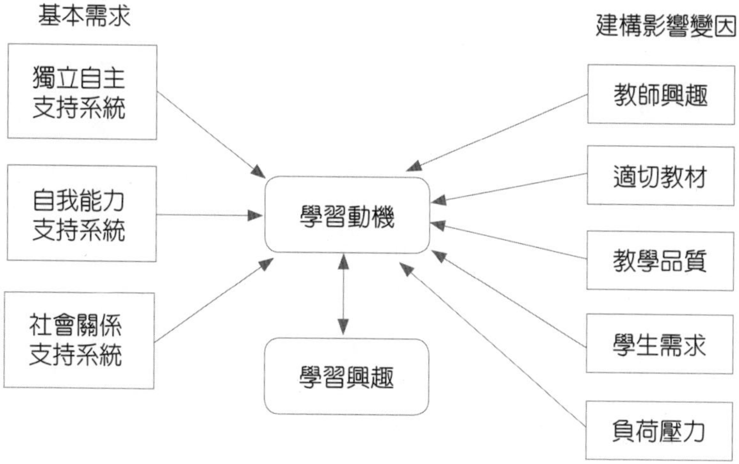

圖3-1　學生自我決定及學習與學習動機模式圖
資料來源：Muller & Louw (2004), p.175

學生的重要他人，教師對學生的影響是相當大的。

一般初始教師在教學常犯的教學缺失有以下幾點：

一、訂定的教學目標不明確

每節課的教學目標與單元進度未讓學生了解，有些學生上了一節課，不知老師上課的重點在那裏，課堂中老師要講述的核心概念表達也不清楚。

二、未了解學生的起點行為

老師不了解班級學生的起點行爲，因而講述的內容對多數學生而言不是太容易就是太艱難，此種結果會讓學生覺得枯燥乏味，無法引起學生的學習動機。

三、未展現有效的教學行為

教師的教學欠缺流暢，課前準備不足，教學程序不夠活潑有趣，不善用肢體語言，語調平淡沒有抑揚頓挫，講述內容不明確，學生「有聽沒有懂」、「聽到老師的話但不理解話語內容」。

四、教學評量未與目標結合

小考或單元考的內容難度太難或過度容易，試題的鑑別度很低，造成學生「努力讀書也沒有用」的知覺，測驗考試不僅沒有達到評量目的，更打擊學生學習信心。

五、求學自身經驗用於教學

教師一路走來，求學路上甚為順暢，其自身經驗自然無法體會班級低學業成就或弱勢族群學生學習的辛苦與困境，當學生學習有困難或無法跟上課堂進度時，老師並沒有採取任何補救策略，一味的責怪學生課堂不用心、課後不認眞、考前不努力。

六、負責教學忽略常規行為

教師在課堂班級中只負責將教學進度趕完，對於學生在課堂中行為表現完全不管，如學生課堂睡覺、打罵吵架等教師完全不管，尤其是科任教師認為班級常規的處理是班級導師的事情，科任教師的工作就只是「將書教完」。

七、展現教學效率而非效能

教師為完成教學進度，展現高度的教學效率，進度雖按時或提前教完，但學生並無法吸收理解、轉化，造成學生自我學習或複習時的困難，若是沒有家人或他人的協助，則有部分同學的評量成果可能很差。

中小學的教學歷程中，傳統課堂講述法其實是多數教師最常使用的方法，不論是實驗操作或分

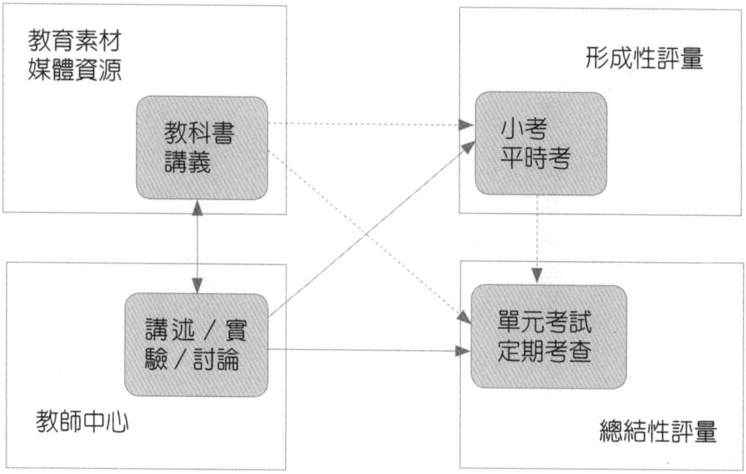

圖3-2　一般課堂教學活動程序圖
資料來源：修改自李昌雄（2008）

組討論模式，最後均必須靠教師將核心概念或單元重點有系統的告知學生，要讓學生完全探索建構知識並無不可，但課堂花費的時間可能較長，如此，可能影響教學進度的進行。教育改新、教學創新並不是要否定傳統，否則多數學生學習到的是瑣碎不完整的知識。尤其是中等教育階段，畢業後每個學生都要面對聯考的挑戰（基測、學測或指考），教師若沒有完整的將課程教材內容完整講述完畢，學生所獲得的知能將欠缺完整、無法融會貫通與轉化知識，這對於學生而言是不公平的。

在一部名叫「小孩不笨二」的影片中，有下列一段對話：「老師對學生說：『你們都是一群爛蘋果』。學生很生氣的回應道：『我們很不喜歡聽到爛蘋果這三個字，如果我們是一群爛蘋果，是誰讓我們爛的？』」學生的回答眞是一針見血，教學是師生互動的歷程，教學成效及學習效能的好壞並非只是學生個人的責任，其實任課教師也應負起大部分的職責，因爲「有怎樣的教師，就會有怎樣的學生」；有認眞投入的教師，就會有積極進取的學生；有熱忱負責的教師，就會有勇於任事的學生；有以身作則的教師，就會有循規蹈矩的學生。學生入學時在教師的心中並非是爛蘋果，而是一粒普通蘋果，既沒有爛也沒有發霉，爲何這些蘋果移交給老師後，隔了一段時間老師就認爲他們是爛蘋果，其原因在於教師放任蘋果爛掉。如果教師像園丁，學生像花木，要花木茁壯，老師必須細心照顧，給予花木足夠的養分、水與陽光，若是園丁放任不管，沒有盡到照顧責任，則不論花木如何完好，終有凋謝枯萎的一天。

學者Milton與Lyons（2003）所提的教師互動模式圖（見圖3-4）中顯示，教學是互動的歷程，教師要從學生表現中反思自己，調整自己原先的教學架構，學生也會從教師的進度流程、教師回饋、教師傳遞的知識概念與同儕互動觀摩中，調整自己的學習方法與課堂學習活動，反思自己努力程度，改進自己的缺失。一位具行動研究素養的教師，會做到以下幾點：

一、觀：觀看課堂學習行為

有效能的教師會從課堂中觀看學生的學習表現，進而調整自我的教學方式，若是學生課堂學習多數無精打采、興趣缺缺，教師應該反思自我的教學方式是否適宜。

二、察：察覺學生評量成效

有效能的教師會從學生小考、平時考或單元考中發掘學生對新單元內容的理解吸收情形，反思

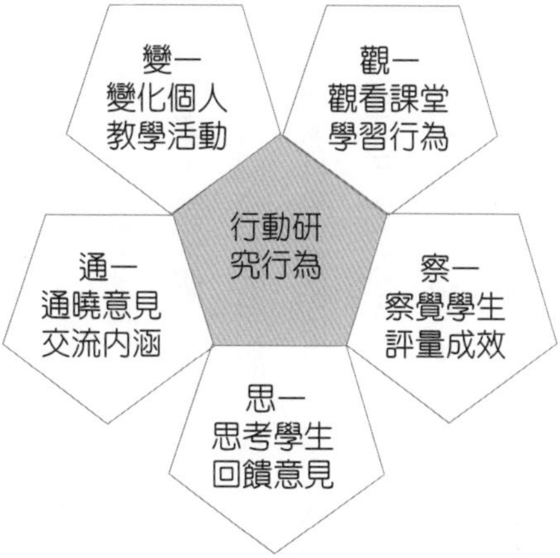

圖3-3　教師教學行動反思的五種指標

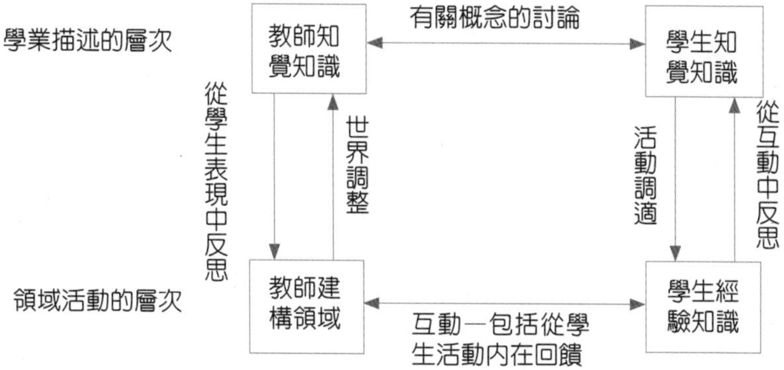

圖3-4　師生互動模式架構圖
資料來源：Milton & Lyons (2003), p.302

是否爲教師的教學導致，或是評量試卷不適切所引發的。

三、思：思考學生回饋意見

有效能的教師會隨時從學生對教師的回饋行爲中反思自己的教學行爲，如學生跟老師講：「老師這個單元很難，我們都聽不懂。」教師應進一步詢問是否多數學生均是如此，若是班級有許多學生都有如此感受，則教師應考量是否再以不同方式講述一遍。

四、通：通曉意見交流內涵

有效能的教師要能接納學生及家長對教學活動正向而具體的建議，教師有教學專業自主權，不必完全採納他人的意見，但對於有建設的意見，教師要有接納雅量，如此，不僅能展現教師的專業，更能創造雙贏的效益。

五、變：變化個人教學活動

有效能的教師不能一成不變的採用同一教學模式，適用於所有單元及所有不同班級，可根據教材內容或班級屬性採用不同的教學模式。

從Palmer與Collins（2006）所提的修正期望模式圖（見圖3-5）可以發現，影響學習者酬賞與努力的變因，包括個人知覺的自我能力高低、個人自我角色的知覺及學習價值性的知覺，其中學生知覺的均等酬賞機率高低會影響個人的努力投入程度與學習表現行為，均等酬賞包括內在酬賞與外在酬賞，在學習過程中，當學生知覺只有努力才有收穫，只有表現積極行為才能得到教師及同儕肯定；只有符合學習規範、盡心盡力，才能得到自我滿足時，才會努力於課堂學習活動，這就是正確價值觀的建立與正向態度的培養，要讓學生這些感受，必須讓學生有成功機會。此外，教師若能秉持公平、公開的處事原則與教學熱忱，則學生覺知努力付出才是值得的，因為學生體會一分耕耘、

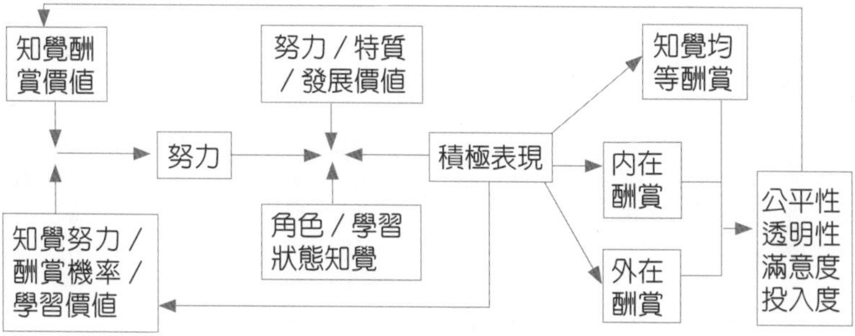

圖3-5　修正期望模式理論圖
資料來源：Palmer & Collins (2006), p.202

一分收穫，此外學生也從教師身上習得對事盡力、對人關懷的情操。

Martin（2007）所提的動機與投入輪狀圖（見圖3-6）模式可以說明有效能教師的另一個特質，有效能的教師是能激發學生學習與投入的動機，正向的影響包含適切認知與展現積極的學習行爲，前者包括知悉知能價值性、學習必須達到精熟，學習要有成效（具體行爲改爲），後者包括能堅持

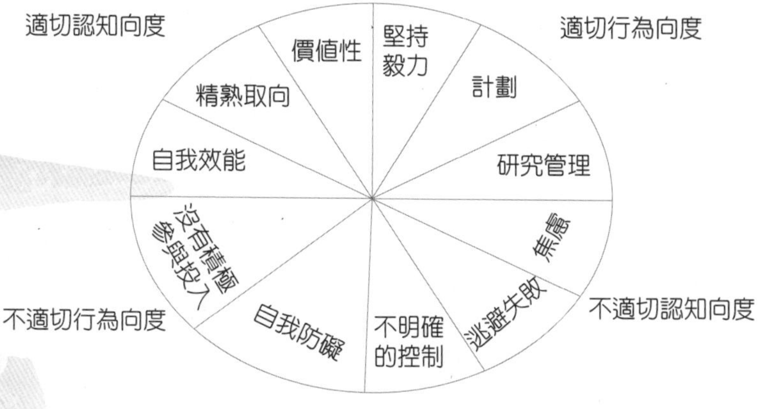

圖3-6　學習動機與投入輪狀圖
資料來源：Martin (2007), p.414

毅力不怕失敗，具有挫折容忍力，能有效做好時間管理，安排自我學習進程，並具有行爲自制與管理能力，不意氣用事、不衝動。相反的，無效能的教師，所帶領的班級學生具有高度的焦慮感，逃避失敗，不敢面對事實，欠缺個人自律能力，以各種原因搪塞學習不佳或行爲表現，不會積極參與班級的學習活動。

有效能的教師或能展現教學倫理行爲的教師具備以下三大特性：1.專業的知能：教師的專業知能讓學生能發自內心的佩服；2.清晰和組織：教師的教學流程讓學生能理解、吸收、轉化、應用與創新；3.溫暖和熱忱：教師的教育愛與教學關懷讓學生能感受與認同。在此種教師參照權與專家權的長期薰陶下，學生的行爲表現與常規會有明顯改善：

1.課堂前——學習意願高&學習動機強

課堂前期盼上課鐘聲響起，以期待心情迎接教師的來臨，對學科的學習具有強烈的動機。

2.課堂中——學習專注&積極認真

課堂時能專心一致投入學習活動，不搗亂、不作怪，教師可以全心投入於教學工作，不必經常分心於班級常規的管理。

3.課堂中——能與同儕互動&老師對話討論

學生於課堂學習中與同儕互動良好，樂於與同學分享學習成果，相互幫助砥礪，而與教師也有良性的對話溝通。

4.課堂後——學習成效佳&自我效能高

課堂學習後，每個個體均能自我超越，有最佳的學習表現，自我持續比較追求更好，在學習成果與品德行爲上皆有良好的表現。

5.畢業後——懷念學習之所&終身記得

學生畢業後會懷念學校，懂得感恩惜福，將來在職場上有所成就第一個會想到的是回饋母校，知悉終身學習的重要，成爲社會有用的人士。

教學倫理守則的實踐在於教師教學時能展現以下具體教學行爲：1.對學生起點行爲的掌控，了解學生與選擇適合的教學策略；2.熟悉的課程內容，能預先準備和計畫課程，對課程內容得心應手；3.能採取有效的方法，將學習內容傳遞給學生，包括適宜的口語表達與肢體語言、運用適切的資訊科技與教學媒體；4.讓學生知悉與感受到教師熱忱與投入；5.使用適切的評量程序，評量使用能眞正反應學習的結果；6.評量後反思行爲，能進行自我檢討，檢核整體教學歷程。

不論教師是採用分組報告或分組實驗操作，其中一個重要流程是教師要隨時作爲學習活動的導引者，並與學生進行對話，如補充說明或指導學生實驗操作程序，以正確引導教學活動的進行，不論是分組報告或實驗操作，教師最後要以文字、圖表歸納整理課程內容的主題重點，以讓學生明白理解單元課程所要表現的主要概念，教師不應將此階段完全忽略，因爲教師的適時補充說明與歸納

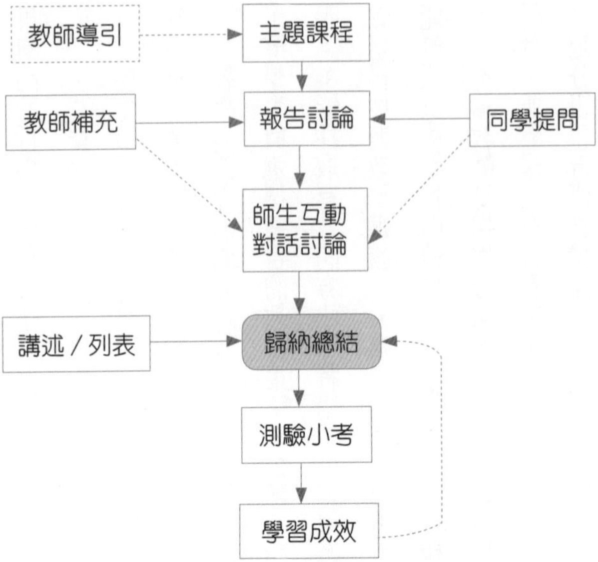

圖3-7　分組活動教學流程圖一

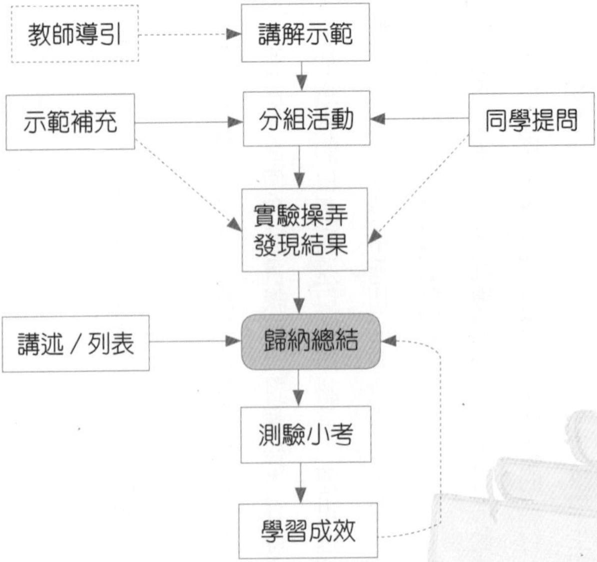

圖3-8　分組活動教學流程圖二

圖3-9　四種教學不適切行為模式圖

總結對多數學生而言仍是需要的教學活動。

教學倫理具體實踐中教師應體認教學不是迅速將課程內容進度教完，而不管學生是否可以接受吸收、學生是否理解；教學不是將課本單元內容讀完，讀完課本內容並不是教學行爲，教學行爲是教師將課本主要內容概念透過有意義的講授、示範、活動安排、實驗操作等步驟有系統傳遞給學生；教師不是教師一人唱獨角戲，而沒有學生的參與，教師應採用各種教學策略，引起學生學習動機，讓學生於課堂中能積極參與學習活動；教學並不是整節抄寫黑板，「講光抄」的教學模式並不是有效教學的行爲，教師要補充的資料可以以班費影印給學生，如此教學不但更有效率，也能講述更多教材內容，最重要的是教師能利用多餘時間實施創意教學，讓學生學習更多。

貳 教學倫理案例

案例3-1

和平國中二年六班國文老師爲激勵班級同儕互動，採用分組整體加分法，所請分組整體加分法就是以各排爲一個組別，老師問問題隨機點同學座號，被隨機抽到同學若是答對，則該同學所在的整排同學均可以加一分（該課程單元平時考分數），如果被隨機抽到的同學答錯，則該錯者所在整排同學均沒有加分，但也沒有扣分。思宜該排共有六位同學，其中有位同學金雄是班上低成就者，而金雄更有輕微自閉症傾向，因而思宜很怕老師點到金雄，因爲之前被老師抽到座號的同學，多數都全對，他們的組別都有加分，正當思宜專心祈禱時，老師下一個問題問完後抽到的座號剛好是金雄，金雄當然是無言以對，答不出來，因而思宜這一排就錯失加分機會，雖然沒有扣分，但金雄所在組別的其餘同學心中只感覺：「運氣實在有夠差，爲何會跟金雄坐在同一排！」，整節課下來，其他各排同學在此課程單元的平時分數都有加分，唯獨思宜這一排沒有。

思考問題

分組合作是重要的教學方法之一，如實驗課的實驗操作、分組專題製作與分組報告等，均必須採用小組合作學習，分組時最重要的方法是採用異質分組，每一組別中各有程度較好與程度較差的學生，如此，才能以同儕力量發揮分組效益。在分組活動學習中，有些教師會因某一位同學課堂表現行為失序或常規不好，或學習不認眞，而扣整組的平時成績，造成當事者被同組組員排擠，之後再分組時，這些同學會成為班上的「孤獨者」，沒有同學願意再和這些同學被分派在同一組，因為只要跟這些同學同一組，課堂都會被老師扣分，小組合作學習時，個別學習者的常規不好或吵鬧，是否要同組同學一起受罰，這是値得商榷的行為。較適宜的做法是，整個小組成員學習十分認眞努力，而最後成果也不錯，則老師可以整組同學給予相同的獎勵與給予相同的分數，這樣才能激發小組成員合作創新的能力與利社會行為，此外在實驗操作或分組學習過程中，若是某一組別某個成員的學習態度不佳，如吵鬧或干擾他組學習活動，教師可針對此個別成員處理，不要因一人行為不當而處罰全部小組成員，這樣處罰方式也違背實質正義原則，教師可把握以下原則：「獎勵可擴展到整組同學，處罰只針對當事者一人。」

案例中國文老師採用以排為分組方式，此種座位安排（如下圖）是國民中小學最常見的方式，

教室情境佈置

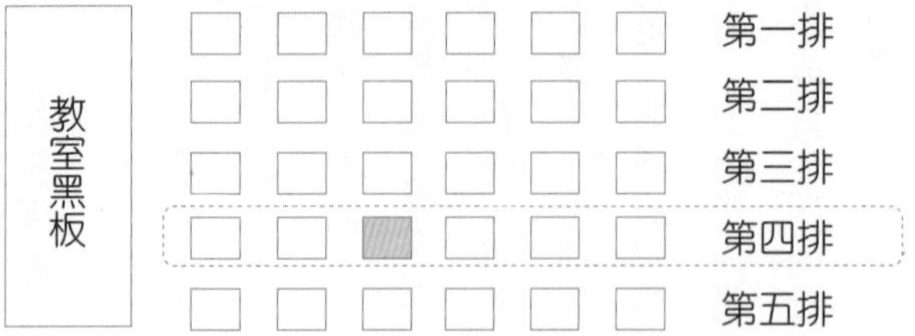

便於同學直接可以看到黑板文字及教師的肢體語言，又不用轉身；此外，教師的眼光也可以很清楚的掃描到全班每位同學的一舉一動。以排爲小組既不用移動課桌椅，因而比較節省時間，但此種分組不適合同學共同討論或實驗操作的進行。老師在抽籤時先抽取排數，再排取各排中的第幾個（行），因而每位同學都有被可能抽中，但思宜所在第四排中的第三行金雄由於是低成就同學，對於老師所問問題的理解與反應能力最差，所以當老師抽到第四排第三個（金雄坐的位置）時，金雄當然無法回到老師的問題，此時第四排六位同學雖然沒有被扣分，但是心中定是非常不甘心：「爲何這麼倒楣，跟金雄坐在同一排？」老師原先的用意是希望同學能認眞聽講，正確回答老師問題，激發同學群體榮譽的意識，但實施結果反而造成金雄被同學排擠，之後，若是有小組活動，班上同學定不會想與金雄同一組，如此金雄會因被同學排斥而自暴自棄，成爲眞正班級「學習孤兒」。

在國文老師採取的策略中，金雄回答不出來是可預測的，雖然第四排同學沒有因金雄無法正確回答而扣分，但是沒有加分同學也會心理不平衡，此時教師可採用另一方式，就是同一組尋求支援的方式，金雄回答不出來，可尋求同一排同學協助，若是協助同學也能正確回答出老師的問題，則第四排同學整排皆可加一分，爲了讓同排同學均有表現機會，支援同排同學者不能重複，如此方式，更能讓同一排同學發揮互助合作的精神，另一方面也可眞正達成小組合作學習的教育功能。

合作學習或分組活動主要在透過群體力量，培養同儕間互助能力，根據每位同學的專長發揮群體學習的效益，分組時組別人數可根據課程學習內容進行規劃，但重要的是組別最好是採異質分組。在合作學習歷程中，教師不能因組別中一人表現較差而處罰整個群組，因而這樣的處罰或扣分對同組中專心學習的同學不公平；相反的，若是組別中某位同學的學習有顯著進步或表現很好，教師可以因一人的表現良好而對同組組員予以獎勵或加分，每個學生都渴望被稱讚或被教師獎勵，讚美鼓勵學生不會嫌多；相對的，每位學生不希望被教師責罵或處罰，教師若能以正向讚美鼓勵取代責罵處罰，以加分取代扣分，則較能發揮小組合作學習的效益，各組同學間的氣氛與同儕關係也會變爲和諧融洽。課程學習中稱讚與鼓勵的使用時機也不相同，鼓勵較常用於學習歷程、讚賞則較常用於學習完成後，當學生於學習過程中遇到挫折，缺少自信心時，教師適時的鼓勵是激發學生不會中途放棄的最好動力來源。

案例3-2

陳國明是這學期新來的國文老師，由於剛到新學校爲讓校長及學校同仁留下好印象，每天均提早到校，由於陳老師是專任（科任）老師沒有擔任班級導師，早上一到學校便在科任教師辦公室準備教材。上課鐘聲一響，陳老師馬上走進任課班級，當全班同學起立敬禮說：「老師好」後，陳老師便開始上課，課堂中陳老師十分投入，滔滔不絕的講述課程內容直到下課鐘聲響起，全班同學起立敬禮：「謝謝老師」後，陳老師就快速離開任課教室走回辦公室，下課鐘聲響起後陳老師絕對不會於教室中逗留，因爲陳老師認爲下課是其休息時間，不想讓學生干擾，若是有同學在下課時間至辦公室問陳老師問題，陳老師總是回答：「老師下節還有課，你們先自行討論看看。」

放學時間一到，陳老師也沒有在學校逗留，騎著車子就離開校園。國文作業批改時，陳老師也很用心，準時將作業批改完畢發回給學生，定期考試後也很有效率的將成績輸入校務成績系統，按時將學生的評量成績送出。在陳老師心中，準時上下班、課堂不遲到早到、教學進度按時教完、學生作業專心批閱完、評量成績準時繳交，就是一位稱職教師，從他自學校報到後，陳老師一直秉持此種理念態度與教學行爲。

國語文競賽前夕，學校已挑選出各項參賽選手，教務主任認爲陳老師是新進教師，在參與選手訓練上應有更佳的方法，想敦請陳老師協助語文競賽選手的訓練，時間是每天中午午休時間（12:40至13:30），當教務主任告知陳老師想請其利用午休時間協助選手訓練事宜，陳老師不假思索的立即回絕，陳老師回答主任，因爲他是新來教師，對於課程的精熟度還不夠，爲避免影響教學進度，每天都要花費很多時間備課與蒐集資料，尤其他有午休習慣，若是中午沒有小憩片刻，下午的體力就很差，恐影響教學品質，希望主任另尋他人，從陳老師的言談中，教務主任隱約知悉陳老師對於協助語文選手訓練的事宜不感興趣，也欠一份積極投入的熱忱，因而只好作罷。

思考問題

「教學不僅是一種『職業』，更是一種『志業』；教師不僅要成為一位『經師』，更要成為一位『人師』」，職業是將教學作爲例行工作，備課、準時上下課、依教學進度將課程上完，作業按時批改、依規定實施成績評量並按時繳交成績，不遲到、不早退，此種制式程序的教學，完全是一種教師中心或教書匠的工作，課程上完後學生了解與否不是教師職責，課堂講授時學生學習動機與學習態度爲何教師不用去管，成績評量時學生學習成效不佳是學生努力不夠、欠缺認眞，教師完全沒有責任，學生對課程的喜愛程度爲何，是學生個人因素導致跟任課教師無關，此種教師只負責教學工作，對於學生的學習問題或行爲品格、學習態度等均不會加以關注，嚴格來說此種只展現單一「教書」行爲，只是個「教書匠」，並不是位「教育者」，教書匠者不管班級間學生的差異事實，也不管班級內學生的個別差異，採用相同的教學方法與教學流程，教師主要目的是教科書內容依進度上完，教科書內容依進度傳授給學生，是教師主要職責。

將教學視爲志業，是樂於喜愛教學工作，除將教學視爲一種工作，更將教學視爲一種自我實現，此類型的教師除重視「傳道」外，更強調「授業、解惑」，將教學視爲志向、興趣與職業，這種教師不僅關注學生的學習成效，也強調學生人格品德的陶冶，課程中除要求學生能專注學習外，理解學習內容外，也關注學生課堂學習的動機、學習態度與因應學生個別差異，教師的教學在於讓學生喜愛學習、樂於學習，讓每位學生的潛能能完全開展出來。教師除重視課程內容的教學進度外，更重視學生對課程內容的學習態度，關心學生的學習問題，解答學生學習疑惑、協助學生解決生活及學習問題，教師以熱忱及教育愛對待學生，師生關係是亦師亦友。將教學視爲志業者才是教師的眞正角色，也是一位教育家應有的行爲表現。

教師是學校群體的一員，將自己專長加以發揮協助學生知能成長，教師應將其視爲是一種榮譽，在教師能力所及與身心能負荷的前提下，協助學校行政工作的推行是教師本身應盡的職責與義務，這是教師的一種榮譽與責任，「愛人者人恆愛之、助人者人恆助之」，陳老師是位國文教師，本身就具備語文的專業知能，協助語文競賽選手的訓練應能駕輕就熟，陳老師以有午休習慣來搪塞，其理由過於牽強。古語有句話說：「人在做，天在看」，應改爲「人在做，人在看」，老師的付出與投入，所有學生與行政人員均會體認與感受到，如果陳老師能答應教務主任的合理請託，則不僅陳老師的專長可以發揮，更能贏得主任、學生及所有同仁的敬重。「教師的教學內容要能讓學生理解、教師的教學投入要能讓學生體會、教師的教學熱忱要能讓家長認同、教師的責任付出要能讓同仁感動、教師的犧牲奉獻要能讓他人知悉、教師的一切表現要能讓大家肯定」，能受學生、家長、同仁肯定、認同與接納的教師，教師的教學才算成功，教師要表現的是一種「志業」，而非以教書匠自我滿足。

「志業」內涵包括專業、敬業與樂業。專業指的是教師具有豐富的學科知能與教育知能，能將自己的學科專業知識完整而有系統的傳遞給學生；敬業指的是教師的教學行爲與班級經營行爲都能符合倫理道德守則，兢兢業業，實踐完成自己應負的責任與履行各項的義務；樂業指的教師會以教育工作爲榮，喜愛自己的工作，教師能喜愛教育工作、也才會喜愛學生，樂於解決學生學習困難、處理介入學生行爲問題。

案例3-3

許老師是某高職的英文教師，從其考上高職教師後，管教學生的心態有很大的轉變，因爲之前在其服務的國中，沒有教官編制，因而有關學生的常規管理與不當行爲的處置，都要由導師親自負責處理，由於許老師沒有自我做好情緒管理，處理學生的常規問題，常常意氣用事而與當事者對嗆，讓她忙得不可開交而影響教學活動的進行，有幾次被學生激怒得血壓飆升至一八〇以上。許老師後來在某個機緣下考上住家附近的一所高職，到高職任教後因爲她知道高職有教官的編制，因而只要是班級學生的行爲問題全部推給教官，許老師認爲高中職教官的主要工作就是負責學生的行爲管理與不當行爲處理，教師只要負責教學工作即可。有一次在二年三班上課時，班上突然有二位男學生不知什麼原因，先是大聲互吵，干擾到許老師教學程序的進行，經許老師大聲吆喝，暫時安靜下來，但不到五分鐘，這二位同學吵得更大聲，之後打起架來，全班同學被這二位男同學突來的舉動嚇一跳，但許老師看到後，只見許老師以冷漠的聲音告知全班：「這二位男同學的行爲嚴重干擾到教師的教學活動，老師無法繼續上課，班長你去教官室請教官來處理。」許老師說完，收起課本快速的離開教室。

另一次，許老師在二年一班上英文課時，有位同學因身體不適，在課堂座位中嘔吐，由於嘔吐物很多，味道很難聞，同學群起譁然無法專心聽講，干擾到許老師課堂活動，許老師告知全班：「班長你去請教官來協助處理，處理完後再到辦公室通知老師。」許老師說完就拿起課本教材離開教室。

思考問題

教師在學校的義務不僅是知識傳遞，重要的是學生人格的陶冶。不論是班級導師或科任教師於班級內教學時，就要負起班級的常規管理，因班級常規管理的良善與否與教學效能有正向密切關係，從團體動力學及教育社會學的觀點，每位教師之所以能影響、管教、教育學生，乃是因爲教師擁有下列五項權力：強制權（coercive power）、酬賞權（reward power）、法職權（legitimate power）、參照權（reference power）、專家權（expert），強制權是在合理及學生可以承受的範圍內，教師可以強制學生做某些其不願意的事情，如調整班級學生座位、指派學生定要打掃某個外掃區等；酬賞權是教師有權利對學生的行爲表現予以獎勵或懲罰，如口頭警告、記過、加分或記功等；法職權是教師依相關法令行使教師的專業權力，如決定考試的方式、選擇適合的課程教材，調整課程進度等；參照權是教師本身人格特質與教師魅力對學生所產生之潛移默化的影響，學生之所以認同喜愛教師是因爲教師教學認眞、幽默有趣、處事公平、願與學生溝通，處處爲學生著想等；專家權就是教師學科知識的權力，教師的專業知識愈豐富、懂得的知識愈多或擁有的技能愈專業，愈能影響學生的信服。一位成功的教師，要同時適當的運用教師五種社會權力，五種社會權力的運用並非是平衡或均稱的，而是要根據班級屬性與學生特性權變加以使用。

許老師任教的課目雖是英文，但學生打架的行爲事實是發生在許老師上課時段，許老師依教師社會權力可以加以處理，並嚇阻學生打架行爲的持續，男同學打架的行爲嚴重干擾到教師的教學活動，身爲教學者有義務也有責任將此干擾活動排斥，如依法職權及強制權要求當事者罰站教室後面反省，課後再請教官或導師協助處理，並以教師酬賞權對課堂不專心聽講而吵架的二位同學加以處罰，如扣該英文單元平時成績等，在對學生扣分前任教教師也要了解學生打架的前後脈絡，根據行爲動機而決定扣分標準；此外，課堂中發現學生身體不適，教師要依其參照權與法職權關懷學生並加以處理，如請服務股長或相鄰同學協助將學生送到保健室，若有需要必須轉送到醫療機構並通知學生父母親。課堂中教學中處理學生不當行爲或臨時偶發事件，要把握「同時處理原則」，如教師處理學生不當行爲問題時，可告知同學先將老師剛剛教過的內容複習一次，老師等一下要抽問或抽考，如果每位教師在課堂中看到學生出現不當行爲而干擾教學活動進行時，就離開教室，此時，若是學生發生傷害，教師也應負起相關責任。

判決摘要實例

教師未立即送受傷的學生就醫（案號：台灣高等法院民事判決八十八年度上字第267號）

1.事實發生經過

甲生於就讀某國小一年級時，因上課時間已到，負責該班課後輔導之老師乙尚未進教室，甲生想回到自己座位，同班同學丙生卻丟擲鉛筆刺傷甲生的右眼，造成甲生右眼角膜破裂，當即疼痛異常，淚流不止，隨即由知情之同學向老師乙報告。但是，乙師不但沒有送甲生就醫、通知學校或家長，反而嚴詞斥回甲生，對甲生的傷勢置之不理，直到下午放學回家後，才由甲生的母親將其送醫治療，嗣經醫院診斷爲「右眼角膜破裂併發創傷性白內障」，右眼裸視僅零點二，矯正後視力爲零點四，且日後恐有失明之虞，而須持續追蹤檢查治療。甲生即對乙師、丙生及其父母四人提出損害賠償之訴。

2. 判決結果

高等法院認爲，教師乙沒有立即送甲生就醫導致損害擴大，屬於因過失不法侵害甲生之權利，且其過失行爲與甲生之損害間有相當因果關係，又其與丙生之侵權行爲，均係甲生受傷之共同原因，具行爲關連共同，其依法應與丙生負連帶賠償責任。而丙生父母親爲丙之法定代理人，其等無法舉證證明對丙生之監督並未疏懈，或縱加以相當之監督，而仍不免發生本件損害，自亦應就本件損害與丙生負連帶賠償之責。故法院依《民法》第一八四條第一項前段、第一八五條第一項前段、第一八七條第一項前段規定，判決甲生請求乙師、丙生應連帶或丙生及其父母親應連帶就本件傷害，負損害賠償之責（黃旭田，2006）。

案例3-4

顏老師是明倫中學的化學老師，上課十分認眞但對學生課堂的化學實驗要求也非常嚴格，因爲顏老師職前教育告知他，化學實驗意外事件的嚴重後果。某次化學實驗課時，班上同學分組進行實驗，顏老師先將實驗程序以投影片講述一次，並親自示範一次後才讓同學進行動手操作，分組實驗前顏老師再三叮嚀同學進行化學實驗時要注意事項，當各組同學進行實驗時，顏老師剛好接到主任告知說有一通辦公室家長打來詢問科學展覽的電話，由於各組同學都很專注的在做實驗，顏老師告知同學他有事暫時至辦公室一下馬上回來。

當顏老師在辦公室以電話與家長討論完科學展覽之事，正要走回化學專科教室時，班長十分緊張的跑到辦公室說：「老師，放化學藥劑的櫥櫃有二瓶藥劑從櫥櫃丟到地上破掉了，味道很難聞。」顏老師第一個反應反問班長：「有沒有同學受傷」，班長說：「沒有」，老師說沒有同學受傷沒有關係，顏老師跟班長急忙趕化學專科教室，此時，同學全部站在走廊，七嘴八舌的討論著的是誰打破化學藥劑的。

顏老師記得他離開專科教室時，櫥櫃的門還是關著的，藥劑怎會櫥櫃丟到地上破掉，顏老師懷疑有同學故意打開櫥櫃，玩弄化學藥劑，顏老師一方面親自將地上打掃清理乾淨，一方面請同學將所有窗戶暫時打開，以利空氣流通，等藥劑味道消失後，顏老師告知同學，刺鼻的味道沒有毒請同學放心。此時，顏老師提高音量詢問同學是誰把化學藥劑打破的，由於多數同學均專心的在做實驗，因而對於是那位同學將櫥櫃打開並沒有特別留意，多數同學對於事情的來龍去脈並不清楚，顏老師知道班上定有同學看到是那一位同學將櫥櫃打開並玩弄化學藥劑的，只是基於情誼不好意思將同學指認出來而已。

顏老師認爲班上同學都沒有人承認，只好處罰全班同學，處罰的作業是回家找尋一篇有關實驗操作不小心所引發的校園意外災害，並撰寫一千字以上的心得感想，心得感想沒有繳交的同學，此單元的平時考試分數扣50分，多數同學雖然覺得老師的處罰很不公平，但看老師態度好像非常生氣，因而沒有任何同學敢提出異議。

第二天教師晨會時，顏老師打開抽屜，發現辦公室內有一封沒有署名的信，信上指中昨天的化學課時，他看到班上的郭正雄同學曾在櫥櫃的旁邊走動，因而打開教室後面櫥櫃並玩弄化學藥瓶的可能就是郭正雄，由於信中並沒有明確指出打破化學藥瓶的是郭正雄同學，加上又未署名，因而肇事者是否眞正爲郭正雄同學也有待查證，但由於郭正雄同學課堂上課時，就是一個喜愛講話、好動且愛捉弄他人者，因而顏老師認爲郭正雄同學的嫌疑很大，中午午休時，顏老師把郭正雄叫到辦公室，詢問郭正雄，顏老師問著：「正雄，昨天的課堂意外事件是否是因爲你玩弄櫥櫃內的化學藥劑造成的，你知道這是很危險的」，郭正雄回答道：「老師不是我」，「但有同學看到你走到教室後面的櫥櫃附近」，顏老師繼續質問，「老師，我只是走到櫥櫃旁看一下櫥櫃內的東西就走開了」，「那你道是誰打開櫥櫃的！」，「老師我不知道，離開櫥櫃後我就坐回位置了，沒有多久，就聽到瓶子打破的聲音。」雖然郭正雄沒有承認，但老師決定懲罰他，此單元平時成績扣五分，因爲他的嫌疑最大，課堂中又任意走動沒有遵守實驗守則。

思考問題

準時上下課是教師應履行的重要職務，課堂上課中除非極爲重要的事情，教師不應從事與教學無關的工作。如教師要求學生課堂中手機不能開啓，但教師卻於課堂上課中大方讓手機響起並接聽手機，此種教師無法以身作則，身為學生表率的行為，學生當然無法信服。教師於課堂教學應以學生學習及安全為重要考量，所謂「教學為先、安全為重」，教師不能因處理個人私事，於課堂上課時間離開教室，尤其是有關化學藥劑的實驗操作課程，最容易發生意外，意外事件有不可預測性屬性，事件發生極為短暫迅速，但其對學生的影響與傷害卻很大，顏老師以接一通家長電話為由，暫時離開教室就是一種不合教學倫理的行為，因為這一通電話沒有接，並沒有立即危險性或有對他人行為造成傷害的可能，主任可以在下課時間再告知顏老師，顏老師也可以於下課時間再回電給家長。

因一人行為不當而處罰全班是多數教師常犯的，尤其將行為不當與成績劃上等號更不符合教學倫理守則，教師處罰全班同學要撰寫一千字以上的心得感想，此種處罰方式對於課堂認眞學習、努力於實驗操作的同學而言並不公平，因為他們並沒有做錯事情為何也要受到懲罰，但顏老師採取的是嚴厲且合理的處罰方法，他要讓全班同學知道安全的重要性，化學實驗課程是絕對不能開玩笑的，實驗操作時不能嘻皮笑臉、馬虎隨便，否則很容易受到傷害。

教師在處理任何事情時，沒有足夠或明確證據絕對不能妄下論斷，否則很容易冤枉學生，許多師生衝突事件均導因於學生被師長冤枉，被冤枉的當事者如果一時情緒失控，很容易做出違法非理性的舉動，如毆打老師、破壞校園、縱火等，法國有名的教育影片「放牛班的春天」中，縱火燒掉輔育院的當事者，就是被院長冤枉爲偷竊者並扭送警察局，造成當事者內心的不平與忿怒，因而趁輔育院沒有人留守之際，縱火焚燒輔育院。顏老師只根據一封未署名的信件，就認爲肇事者是郭正雄，此外，顏老師也根據郭正雄之前的行爲進行推論，認爲郭正雄的嫌疑最大，雖然郭正雄極力否認，但顏老師還是認爲郭正雄是最有可能的肇事者，顏老師犯的是以偏概全的推論謬誤，此種謬誤就是班級經營或教學中的「月暈效應」，此種以過去行爲推論學生目前表現，或以部分資料作爲論證的全部證據，是一種思維模式的迷思，更是教師所應避免的，如果郭正雄真的不是肇事者，顏老師對他的誤會與處罰要如何彌補？「身為教師不能先誤判學生為事件肇事者，之後再跟學生說：『對不起，老師誤會你（妳）了』。」

案例3-5

陳老師是大和國中二年三班的國文老師，課堂鐘聲響起後，陳老師走進教室看到班上許國維同學在嘻嘻哈哈在和同學吵鬧，陳老師說：「許國維你在笑什麼？」許國維一臉無奈的說：「沒有啊！」陳老師提高聲音說：「老師明明看到你嘻皮笑臉還說沒有？」許國維以輕蔑的語氣回答：「沒有啊！」陳老師看到許國維一臉吊兒郎當的態度，很生氣的說：「你這是什麼態度？」許國維回答道：「我的態度很好啊！」陳老師氣急敗壞的大聲責罵：「我是老師，你是學生呢，對老師講話的態度是這樣嗎？」陳老師看到許國維那種不屑一顧的態度更加火大，脫口而出：「你不想上課，就出去！」陳老師講完後，只見許國維站起來向教室前門走去，邊走邊說：「不上就不上有什麼了不起，反正妳的課也很無聊」，說完就走出教室了，此時陳老師先愣了一下，之後繼續上課。

思考問題

從教育社會學觀點而言，師生權力不平等導因於三種取向：1.政治取向：教師被賦予社會規範的權力或傳統父權式權力，學生必須聽從教師的命令及各項指示；2.經濟取向：教室被認爲是勞動市場，教師相當於資本家，學生被視爲工作階級，學生被視爲物品，教室是專業知識買賣，工作階級要無條件服從資本家；3.文化取向：學校是中產階級文化的複製，教室淪爲統治階級與勞工階級文化鬥爭之處，因而對於勞工族群要獲得文化訊息，必須無條件接受教師的命令，文化取向會導致文化階層再製。這三種取向的迷思，造成部分教師將教師權力或權威無限擴大。

教師班級經營的理念之一就是包容與接納，教師與學生的對話應持互相尊重的態度，教師應揚棄傳統「教師至上」的觀念，在與學生溝通互動中不要常以「我是教師、你是學生」的心態來面對學生，當教師以「我是教師」的角色自居，往往會擴大教師的權威與權力，在班級社會體系中，教師扮演的是「教學者、指導者、啓發者、誘導者等角色」、學生扮演的「學習者、接受者、建構者的角色」，教師與學生只是角色扮演不同而已，角色地位沒有高低，雖然教師擁有形式的權力（強制力、酬賞權、法制權等），但這些權力並不是用於彰顯教師在班級中的地位，教師需要被學生尊重，學生更需要老師的尊重與關懷，師生衝突事件並非是單一因素導致，「鼓不打不響，話不說不明」，一位教師若是「理念正確、積極認眞、嘴巴不好、態度不佳、溝通不良」也不是一位稱職教師。在與學生溝通中，學者金納特（H. Ginott）建議教師多用「我—訊息」（I message），少用「你—訊息」，使用「我—訊息」可避免學生覺得其人格或尊嚴受到攻擊，一位成功教師表現的具體行爲是「理念正確、積極認眞、嘴巴要甜、態度中肯、溝通良好。」

課堂中若學生因故離開教室，任教教師必須立即通報學校行政人員（如學務處或教官室），不能放任不管，若是學生離開教室不假外出，即是蹺課外出行爲，此時學生若是在校外發生意外，沒有盡到通報職責的教師雖不必負起民事、刑事責任，但定要負起行政責任與道義責任。鳥需要鳥巢、蟻需要蟻穴、蜘蛛需要網，人需要家庭、學生需要愛、溫暖和被尊重，教師在課堂中絕對要避免說出：「你不想上課，就出去！」、「你們以爲老師很喜歡教你們這一班！」、「你不知道我是老師嗎？」，這些以「你—訊息」爲中心的輕蔑語言，絕不是教師所應說出的話語。

案例3-6

明和國中慶祝創校二十週年，一年級舉辦班級女生排球比賽，一年五班體育老師特別從班上上學期同學排球托球的情況挑選八位參加，被老師挑選到的同學都非常高興，因為是一種榮譽。級任老師為讓同學有練習的機會，還與班上其他同學組成另外一隊利用課餘時間（通常是放學後四十分鐘）與被挑選的同學進行友誼賽，在師生友誼賽中，老師發現許多同學球托球與接球還不錯，唯一需要改進的發球，因為同學發球過網的機率約只有五成，級任老師勉勵同學，只要發球過網贏得機率就有七、八成。比賽前夕，體育老師於體育課告訴比賽八位同學，如果發球沒有發過，一次罰跑操場一圈，參加比賽同學聽了都很訝異，心想：「老師怎麼這樣，那我們不要比賽好了。」後來經過級任老師的安撫與鼓勵，被選上同學還是下場比賽，一年五班每次比賽時，沒有補習的同學會留下來幫她們加油，而級任老師則是每場比賽必到，一面觀賞同學比賽的情況，一面激勵同學，最後在老師及全班同學的加油聲中，女生排球得到全年級第三名，但由於參加同學每場至少均有一次發球沒有過網，因而體育課時參加排球比賽的同學均被老師罰跑操場八圈，每節體育課跑四圈，共罰跑二次。

班級球賽比賽能被挑選出參加比賽的同學，心中會充滿一種榮譽與喜悅，比賽的結果固然重要，但比賽的過程尤爲重要。班級球類比賽就是讓具有球類專長的同學能發揮所長，其教育目的在於培養同學公平競爭精神、群體相互合作的學習態度，比賽不論輸贏，只要同學在整個比賽過程已經盡力，教師就應給參賽同學高度肯定，教師不應過度重視班級間各項學藝比賽、體育競賽等，比賽只是一個歷程，從比賽中凝集班級向心力，培養同學勝不驕、敗不餒精神，接受失敗時的挫折容忍力，體會群體合作的力量等，才是舉辦各項比賽的主要目的。

案例中，不論最後比賽結果爲何，體育教師訂下比賽時球沒有發過網就要罰跑操場的規定是有違反教學倫理的，如果同學已經盡力或是因爲失誤而受到處罰，那對參加比賽同學是不公平的，因爲沒有那位參加者不希望自己的發球能過網，同學能有完美表現最好，即使同學表現不全然令人滿意，但畢竟同學已經盡力了，教師應該給予勉勵才對。以班級大隊接力爲例，參加大隊接力的同學在比賽當天，不論其在班上之前常規表現爲何，學業成績爲何，在跑道上同學所想的是用力向前衝，向前衝到最前面，替班上爭取最佳榮譽，同學絕對不會故意跑慢或跌倒，若是在接棒過程中，班上有同學不小心掉棒，影響到班級名次，比賽完畢老師也不能處罰掉棒同學，因爲掉棒並不是其故意的，而是在比賽過程中無法預測突發事件的，同學掉棒後撿起接力棒更邁力向前跑，跑完後此同學定會內疚，此時教師再責備同學是一種雪上加霜的舉動，教師要做的是勉勵同學，以此事件爲例進行機會教育，告知同學人生哲理及與人公平競爭之道。

班級間各項球類比賽，旨在培養同學群體合作的向心力及與他人公平競爭的規範，參賽同學最重要的是遵從裁判的判決，比賽結束後要有勝不驕、敗不餒的氣度，身爲班級導師不要把此種比賽名次看的很重，或要求班上參賽同學一定要獲得前幾名，不容參賽同學在比賽過程有絲毫差錯，此種思維與要求並不是班級球類比賽的教育本質。在班級球類競賽中，若是同學過份投入，抱持必贏心態，往往有輸不起的心理，比賽若是不幸敗北，有時會相互怪罪參賽同學，造成同學間的衝突；有時會怪罪裁判判決不公，而集體找裁判理論，造成師生衝突，若班級導師無法有效安撫同學情緒，往往造成更大的衝突事件，此即爲班級經營中的「蝴蝶效應」。如回到教室中，參賽同學憤憤不平的說：「都是裁判偏心，我們才會輸的」，此時教師又火上加油回應說：「對啊！老師也認爲裁判不公平，不然我們班是會贏的！」老師的言語不僅沒有化解同學的誤會，反而更增長同學對裁判的敵意，此時班級導師教師不僅不是學生疑慮的解決者，而是學生問題困惑的製造者；教師不是在解決班級學生問題，而是在製造更大的班級學生問題，此種教師的言語行爲是嚴重違反倫理道德準則，一位成功的教師是「班級問題的解決者而非是問題的製造者；學生心中疑惑的解答者而非是疑惑的加深者；學生衝突的調解者而非是衝突的擴大者。」

陳老師是國中二年級藝術與人文領域的音樂科老師，有次上二年六班音樂課時，班上林國明同學因爲捉弄前面同學而干擾到音樂課的教學，陳老師非常生氣，叫林國明到前面來，告誡他說，只要他獨唱一首班級教過的歌曲，老師就不處罰他。林國明天生就是一副破嗓子，對聲樂就不感興趣，因而唱歌時常會走音，從升上國中後就不太喜愛上音樂課，他聽到陳老師罰他唱一首歌，十分驚慌，懇求陳老師，老師要如何處罰他都可以，就是不要罰他唱歌，陳老師聽完十分不高興，回應說：「老師的處罰還有打折的啊！」林國明迫於無奈，只好硬著頭皮把最近陳教師教授的一首歌曲唱完，林國明雖然唱的不怎麼好聽，唱完後同學還是給予熱烈掌聲，等到同學掌聲停止，只見陳老師以不屑的語氣說：「你看，你唱的是什麼歌！五音不全，連小學生都唱得比你好。」、「音感那麼差，音樂課還不好好專心練習，只會捉弄同學。」陳老師訓誡完後，只見全班寂靜無聲，皆把目光集中在林國明的身上。

思考問題

教師在課堂中教學是屬於憲法所保障的講學自由，但教師講學自由的言語與行爲必須以保障學生的學習權爲前提，教師的各種言行不能逾越自由的範圍，此種範圍就是教師不能管教過度或任意辱罵學生，以傷害學生自尊心，否則就構成刑法上的公然侮辱罪，《刑法》第三〇九條：「公然侮辱人者，處拘役或三百元以下罰金。」教師在公衆場合對學生言語上的辱罵或誹謗，不僅觸犯刑罰，更重要的是傷害到的學生的自尊，此種心理創傷可能對學生一輩子造成影響，「學生的缺點不說才是好，學生的優點不說不得了；學生的缺點說出真不好、學生的優點說出真正好。」教師情緒管理的第一步就是口語要理智，不要任意說出會傷害學生的言詞。

身爲教師要以放大鏡檢視學生的優點，以顯微鏡查看學生的缺點，學生在求學過程中，最在意的是獲得教師的稱讚和鼓勵，即使是教師的一句話，對學生而言，是學習力量的泉源與動力，當學生自覺受到教師正向期許與認同，學生會表現教師符合正向期許的行爲，這就是心理學上的「比馬龍效應」。比馬龍效應（Pygmalion Effect）又稱自我期望應驗、或「自我應驗預言」（self-fulfilling prophecy）；如果人們將自己想像爲「馬」，自己可能就像一匹馬；如果人們將自己比喻爲「龍」，自己可能就像一條龍。教師認爲學生是龍，學生就會表現龍的特性，案例中林國明由於自覺自己五音不全，於音樂課或同樂會中大多不敢大聲唱出歌曲，此節課因迫於無奈把一首歌曲從頭至尾唱完，此時陳老師若能跟班上同學一樣給予林國明鼓勵，如「國明，其實你唱歌也很好聽啊！以後再多多練習，不要怕，對自己要有信心」、「課堂上不要再捉弄同學，否則老師要罰您多唱幾首」等，相信會促發林國明對音樂課的信心。

自我應驗預言於一九六六年由心理學家羅森陶經實驗證實。教育情境中學生的行爲表現會朝向教師所原先預期的或自己所知覺的行爲，學生如向日葵，教師期待如太陽，太陽偏向於何處，向日葵便會朝太陽方向發展。當教師一直跟學生說：「你眞的很笨」、「你的表現眞的很差」，學生便預期自己眞的很笨、自己是個行爲調皮者，學生失去努力與自制的動機，之後考試成績自然不理想，行爲表現也無法令人滿意。不論是學生學習或行爲表現，教師要揚善於公堂、規過於私室，課堂學習中減低學生焦慮的一個有效策略，就是教師「不要當衆展示學生不好的作品」，當教師展示學生作品時，教師的言語是正向肯定與讚美的，如此，學生才會喜愛課堂學習，對於程度較差學生而言，其學習焦慮感自會減低。

案例 3-8

平和國中校規明確規定，凡是校內同學考試作弊被發現者，記小過乙支。第二次定期考查，一年級第二節考的科目是數學，三年二班林老師負責監考一年六班的考試，考試鐘聲響起前二分鐘，林老師依往例走向一年六班教室，走進教室考試鐘聲剛好響起，學生起立敬禮後，林老師立即將試卷及作答卷發給同學，同學拿到試卷後，全班靜寂無聲，同學都埋首於考試中，林老師站在教室後面，眼光仔細掃瞄每個同學，發現每位同學均十分的專注與作答。忽然，因爲林老師兼任學校行政工作，想到昨天放學時有一件公文尚未處理，又看到一年六班同學考試行爲很好，因爲林老師從後門輕輕離開，心想預計短時間內就會回到教室。林老師回到辦公室後，立即處理公文，在處理公文時正好接到一通班上家長打來詢問五月份基本學力測驗考試事宜，等老師回答家長的疑惑與處理完公文後已花費約十分鐘時間，林老師立即回到一年六班教師，等林老師從教室走入時，竟然看到一年六班有四位坐在後排相鄰同學交頭接耳，林老師非常生氣，收完考卷完後立即將此四位同學叫到前面，確認同學是否有作弊，四位同學異口同聲回答：「有」。回到辦公室後，林老師將四位同學以考試作弊、違反校規爲由，將資料轉送教務處，再依校規懲處。

思考問題

從教育心理學觀點而言，皮亞傑道德發展論指出道德發展分二階段，第一階段爲他律道德（又道德現實主義或強制道德），他律指的是學童的道德觀主要是服從他人訂定的規則或法條，規則是大家共同同意決定後，當然規則也可以更改，規則是相對的，而不是絕對的；第二階段為自律道德（又稱合作道德），隨著認知結構的改變與社會同儕互動的頻率增加，學童對道德行為的判斷不再是被動的接受而是根據自己主動思維判斷的結果，若規則的訂定不合理，則只要多數同意，規則是可以改變的，犯錯受到處罰不能只依規則，也必須考量到違規者的意圖與當時的情境脈絡。柯爾柏格從道德兩難困境的研究提出三期六段的道德發展理論：第一期為前習俗道德期，包含二個階段：避罰服從取向、相對功利取向；第二為習俗道德期，包含二個階段：好男孩－好女孩取向（尋求認可取向）、法律秩序取向（遵守法規取向）；第三期為後習俗道德期，包含二個階段：社會契約取向、普遍倫理取向。從教育心理學道德發展論觀點來看，學生的道德發展不僅是依序發展的，學生的道德發展也需要教導。

在教育現場的，上等教師監考時，班級學生是完全不可能會作弊，因為學生從沒有想過要作弊，也不敢作弊；中等教師監考時，學生考試會作弊，但作弊學生每次均會被監考老師抓到；低等教師監考時，學生考試也會作弊，但作弊學生被監考老師抓到的機率很低。如果課堂教師監考時，監考行為是第三種類型者，則考試不但失去其公平性，也會養成學生投機取巧的作弊行為，監考教師不僅沒有盡到監考教師義務，更有怠忽職責之嫌。雖然榮譽考試與學生自治自律是教育的最終目標，但此目標的實現對部份中小學學生而言有實質困難。依據柯爾柏格的研究發現，成年人的道德發展能達到第五階段社會契約取向者約只有百分之二十五而已，大部分成年人的道德發展都只能達第四階段法律秩序取向，社會贊同的行為不是道德判斷的標準，法律許可與秩序規則取代社會從眾或社會大眾認可的規範。對中小學生的道德發展每個學生都能達到法律秩序取向階段，主要班規或校規是明確可行、具體合理且沒有違反法律。

考試時監考教師在場，目的在營造一個合理公正的考試環境，當監考老師不在監考班級時，是製造學生有作弊機會，當然，監考老師會自圓其說，說學生自治自律能力不夠，不論任何一位教師監考，學生都會作弊。這是一個似是而非的論點，若是監考教師在場監考，不斷巡視學生課堂行為，學生怎有機會作弊？教育目標在於培養學生能從他律至自律道德，但由他律至自律道德發展的養成是循序漸進的，教師的任務在於如教育心理學家維高斯基所主張的，搭起學生學習的鷹架，此鷹架作用在於幫助學生認知發展，藉由教師、同儕與文化環境的協助，讓學生能將學習內化，學生認知發展必須由教師協助，教師角色在於營造一個安全、合作、人性化的學習情境。

道德行為的最高標準並非每個人都能做到，如捨己救人、普世濟世，但基本道德行為或說依法行事的準則則希望人人均能做到，但事實上不然，否則社會上違法亂紀的事件就完全消失了，大同世界是一個理想世界，現實社會的世界則不然。在教育實際現場中，我們希望學生做到的道德標準是符合校規及班規的規定，而班規與校規的前提是合法且合理。多數學生的行為是需要教導的，也需要學習的，身為教師就是要營造一個適合學生學習的情境，使學生的潛能得以開展，使學生能表現正向行為，這個情境是個人性化、合理化、民主化、溫馨化的環境。

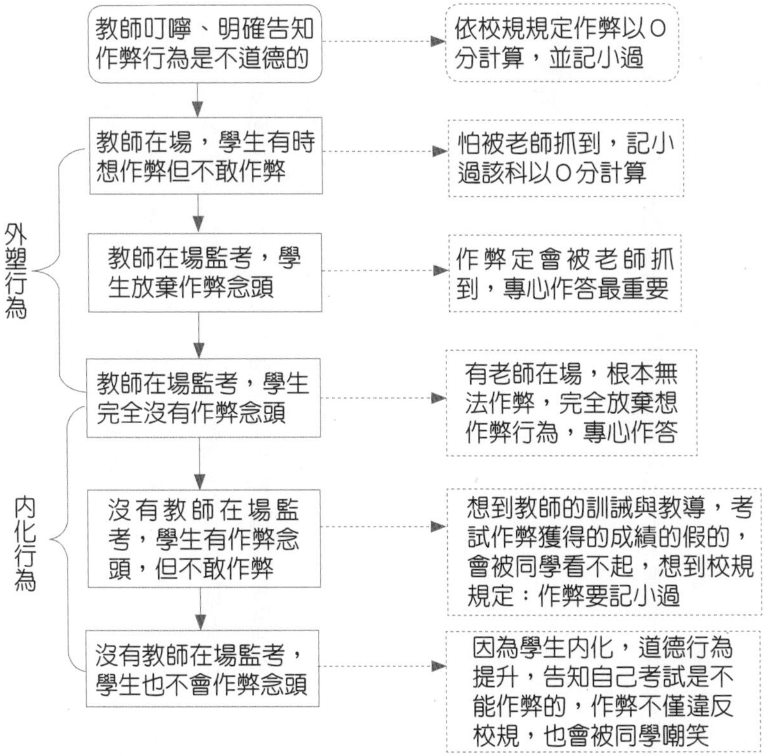
教師叮嚀、明確告知作弊行為是不道德的
依校規規定作弊以0分計算，並記小過
教師在場，學生有時想作弊但不敢作弊
怕被老師抓到，記小過該科以0分計算
教師在場監考，學生放棄作弊念頭
作弊定會被老師抓到，專心作答最重要
教師在場監考，學生完全沒有作弊念頭
有老師在場，根本無法作弊，完全放棄想作弊行為，專心作答
沒有教師在場監考，學生有作弊念頭，但不敢作弊
想到教師的訓誡與教導，考試作弊獲得的成績的假的，會被同學看不起，想到校規規定：作弊要記小過
沒有教師在場監考，學生也不會作弊念頭
因為學生內化，道德行為提升，告知自己考試是不能作弊的，作弊不僅違反校規，也會被同學嘲笑
外塑行為
內化行為

以行爲主義行爲塑造論的觀點，學生正向行爲的養成開始時也是經由外在環境塑造的結果。以學生考試不會作弊行爲的養成爲例，其行爲塑造的過程如上圖表所示。

戶外教學或畢業旅行時，教師在行前常會一再叮嚀學生要「遠水近山」，戶外教學時最好遠離溪谷河流或海邊，到了旅遊景點，教師聚集於一起閒逛，任由學生結伴分組走動，學生因爲沒有教師在旁督促，私自至溪谷戲水，由於均沒有人提醒，少數同學至深水處，因不諳水性及暗流關係，發生同學溺水的不幸事件。事後帶隊老師說：「我早就跟同學講過，戶外教學時不能戲水，更不能游泳，同學就是不聽！」這是不負責任的說法，教師既然將同學帶離學校進行戶外教學，就有義務安全的將所有同學送回學校，除了是遇到不可抗拒的因素。這與監考老師所謂的：「我們早就告知同學，考試要誠實不能作弊，作弊被抓到一律記小過，同學早都知道了，還要再犯，我也沒有辦法。」教師是否思索，就是因爲教師監考時不在現場，才會引起同學作弊動機，若是教師整節課嚴格監考，同學怎會有作弊動機與作弊行爲呢？

行爲塑造論的增強原則認爲學生行爲改變或學習，皆需先由外在增強（社會性增強、物質性增強、食用性增強、代幣增強等）再慢慢變爲自然增強，同學的道德發展也非全是可以由他律轉爲自律，每個班級總是有少數幾位學生無法做到，若是所有同學均能做到自律，那學校爲何還要訂定校規呢？身爲教師就是要導正這些無法完全做到自律行爲的同學認知與行爲，讓其認知能眞正改變、行爲也能有實質的正向變化，監考既是教師的教學義務，爲何教師不盡到監考的責任呢？

案例 3-9

陳老師是平順國中二年級的國文老師，課堂上課十分認眞，贏得多數同學的讚同。陳老師雖是虔誠的基督教徒，但課堂中嚴守宗教中立立場，從其擔任教職以來從沒有在課堂中講述與課程內容無關的宗教事宜。這學期第一次定期考查後的第一節國文課，陳老師照往例檢討定期考查試卷，檢討後完陳老師講述一段故事，陳老師告訴學生說：

「他有一位親戚，全家都是佛教徒，親戚的大兒子許華和今年三十六歲，前幾個月身體不適加上腹部積水，住院檢查不只發現有肝硬化，大腸似乎有異常腫瘤，經開刀手術，發現大腸腫瘤尚未轉移，切除部分大腸後，當事人腹水消除，身體也恢復得很好。據當事者轉述，他在麻醉期間，看到上帝握著他的手，親切的安慰他說：『華和，不用擔心，你的手術會很順利。』當許華和醒過來後，醫師告知他，大腸腫瘤並未轉移，手術一切順利，沒有其它感染，一個星期就可出院，醫師告知他的訊息與其夢中情境相同，因而許華和相信這次是上帝救了他，爲了感謝上帝恩典，他出院復原後就與太太一同接受洗禮，改信基督教。」

陳老師講完這個故事後，又舉了許多在教會見證的實例告訴學生，信奉上帝的好處，如果同學沒有宗教信仰，信奉基督教可以讓生活更有意義，因爲只要你夠虔誠，上帝定會保佑你。同學聽了老師的話後，只覺得老師這節課好像是在傳教，並非是在上國文課。

思考問題

對於人民之權利與義務，於《憲法》第二章中有明確規範，其第七條：「中華民國人民，無分男女、宗教、種族、階級、黨派，在法律上一律平等。」第十一條：「人民有言論、講學、著作及出版之自由。」第十三條：「人民有信仰宗教之自由。」宗教信仰的自由是《憲法》賦予人民的權利，因而若是自願而出自內心崇拜，信仰任何宗教均可。但課堂教學中，教師不應藉由任何理由或方法，以「置入式行銷」方式特意爲某種宗教或政黨宣傳，教育應堅持中立原則，尤其是課堂教學中，教師不應講述與課堂教材內容完全沒有關聯的宗教或政治議題，若是要配合時事教學，教師的立場不應偏頗、言論內容不應傾向支持某一宗教或某個政治團體。對於教育中立規範，《教育基本法》第六條有明確規定：「教育應本中立原則。學校不得爲特定政治團體或宗教信仰從事宣傳，主管教育行政機關及學校亦不得強迫學校行政人員、教師及學生參加任何政治團體或宗教活動。」

案例中，陳老師檢討完定期考查試卷後還有多餘時間，講述其親戚許華和開刀所經歷的事件並無不可，但陳老師不能以信奉上帝有很多好處來暗示同學信奉基督教，這是一種課程宗教的置入式行銷，有違教學倫理守則。相對的，陳老師講述完這個故事後，可以進行身體保健知識的教學，如肝硬化造成的原因及其對身體的影響、大腸癌在國內驟變的比率與發生的原因，從這些原因進行機會教育，讓同學知道飲食均衡與成年健康檢查的重要，這就是教師「空無課程」的教學，空無課程就是懸缺課程，就是學校應教的課程但學校未教或應列的課程但未列；之後老師再明確告訴學生，信仰任何宗教都可以，故事中的許華和是否眞的看到上帝不是故事重點，但有一點可以肯定的是任何宗教都是勸人向善，只要同學「存好心、說好話、做好事」即使心中沒有信仰任何宗教，也是值得大家效法的。

政黨傾向的認同也要保持教育中立立場，教師可能會偏向於某個政治團體，這也是憲法賦予人民的權利。於學校教育情境中，行政人員或教師不能於公開場合或課堂中爲某政治團體宣傳，或對某個政治團體加以主觀批判；此外，教師於課堂中也不能作爲推銷員，如推銷健康食品、運動器材、或宣傳某特定物品或東西，這些行爲均有違教師教學道德。但若是教師在書局看到某一本勵志書籍，此書籍內容對同學的學習有正向助益，則教師可利用課堂空白課程時間（屬正式課程但課程內容與課堂進行方式由教師自行決定，如自習課），勉勵同學有空時至圖書館借來看，若是同學經濟許可也可用自己零用錢自行購買，教師此種立場與推銷物品並不相同，而是告知同學值得同學閱讀的課外書籍，如果是班級導師，也可以請負責教室佈置的同學，於教室後面學習園地中增列每月一書，介紹值得同學閱讀的益智或文學書籍，培養同學閱讀的習慣也是新世紀教育改新。

身爲教師在課堂中，若要講述與教材內容有關的政治、宗教議題，教師本身必須堅持客觀中立立場，不偏頗於某個特定政治團體或宗教，不爲某個特定政治團體或宗教宣傳，若是課程內容與政治、宗教完全無關，教師就不應將政治團體或宗教議題納入課堂教學中，如果是社會領域教師要補充相關時事問題，定要中肯，就事論事，不要因人論事或因事論人，尤其不能有預設特定立場。

案例3-10

林老師是國中三年級的英文教師，也擔任三年六班的導師。某天，林老師上三年四班第一節英文課，課堂約過了十五分鐘，四班的陳偉堂同學忽然舉手說：「老師，我肚子有點痛，想到保健室去躺一下」，林老師從外表上看陳偉堂同學好像真的不舒服，因而說：「好，你去保健室休息一下」，陳偉堂獨立一個人離開教室到保健室休息。第二節三年四班為數學課，是科任陳老師授課，第三節為體育課為許老師授課，第四節為音樂課，是科任老師黃老師授課，每位科任老師授課時均點名到五號陳偉堂，同學異口同聲的回答說：「陳偉堂肚子痛，在保健室休息。」三位科任老師都認為既然陳偉堂同學在保健室休息，就不用跟級任導師轉達。中午午餐時，級任導師謝老師到教室跟同學一齊用餐，發現陳偉堂並不在座位上，經詢問同學才知道陳偉堂第一節因為肚子痛，到保健室休息，班導謝老師想了解陳偉堂狀況，請班長至保健室看陳偉堂一下。沒有多久，班長氣喘如牛、神色慌張的跑了進來說：「老師，護士阿姨說早上沒有同學肚子痛，到保健室來休息。」謝老師半信半疑，親自到保健室詢問護士阿姨，護士阿姨說：「整個早上，沒有任何同學受傷或身體不適到保健室休息。」

原來陳偉堂同學因為前幾天模擬考試成績不理想，前一天成績單寄回家中後，父親看到成績十分生氣，當場責罵他半小時，陳偉堂認爲他已經盡力了，爲何父親還那麼生氣，心想：「成績就是那麼重要嗎？」隔天，他心情不好，根本無心上學，因而只得於課堂中編出身體不適理由來欺騙老師，離開教室後，直接從學校正門旁側門走出，當時因爲學校警衛有事到辦公室，沒有駐守在警衛室，因而陳偉堂才可以未塡寫外出單離開學校。

思考問題

身爲教師要相信學生，師生建立互信關係，是師生溝通的第一步，當學生告知教師說：「老師，我肚子痛」或「老師，我身體不舒服」等話語時，老師不能以懷疑的口氣質問學生說：「你是不是在欺騙老師」、「你是不是不想上課，故意找藉口啊！」老師此種言語不僅無法建立良好的師生關係，也可能傷害到學生自尊。班級經營中，教師對學生言語傷害有時比對學生身體傷害還嚴重，教師應先相信學生所說，再根據當時情境與學生行爲反應來判斷。

案例中，英文課林老師允許陳偉堂同學到保健室休息，爲了表示對同學的關心，可於下課時請班長或服務股長至保健室觀看一下，其目的有二：一爲確定陳偉堂同學是否眞的在保健室休息，間接表示老師的關心；二爲若是陳偉堂身體不適狀況嚴重，要請同學立即告知班級導師，請班級導師通知其父母，並請班級導師與護士將學生轉送醫院治療。其他科任教師上課時，若有同學出公差或請假，教師要確實查證同學是否眞的出公差或請假，如同學告知老師：「陳偉堂肚子痛，在保健室休息。」教師應指派一位同學至保健室表示關心，看同學情況如何，若同學情況嚴重要立即知會學務處（或教官室）及級任導師，而學校也要形成共識，若非重要活動，課堂學習活動中請勿請學生出公差。

另外一種可能情形是學生與同學嬉鬧玩耍中受傷，此種受傷情形由外表不易看出，如頭部撞擊硬物，腹部受到嚴重衝撞，手腳骨折脫臼等，這些意外傷害有時並沒有明顯的外傷，單從外表無法判斷受傷嚴重性，如果學生沒有告知教師其有傷痛情形，教師很難知道學生是否眞正受傷，這就是教師兩難困境之一。以學生和同學嬉鬧玩耍追逐跌倒，手腳骨折脫臼爲例，如果學生強忍骨折或脫臼的痛楚而沒有告知老師，老師只知道其跌倒，根本無法知悉學生已經骨折或脫臼，等到學生回到家裏才將實情告知父母，父母帶學生到骨科檢查，才發覺小孩已經骨折，此時很容易引發親師的衝突，由於學校並沒有X光的儀器設備，教師也不是醫療專業人員，家長若是一味責怪教師也不合理，因爲學生並沒有詳實告知教師，身體那個部位受到傷害，或覺得很疼痛。

當學生跌倒或與撞擊到異物時，教師第一個反應最好說：「你有沒有受傷，要不要到保健室給護士阿姨看看」，而不是以嚴厲口吻責怪學生說：「你看你走路也會摔倒，眼睛不知道長在那裏」、「叫你們不要在教室內追逐，你們就是不聽。」如果學生是因爲在教室內外奔跑嬉鬧而受傷，告知老師後又被老師責罵，則學生可能會忍受傷痛而不敢詳實告知老師，因而平時老師就應利用各種機會，在校園內發生各種事件或身體受到撞擊均要詳實的告知老師，老師因先處理學生意外事件或傷痛情形，之後再來探究原因，不要學生一發生意外事件，就立即大聲責罵學生。如學生不小心在教室內追逐撞破下層玻璃，教師應先關心當事者是否被割傷，若是受傷流血，要趕快帶至保健室包紮，傷口很大則要會同保健室護士轉送醫療院所，之後再處理同學追逐事件，並機會教育告訴學生在教室內外追逐奔跑的危險。

班級意外事件也可能導因於同學間的玩笑，班級內有少數同學很調皮，喜愛惡作劇，專門找同學開玩笑，可是有些玩笑是開不得的，是有危險性的，如前面同學要坐下時，故意將其椅子迅速拉開，讓同學屁股沒坐到椅子，跌得四腳朝天；或是同學要走過其位置時，故意把腳伸出來絆倒同學；或是同學要進教室時，迅速把門關上，讓同學撞到門等，這些舉動多半是出自於同學間玩笑，但這些玩笑都十分危險，嚴重的話同學可能脊椎受損斷裂、鼻樑嚴重受到撞擊。這些意外事件均是可以預防的，身爲教師要明確告知學生這些有危險性或可能傷害到同學的玩笑是絕對開不得的，若是造成同學受傷，當事者不但要賠償醫藥費，也會受到良心譴責，也可能造成一輩子無法彌補的遺憾。平時若有同學開起這種玩笑，身爲教師要立即制止，並明確告知同學其嚴重性。

案例3-11

陳老師是國小高年級班導師，某次上到數學課統計圖製作時，陳老師爲讓圖表製作與學生生活結合，以學生父親的學歷作爲長條圖繪製的數字。課堂教學時陳老師先介紹長條圖的用途及其功用，之後再講述繪製方法，爲了繪製長條圖，陳老師將學生父親家長學歷分成六個組別：博士、碩士、大學、專科、高中（職）、國中畢業，調查時老師先從父親爲博士學位者調查起，之後再依序調查碩士、大學、專科、高中（職）、國中畢業，調查時陳老師直接請同學舉手回答，如父親爲博士學歷者請舉手、父親學歷爲高中（職）畢業者請舉手，班上父親學歷爲國中畢業者只有三位：陳秀玲、林宜展、杜明雄，此時陳老師提問的方式改爲：「父親學歷只有國中或國小畢業者請舉手」，此時班上只有陳秀玲、林宜展、杜明雄三個同學舉手，當他們三個同學舉手時，陳老師又加以一句疑惑的言詞：「你們確定父親學歷只有國中畢業嗎？」只見陳秀玲、林宜展、杜明雄三個同學舉手啞口無言，靜靜的看著老師，而全班同學也把目光集中在他們三個人身上。最後老師統計結果，發現六個組別人數加起來只有三十二人，但全班有三十四人，此時，陳老師反問學生，那二位同學沒有舉手，只見班上陳宜靜、林和堂二位同學緩緩舉起手來，陳老師問道：「爲何你們二個沒有舉手」、「老師，我們沒有爸爸，所以沒有舉手」，陳宜靜、林和堂齊聲回答著老師，陳老師聽完後，不好意思說：「對不起，老師忘記了。」

思考問題

課堂教學中教師的教學內容最好能與學生生活經驗相結合，教材內容能與學生生活經驗相結合，則更能引起學生學習興趣。不論教師採用何種教學方法，安排何種教學活動，整個教學活動的規劃「不能傷害學生自尊、不能貶低學生人格、不能斲喪學生心靈、不能損害學生人權」。此外，教學活動或教師言語也不能勾起學生內在傷痛處，這是教師的教學道德行爲。

教育目的就是要建立學生正確的價值觀與正向自我概念，正向概念就是學生能接納自己、肯定自我，不怨天尤人，因爲每個人出生的家庭環境不同、出生時也無法選擇出生家庭與父母親，因而教師要教育學生的是讓學生能接納自我的家庭，即使與一般同學比起來，個人家庭經濟較爲困難，學生也能樂觀面對，以積極態度迎向未來，學生絕不能因自己家庭社經地位較低、父母親學歷較低而自我矮化，或自暴自棄，此種正向價值觀的培養也要藉由教育著手，這也是身爲教師者的責任，教師要培養學生的是學生可以「鏗鏘有聲而抬起頭來告訴別人說，我的父母親是誰」，教師的職責是教導學生，只要努力將來就有許多成功機會，成功機會是掌握在自己手中，當學生能依據多元智能發展，並具有正向的自我概念與樂觀積極的態度，則教學才算是成功有效的。

案例中陳老師以學生家長學歷作爲繪製統計圖的各組人數，也是將課堂單元內容與學生經驗結合的一個案例，但陳老師的方式可以改進，陳老師可以事先查閱同學的家庭資料作爲課堂的素材之一，而不要以學生舉手方式來調查學生父親的學歷，此外陳老師一句疑惑言詞：「你們確定你父親學歷只有國中畢業嗎？」這是一句有諷刺的言語，也許陳老師只是要確定學生有無記錯而已，而這樣反問的語句是會造成學生自尊受損，或有貶低學生父親人格的意涵；此外，對於單親家庭而言，可能是因爲家庭遭到變故或父母離婚等因素造成的，教師對於這些學生的家庭狀態應有更深入的了解，不能以老師忘記了作爲搪塞理由，這是違反教學倫理守則，當老師說出「我忘記了」，學生會感覺到很難過，因爲學生會覺得教師對他們的關心還不夠，否則他們只有跟媽媽住在一起，爲何老師也不知道。

曾有一位國中林校長在教師晨會中講過一個親身經歷的故事：

「在髮禁解除之前，林校長就讀的學校規定男學生一定要理三分頭，國一第二學期開學不久，其級任老師因家中有事請假二個星期，這二星期中林校長的父親正好因肝硬化末期過世，依傳統禮俗家中親人過世，子女服喪期間不能剪頭髮，其級任老師請假第二週的星期一是學校週會與全校學生頭髮檢查時間，林校長因爲事先告知代課教師與管理組長，因而頭髮可以不用理，由於全班同學均理三分頭，因而林校長的頭髮顯得特別長。第三週林校長班導師回校上課，因爲林校長班導師教授的是數學課，加上中午均會與同學共進午餐，加上早自修時間，林校長班導師一星期與班上同學相處的時間很長，但一個星期過去了，林校長班導師並沒有發現林校長的頭髮爲何這麼長，以當時林校長就讀班級（能力分班的好班）的學生頭髮是不能留這這麼長的，但林校長的班導師就是沒有發現，林校長在意的只是班導師能問他：『你的頭髮爲什麼這麼長？』這樣林校長就可以把父親往生的事情告知導師，但是班導師對於林校長頭髮一事均漠不關心，與之前每個月關注班級同學頭髮長度的行爲大不相同，直到林校長父親告別式請喪假時，其班導師才知道林校長的父親已過世了。」

林校長告訴全校教師，他當時因爲家境很窮，父親又年輕就往生，加上編在好班，課業壓力很重，內心非常徬徨與無奈，若是當時班級導師能夠注意他家中發生的變故，給予更多的關懷與鼓勵，他一路走來可能不會那麼辛苦。他到現在還是在思考著：「爲何老師每天跟我們在一起的時間那麼多，就沒有注意到我與班上同學的不同呢？」

身爲教師的眼睛要明亮，明亮到能觀察班上同學外在行爲的改變，明亮到能洞悉同學的各項舉動與言行改變。有些同學因個子矮小個性內向，受到其他同學的欺凌而心生畏懼，或是受到同學的言語恐嚇、勒索不敢上學，教師對此種班級內同學受到霸凌事件的洞悉能力更要敏銳，「若教師能多花一分心，同學就能少受一分傷害」。部分同學受到他人霸凌時，嚴重的情形可能會藉口請假不上學，對於時常藉口請假而不上學的同學，教師就應特別注意，是家中發生變故、或個人身體出現問題、或受到同學霸凌、或有其他因素等，教師應深入加以了解，必要時要進行家庭訪問，如此才能徹底了解同學請假背後的眞正原因，協助同學解決困難。

參考書目

李昌雄（2008）。如何有效運用教學資源及製作教學媒體。國立高雄師範大學主辦優良教材成果發表會演講資料講義。

黃旭田（2006）。判決摘要。載於民間司法改革基金會編著：老師你也可以這樣做—校園法律實務與理念（頁261-268）。台北：五南。

Martin, A. J. (2007). Examining a multidimensional model of student motivation and engagement using a construct validation approach. *British Journal of Educational Psychology*, 77, 413-440.

Milton J., & Lyons, J. (2003). Evaluate to improve learning: Reflecting on the role of teaching and learning models. *Higher Education Research & Development*, 22(3), 297-312.

Muller, F. H.,& Louw, J. (2004). Learning environment, motivation and interest: Perspectives on self-determination theory. South African Journal of Psychology, 32(4), 169-190.

Palmer, A., & Collins, R. (2006). Perceptions of rewarding excellence teaching: Motivation and the scholarship of teaching. *Journal of Further and Higher Education*, 30(2), 193-205.

第四章　輔導管教倫理

「管教藝術輔法規，教育策略是智慧，
輔導知能均具備，導正品行靠教誨。」

「在責備中成長的學生，會心生不悅；
在懲罰中成長的學生，會心生恨意；
被冤枉的學生會心生不平；
被挑釁的學生會失去理智。」

壹 輔導管教基本原則

教師具有形式權威與實質權，依法令及相關法令享有專業自主，《教師法》第十六條第六項明訂教師的權利之一爲「教師之教學及對學生之輔導依法令及學校章則享有專業自主。」教師權威及專業自主的運用必須不能違反倫理道德法則，否則就是教師權威的誤用。民主法治中，憲法及法律所規範的人權、民主法治是社會中每個人所應遵守的行爲準則與道德規範。憲法的位階高於法令（法律由立法機關制定）、法令位階高於行政命令、行政命令位階高於校規及班規，所以班規與教師所採用的輔導與管教方法，均不應使學生的學習權受到損害，學生依法受到保障的權力包括學習權、身體健康權、財產權、人格權、隱私權、自由權、學習權、平等權、申訴權、訴訟權。教師之輔導與管教權必須於合理範圍及有限制的情形下行使，不能違反基本的法令規範。

《學校訂定教師輔導與管教學生辦法注意事項》第一條明訂規範目的爲協助學校依《教師法》第十七條規定，訂定教師輔導與管教學生辦法，並落實教育基本法規定，積極維護學生之學習權、受教育權、身體自主權及人格發展權，且維護校園安全與教學秩序。再依《行政程序法》第三條條文指出：學校或其他教育機構爲達成教育目的之內部程序不適用行政程序法，教師可依其專業自主權，依據其專業知識對學生加以輔導管教。依《學校訂定教師輔導與管教學生辦法注意事項》第四條對管教、處罰、體罰的定義如下：1.管教：指教師基於第十點之目的，對學生須強化或導正之行爲，所實施之各種有利或不利之集體或個別處置。2.處罰：指教師於教育過程中，爲減少學生不當或違規行爲，對學生所實施之各種不利處置，包括合法妥當以及違法或不當之處置；違法之處罰包括體罰、誹謗、公然侮辱、恐嚇及身心虐待等。3.體罰：指教師於教育過程中，基於處罰之目的，親自、責令學生自己或第三者對學生身體施加強制力，或責令學生採取特定身體動作，使學生身體客觀上受到痛苦或身心受到侵害之行爲。《學校訂定教師輔導與管教學生辦法注意事項》中第十條明訂教師輔導與管教學生之目的均與學生行爲導正、安全與教學秩序維護有關，教師「絕不能因爲學生考試成績高低而處罰或體罰學生」，因爲學生成績高低與學生品德行爲或干擾教學活動或學生安全維護沒有必然相關存在。

《學校訂定教師輔導與管教學生辦法注意事項》第十四條規範訂定教師輔導與管教學生時，必須先了解學生行爲之原因，針對其原因選擇解決問題之方法，並視狀況調整或變更。教師輔導與管教學生之基本考量如下：1.尊重學生之學習權、受教育權、身體自主權及人格發展權。2.輔導與管教方式應考量學生身心發展之個別差異。3.啓發學生自我察覺、自我省思及自制能力。4.對學生所表現之良好行爲與逐漸減少之不良行爲，應多予讚賞、鼓勵及表揚。5.應教導學生，未受鼓勵或受到批評指責時之正向思考及因應方法，以培養學生承受挫折之能力及堅毅性格。6.不得因個人或少數人之錯誤而處罰全班學生。7.對學生受教育權之合理限制應依相關法令爲之，且不應完全剝奪學生之受教育權。8.不得以對學生財產權之侵害（如罰錢等）作為輔導與管教之手段。但要求學生依法賠償對公物或他人物品之損害者，不在此限。可見管教處罰學生只是一種消極策略，若是採用行為改變技術可以逐次減低學生不當或違規行為，教師應採用正向管教手段，如代幣增增強法、行為相對立行為原則法、條件契約法、認知行為改變法等，不論教師是管教、處罰學生，所採取的方法必須合理、適切，最重要的是不能逾越法令規定的界限。

《學校訂定教師輔導與管教學生辦法注意事項》第二十二條對於教師可採取的一般管教措施規範如下：1.適當之正向管教措施。2.口頭糾正。3.調整座位。4.要求口頭道歉或書面自省。5.列入日常生活表現紀錄。6.通知監護權人，協請處理。7.要求完成未完成之作業或工作。8.適當增加作業或工作。9.要求課餘從事可達成管教目的之公共服務（如學生破壞環境清潔，罰其打掃環境）。10.取消參加正式課程以外之活動。11.經監護權人同意後，留置學生於課後輔導或參加輔導課程。12.要求靜坐反省。13.要求站立反省。但每次不得超過一堂課，每日累計不得超過兩小時。14.在教學場所一隅，暫時讓學生與其他同學保持適當距離，並以兩堂課為限。15.經其他教師同意，於行為當日，暫時轉送其他班級學習。16.依該校學生獎懲規定及法定程序，予以書面懲處。教師得視情況於學生下課時間實施前項之管教措施，學生反映經教師判斷，或教師發現學生身體確有不適，或確有上廁所、生理日等生理需求時，應調整管教方式或停止處罰。

第二十二條規定的事項非常具體，當學生干擾學習活動或教學活動進行時，教師可以採取的管教手段，但這些策略方法的應用也需要教師的智慧，以口頭糾正爲例，有些學生就要口語嚴厲加上教師十分生氣的肢體動作，對學生才有嚇阻作用；有些學生只要教師輕微責備口頭警告一下，其不當行爲立即收斂改正。再以要求站立反省爲例，教師應考量到學生當時的身心狀況與實際情境，如強烈寒流來臨，教室外面氣溫約只有十一度左右，此時教師喝令學生到走廊罰站就是一種不合理的管教方法；而調整學生座位時，若是當事者身高不高，教師將其調整至教室的最後一排，則會影響學生學習的權利。教師可以做的事項於法令中雖然規定得十分具體，但教師必須妥慎應用，教師應謹記「法規規定的文字事項是死的，教師運用智慧靈活應用才是活的」，教師若是不能採用權變策略，配合自己專業的智慧，則規定再明確也會發生教師不當管教或處罰過度的事情。

第二十三條教師之強制措施明確規定：學生有下列行爲，非立即對學生身體施加強制力，不能制止、排除或預防危害者，教師得採取必要之強制措施：1.攻擊教師或他人，毀損公物或他人物品，或有攻擊、毀損行爲之虞時。2.自殺、自傷或有自殺、自傷之虞時。3.有其他現行危害校園安全或個人生命、身體、自由或財產之行爲或事實狀況。第三十條對於違法物品之處理也有明確規範，當教師發現學生攜帶或使用下列違法物品時，得加以沒收，並儘速通知學校，由學校立即通知警察機關處理。違法物品包括：1.槍砲彈藥刀械管制條例所稱之槍砲、彈藥、刀械。2.毒品危害防制條例所稱之毒品、麻醉藥品及相關之施用器材。若教師發現學生攜帶或使用的非違禁物品時，但這些物品足以妨害學習或教學者，得予暫時保管，於無妨害學習或教學之虞時，返還學生或通知監護權人領回，教師或學校爲暫時保管時，應負妥善管理之責，不得損壞。

沒收學生物品與暫時保管權力是不相同的，「沒收」與「暫時保管」學生物品並不是表示教師可以「沒收」此物品，當學生攜帶的物品屬於「違禁品」，教師依輔導管教辦法照相關法律規定可以加以沒收並移送相關權責單位處理，違禁物品如：化學製劑或其他危險物品；猥褻或暴力之書刊、圖片、錄影帶、光碟、卡帶或其他物品；槍砲、彈藥、刀械、毒品、痲醉藥等，如果學生攜帶的物品並不屬於違禁品，且沒有影響學習活動或干擾教學活動的進行，則教師不應加以干涉或將物品沒收，如果學生攜帶非違禁物品到教室，此物品影響影響學習活動或干擾教學活動的進行，則教師可以暫時保管，必要時得通知家長或監護人領回，如果教師保管學生的物品遺失，則可能會牽涉到《民法》第一八六條與國家賠償法公務員侵權行爲責任，因爲相關法令賦予教師暫時排除學生持有之權利，並未賦予老師剝奪學生「所有權」的權利，因而如果發生學生所持有之物的所有權被侵害，而其責任可歸責於教師時，仍屬於不法之侵害，學校或教師必須負起損害賠償之責任（林佳範，2006）。相關案例如課堂中學生桌上放一本文學課外書籍，但學生專心聽講並未翻閱課外書籍，此時老師巡視時發現，不能將此課外文學書籍沒收保管，因爲學生只是忘記將其收入抽屜或書包而已，課堂中並未影響學習活動或干擾到教師教學活動的進行，教師可以採取的方法最好是勸告學生將課外書籍收起，如果教師將課外書籍沒收，甚至將書籍當衆撕毀，則教師的處理即屬過當或不適切。

「成績好的同學做什麼事都對，成績不好的同學做什麼事都錯」這是教師要儘量避免的錯誤思維。以身作則是教師基本守則，如教師要求學生課堂手機要開震動或關機，但教師自己卻沒有將手機關機，課堂進行中，教師手機響起，並沒有馬上關機反而大方在課堂中接聽手機，此種教師未以身作則、作爲學生的楷模，學生如何信服教師的教導。另外就是教師無法容忍學生一時疏忽，如學生早上攜帶手機到學校，因有事情開機跟母親聯絡，講完事後忘記將手機關機，課堂上課中，學生手機突然響起，聲音干擾到教師教學，由於學生並不是故意，且之前沒有類似行爲，教師在處理此事件時就不能以嚴厲斥責方式處罰學生。相對的，若是於課堂中不專注聽講，故意玩弄手機並發出音響干擾到教師教學，由於學生攜帶手機並沒有發揮手機聯絡與緊急事件處理的功能，反而影響其學習活動，任課教師可以將其手機暫時沒收保管，並轉知級任教師，由班導師請學生家長接送學生時親自到學務處領取手機。如果教師發現學生課堂玩弄手機，且不專心聽講，直接沒收手機將手機毀損，則教師將構成毀損器物罪。《刑法》第三五四條（毀損器物罪）規定：「毀棄、損壞前二條以外之他人之物或致令不堪用，足以生損害於公眾或他人者，處二年以下有期徒刑、拘役或五百元以下罰金。」

教師沒收學生非屬違禁品之物品並將之破壞、毀損以致無法使用，此種方式不僅構成毀損器物罪，也會嚴重破壞師生間的關係。學生於課堂中玩弄物品影響到學生學習活動，教師可先將之暫時沒收保管，之後再明確告知學生，若是其學習活動有所改進，學習行爲能夠專注，教師會將暫時沒收保管物品還給學生，但學生不能於課堂中玩弄，以干擾教師教學活動的進行，再發生類似行爲，教師要通知學生家長親自到校領回。教師此種約定，也是行爲改變技術中的條件契約方法之一，教師與學生訂定契約時，要明確告知學生毀損契約應負起的責任，此種方法爲正向管教的策略之一。行爲改變技術中的普立馬克原則（又稱祖母原則）的應用即屬正向管教策略，此原則在於應用學生喜愛的高頻率行爲（如打球）增強其較不喜愛的低頻率行爲（課堂專注），但學生課堂專注不吵鬧，則早自修時學生可以到球場打球；相對的，如果課堂吵鬧不專注，影響教學活動的進行，則取消其到球場打球的活動。

《少年事件處理法》（民國九十四年五月十八日 修正）第三條與第十八條規定：少年有下列情形之一，依其性格及環境，而有觸犯刑罰法律之虞者，「得」請求少年法院處理：1.經常與有犯罪習性之人交往者。2.經常出入少年不當進入之場所者。3.經常逃學或逃家者。4.參加不良組織者。5.無正當理由經常攜帶刀械者。6.吸食或施打煙毒或麻醉藥品以外之迷幻物品者。7.有預備犯罪或犯罪未遂而爲法所不罰之行爲者。少年事件處理適用的對象爲十二歲以上未滿十八歲的青少年，此年齡層對象的教育階段別剛好是中等教育階段的學生，包括國中及高中職，此階段是學生生理發展的狂飆期，做事可能較爲衝動，但教育本是在導正學生品行及知能的正向發展，若是學生的不當或偏差行爲並沒有違背法律所規範的準則行爲，如未違反到刑法之程度，學校或教師就不應動用到外

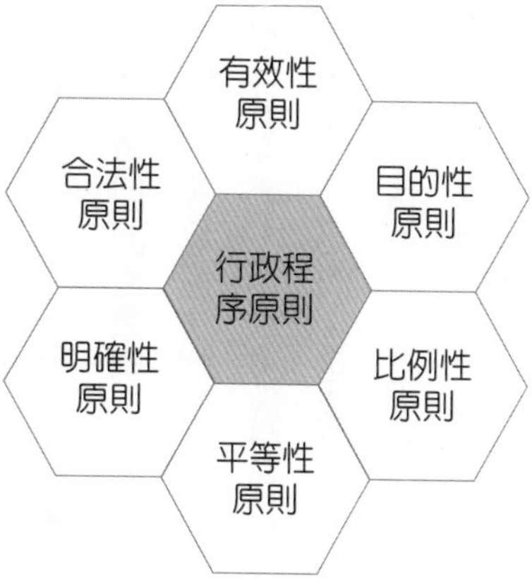

圖4-1　輔導管教之行政程序六大原則

在的國家強制力（司法或警察機關），來維持校內的秩序，因爲輔導或管教學生，導引學生適性發展，培養學生健全人格本是教師應負的義務與職責（《教師法》第十七條第四項），教師應發揮其專業自主權與專業知能輔導或管教學生，《少年事件處理法》第十八條規定之少年有虞犯的事由時，「得」請求少年法院處理，其條文並非規定爲「應」請求少年法院處理，如果學生校園內偏差或不當行爲發生，學校或教師即請求少年法院處理，則學校就沒有教育輔導的功能，教師就怠忽其職責與缺少教育專業行爲。

輔導管教必須考量的是行政程序原則，綜括起來有以下幾點（黃旭田，2006）：

一、有效性原則

《行政程序法》第七條第一項規定：「採取之方法應有助於目的之達成。」輔導管教只是一種手段、策略，其背後隱藏著教育目的性，如對下半身癱瘓的身心障礙者而言，讓他站起來是醫師實施醫療行爲的目的；但對四肢健全的學生而言，罰站絕不是單純讓其站起來，而是希望藉由罰站策略來糾正學生某些不當行爲，以免學生干擾教師教學活動或其他同學學習活動，如果罰站讓當事者覺得是一件快樂的事情，則不僅無法達到當頭棒喝之效，也無法糾正學生的偏差行爲，此時罰站手段更失去處罰的意涵。如果若是教師所採取的方法無效，則不應採用，如學生數學考試成績不及格，教師罰學生將整張數學試卷抄寫二遍，此種處罰方式不僅無效，更減低學生對學習數學的動機。

二、合目的性原則

《行政程序法》第七條第二項規定：「有多種同樣能達成目的之方法時，應選擇對人民權益損害最少者。」不論教師採取任何一種輔導管教方法，處罰必須有其教育目的性，即使老師選擇的手段有助於目的之達成，合乎有效性原則，但如果因處罰同學造成某種更爲嚴重的副作用，就是一種行政作爲不當，違反行政程序法之規定。如學生因爲身體不適趴在桌子睡著，而沒有專心聽講，老師沒有查明原因，命令其站在教室外面聽講，這天正好是低溫特報，學生因抵抗力較差身體更爲不適而昏倒，頭部撞到牆壁而腦震盪，此種處罰方法不僅沒有糾正學生打瞌睡的不專注行爲，還傷害到學生的身心健康權；再如二位學生上國文課時相互吵鬧，影響到教師教學活動正常進行，老師十分生氣，罰這二位同學將抄寫國文課文十遍，學生雖然暫時安靜下來，但學生內心是不平與厭煩的，心想：「爲何講一下話就要罰抄寫課文十遍？」老師處罰手段無法讓學生信服，罰抄寫課文並無法提升學生學習國文的動機，學生若是因過度抄寫造成手腕受傷，老師的處罰即變成體罰，要負起刑事上傷害及民事上侵權的責任（民法第一八四條因故意或過失，不法侵害他人之權利者，負損害賠償責任）。

三、比例原則

《行政程序法》第七條第三項明定：「採取之方法所造成之損害不得與欲達成目的之利益顯失均衡」，此條文在學理上一般稱為「比例原則」。《學校訂定教師輔導與管教學生辦法注意事項》第十三條明確指出，教師輔導與管教學生應審酌下列情狀，以確保輔導與管教措施之合理有效性：1.行為之動機與目的。2.行為之手段與行為時所受之外在情境影響。3.行為違反義務之程度與所生之危險或損害。4.學生之人格特質、身心健康狀況、生活狀況與家庭狀況。5.學生之品行、智識程度與平時表現。6.行為後之態度。後者之比例原則在於指出教師輔導與管教學生時，也要因應學生的個別差異，此謂輔導與管教的實質公平性，教師進行個別差異的管教處罰，要有「正當且合理的理由」，如同樣是回家作業沒有寫，甲同學是故意不寫，且是累犯；乙同學則是因為身體不適且是第一次，二位同學處罰的情形就不應相同，否則就違背實質正義；又以課堂趴著睡覺為例，甲同學是因為不想聽課，乙同學則是因為感冒，同樣是課堂趴著睡覺沒有聽課行為，但二位同學的動機並不相同，教師的處罰也不應一致。至於行政程序法所謂的比例原則，乃是說教師採取的管教或處罰手段的教育目的十分明確，但由於方法不適當或過度，造成學生身心的傷害，如體育課練習排球接發球時同學不練習，故意坐在樹蔭底下聊天，體育老師為激發同學動的活力，罰同學交互蹲跳，但某位同學卻因姿勢不對而扭傷腳踝住院二星期，同學之後的課程不僅無法學習，也造成當事者家長勞力時間的付出及精神的折磨，體育老師基於道義責任至攜帶水果或禮品至醫院探視數次。體育教師的出發點是良善的，但其採用的手段與學生、家長的付出無法達到平衡，明顯地違反比例原則。

四、平等原則

《行政程序法》第六條明定：「行政行爲，非有正當理由，不得爲差別待遇」，平等原則在於教師沒有正當理由時，對於違規犯錯學生的管教處罰應當一致，若是教師因學生的性別、宗教、種族、社經地位、學業成就、外表儀態等不同，沒有正當理由而給予不同的處置或處罰，則違反行政程序之平等原則，如男生課堂講話到教室後罰站十分鐘，女生課堂講話到教室後只罰站五分鐘，則教師的管教就欠缺公平性；再如中午午休時同學吵鬧，老師對於成績好的同學只給予口頭警告，對於成績不好的同學則責令其罰站於教室外，則教師的處罰規則就沒有一致標準或準則，輔導與管教雖也要依學生差異而採取相對應的合理策略，但此種適性教育是要有正當理由存在，否則教師處罰就是不公，沒有正當理由作爲支撐的差別待遇，並非是實質正義，而是一種不當的歧視與不正義手段。

五、明確性原則

《行政程序法》第五條明定：「行政行爲之內容應明確。」所謂明確就是要讓違規當事者具體清楚的了解教師的用意，如課堂學生不專注吵鬧，教師責令學生罰站，要站在哪裡？原位置、教室後或教室外等，要明確告知當事者；要站多久？五分鐘、十分鐘或一節課等，也要讓學生明確知悉。不明確的處罰方式容易造成當事者身心的傷害，曾有體育教師在上體育課時，學生因做暖身操遲到被老師大聲責罵上課態度散漫，而被體育老師罰跑操場，但體育老師只告知學生：「罰跑操場」，至於要跑幾圈或要跑多久，均忘記告訴學生，學生因懼怕教師權威不敢發問，也不敢停下，怕又被教師責罵，一直跑、一直跑，跑到體力無法負荷而昏倒，老師看到同學昏倒才明確告知被罰跑同學停下，並立即將昏倒學生送至保健室，這亦是教師之輔導管教不明確的實例。

六、合法性原則

《行政程序法》第四條明定：「行政行爲應受法律及一般法律原則之拘束。」法律是最低限度的行爲標準，行政命令、校規與班規均不能違反法律，由於司法是社會正義的最後一道防線，此防線不可能是唯一且最有效的救濟途徑，相較之下，因爲法律的強大制裁力，許多法律所規範的只是最低度的行爲標準，而不是人類行爲的唯一準繩，人們仍然必須遵從許多倫理道德或專業群體的自律規範、風俗習慣的約束，自然不可能成爲社會正義的最後一道防線（林孟皇，2006）。在教育職場中，法律也是道德最低標準的實踐，可見法律在某種程度上是與道德相一致的，人人既然在倫理上有維護道德秩序的責任，教育工作者不能以各種理由拒絕受到相關法令的規範，輔導管教就教育權的角度而言，是在執行國家賦予的公權力，自然要受到相關法律的拘束。

輔導管教學生不是在於教學權力或教學權威的誤用，依《輔導與管教學生辦法注意事項》第十條內容所訂的，教師輔導與管教學生之目的，主要有四：1.增進學生良好行爲及習慣，減少學生不良行爲及習慣，以促進學生身心發展及身體自主，激發個人潛能，培養健全人格並導引適性發展。2.培養學生自尊尊人、自治自律之處世態度。3.維護校園安全，避免學生受到霸凌及其他危害。4.維護教學秩序，確保班級教學及學校教育活動之正常進行。管教學生可以處罰學生，但處罰學生必須合理且適切，處罰學生並不是表示教師可以體罰學生或誹謗、公然侮辱、恐嚇、虐待學生等。輔導管教學生並不是在體罰學生、辱罵學生、傷害學生，這些舉動均會造成學生身心靈受創，導致學生自尊心受損；教師不能因學生成績差或考試成績不佳作爲處罰的緣由，成績好壞與學生不良行爲及習慣或紀律常規沒有必然關係；管教學生時要重視學生現在行爲，不能以過去學生行爲推導目前的常規行爲，此種行爲推導即犯了「月暈效應」，如有同學之前有偷竊行爲，班級發生物品遺失，教師第一個反應即認爲此事件是這位有偷竊行爲紀錄者之學生所爲，此種以過去行爲事蹟，推導目前行爲表現是一般教師在處理班級事務上常見的迷思之一，教師不可不愼。

一味採用負向的處罰或管教方式，有時無法改正學生的不當行爲，反而會使學生變本加厲，當學生自覺老師放棄他或對他不公時，學生不當行爲會持續，以引起教師注意或想要報復，以圖4-3爲例。若是教師沒有同時採用其他方法改正學生的價值觀，而一直罰學生掃廁所，則學生的不當行爲很難矯正。

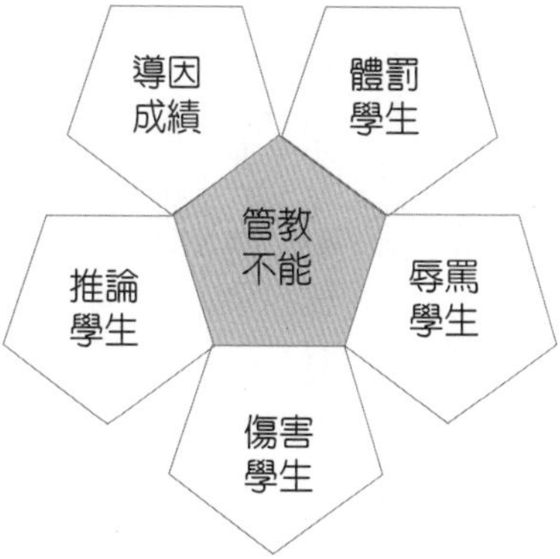

圖4-2　管教五不能模式圖

教師可以處罰管教學生並不等於教師可以體罰學生，在教育部修訂之《學校訂定教師輔導與管教學生辦法注意事項》中對於處罰及體罰有明確的定義，同法第三十五條：「教師在執行職務時知有疑似家庭暴力情事者，應依家庭暴力防治法第五十條第一項規定，立即通報當地主管機關，至遲不得逾二十四小時。」父母行使懲戒權都不能逾越必要合理範圍，否則屬濫用親權，變成家庭暴力。教師的處罰也不能逾越必要合理範圍，否則不是懲戒學生，而是體罰學生。教師對學生施予體罰，依實際情形，可能要負行政不法責任、民事不法責任及刑事不法責任。

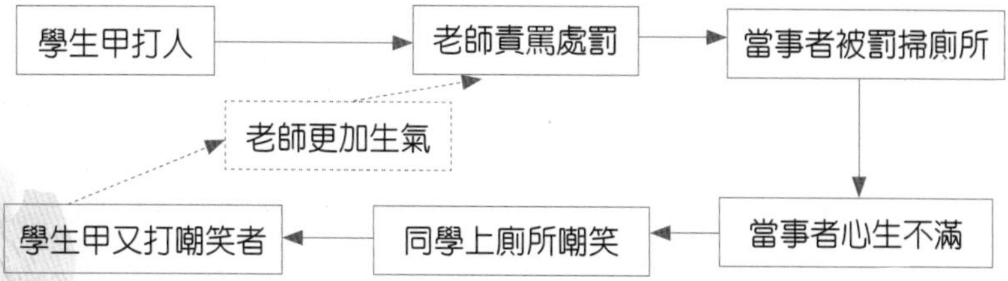

圖4-3　不當管教方法的循環圖

在行政罰責方法，教師體罰學生可能構成違反《社會秩序維護法》第八十七條「加暴行於人」之責任，亦可能受到行政上的懲戒，《輔導與管教學生辦法注意事項》第四十二條：「教師有不當管教學生之行爲者，學校應予以告誡。其一再有不當管教學生之行爲者，學校應按情節輕重，予以懲處。教師有違法處罰學生之行爲者，學校應按情節輕重，依相關學校教師成績考核辦法或規定，予以申誡、記過、記大過或其他適當之懲處。教師違反教育基本法第八條第二項規定，以體罰或其他方式違法處罰學生，情節重大者，應依《教師法》第十四條及相關規定處理。」在民事責任方面，教師體罰學生構成侵權行爲之損害賠償責任，可能須依學生受侵害的實際傷害程度，負責賠償學生的實際損失。《民法》第一九三條規定：「不法侵害他人之身體或健康者，對於被害人因此喪失或減少勞動能力或增加生活上之需要時，應負損害賠償責任。」至於在刑事不法責任，教師可能要負起普通傷害罪、普通傷害致死或致重傷罪、暴力公然侮辱罪、毀損器物罪、不純粹瀆職罪、過失傷害或致重或致死罪等。當教師體罰學生造成學生受重傷害時，則構成普通傷害致死或致重傷罪，《刑法》第二七七條：「傷害人之身體或健康者，處三年以下有期徒刑、拘役或一千元以下罰金。犯前項之罪因而致人於死者，處無期徒刑或七年以上有期徒刑；致重傷者，處三年以上十年以下有期徒刑。」同法第十條內容對於重傷者有明確規範，《刑法》第十條：「稱重傷者，謂下列傷害：一、毀敗或嚴重減損一目或二目之視能。二、毀敗或嚴重減損一耳或二耳之聽能。三、毀敗或嚴重減損語能、味能或嗅能。四、毀敗或嚴重減損一肢以上之機能。五、毀敗或嚴重減損生殖之機能。六、其他於身體或健康，有重大不治或難治之傷害。」若教師於公共場所以粗鄙言語辱罵學生，符合「於公然之狀況，以暴力方式侮辱他人」的要件時，則構成暴力公然侮辱罪（邢泰釗，1999）。

班級經營理念及做法與班級常規行爲好壞有密切關係，一位用心投入於班級經營的教師，其班級氣氛是融洽和諧的，同儕及師生互動關係良好，學生不當違規行爲相對的就會減少。當正常教育方法無法導正學生違規行爲，則需要採用輔導管教策略，輔導管教學生時要動之以情、說之以理，以坦誠的心與學生溝通，讓學生有正向的行爲表現，若是教師苦口婆心的再三告誡學生，學生不當行爲或是干擾學習活動行爲一再出現，教師再採取處罰的方法，並與家庭教育密切配合。處罰學生是矯正學生的一種消極方法，只能治標不能治本，學生行爲的改變還是要藉由教師的言教、身教與境教等方法來感化學生，讓學生認知理念、價値觀念能有所改變，如此學生的外顯行爲才會有眞正的改變。

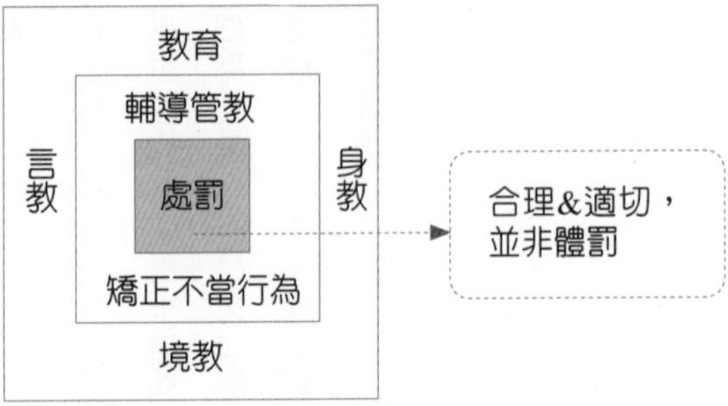

圖4-4　管教與處罰關係圖

貳、輔導管教案例

案例4-1

趙老師是國小五年二班級任導師，班上有位王國強同學曾有偷竊他人錢財的行爲，因而班上若有同學遺失東西或金錢，全班第一個被懷疑的人就是王國強。這天，第二節體育課下課後，王國強與陳子明二個最先衝回教室，其餘同學陸續回到教室，第三節數學課上課時，陳怡年忽然舉手並大聲說：「老師，我錢包內的五百元不見了。」趙老師停止教學活動，要陳怡年仔細找找看，趙老師協助陳怡年把書包內的東西全部倒出來，課本及習作逐頁翻了一遍，並檢查抽屜，還是沒有找到五百元。此時陳怡年告訴老師，她的五百元一定被偷了，趙老師要怡年仔細回想看看，早上錢包內是否有放五百元，陳怡年回答說，早自修時她還有把錢包拿出來檢查，眞得有帶五百元到學校，這五百元這次期考成績進步媽媽給她的獎勵金。由於第一節是國語課，全班同學都在教室，早自修時間全班也都在教室，因此陳怡年跟老師講，她的錢定是第二節體育課被偷的，由於體育課同學都到操場，教室是副班長陳子明負責鎖門的，體育課下課時最先進入教室的是副班長與王國強，因爲副班長是開啓教室負責人，所以一定要最先回到教室，至於王國強這節課爲何要急速回到教室其動機不得而知。

老師首先詢問副班長陳子明，他開啓教室時教室的門鎖或窗戶有無被破壞，陳子明回答老師說：「沒有」，那他打開教室門後是否先進教室，陳子明答說，他打開教室後就直接至洗手間，他看到最先進教室的是王國強，老師詢問王國強：「第二節下課時你是不是第一個進到教室者」，王國強大聲回答：「是」，此時，陳怡年突然大聲說出：「老師，我的錢一定是王國強偷的」，王國強聽到陳怡年認定他是小偷，立即回應：「我沒有」、「老師，我沒有拿陳怡年的錢」，趙老師根據事情的來龍去脈，也判斷王國強的嫌疑最大，趙老師走到王國強的位置上，檢查王國強的書包及抽屜，此時全班同學的目光皆集中在王國強身上，並認定王國強是小偷，老師檢查王國強書包時，王國強一臉無辜的表情跟老師說：「老師，我眞得沒有拿陳怡年的錢，你要相信我。」正當趙老師心中納悶著：「爲何找不到王國強偷的錢？」此時，陳怡年忽然說出：「老師，我找到五百元了」，老師立即停止搜索王國強書包的舉動，轉頭問陳怡年：「怡年，妳的錢是在那裏找到的」，「在數學課本裏」，「早自修時，我把錢包內的五百元拿出來夾在數學課本中」陳怡年回答老師。

當老師及同學聽到陳怡年的五百元並沒有被偷，而王國強並不是小偷時，全班頓時鴉雀無聲，此時只看到王國強的眼淚奪眶而出，並小聲的說：「我跟你們講，我不是小偷，你們就是不相信。」

思考問題

中小學班級中學生遺失或丟掉錢財、重要物品是常有所聞的事情，尤其當學生於教室中遺失重要物品如手機、錢財時，身爲教師者第一個反應就是趕快找出偷竊者，因爲教師不容許班級有小偷存在，此外，教師也普遍持有「小漢偷摘瓠，大漢偷牽牛」（**A small misconduct in childhood leads to a big crime in adulthood.**）的理念思維，沒有找到兇手，偷竊事件就沒完沒了。其實班級社會不是司法系統，老師也不是警察或檢察官，其責任不在於糾舉犯罪，而在於教育輔導學生，如案例中學生遺失了五百元，老師第一個要處理的是：「學生爲何要帶這麼多錢到學校來？」不論五百元是父母給的獎勵金或是其他長輩給的獎學金，同學均不應帶這麼多錢到學校，若是要繳交班費或畢業旅行費用（這些費用通常較多），學生一到教室就應馬上交給老師，平時學生不應攜帶過多錢財或重要物品到教室。

教師基於某些特定原因要檢查學生書包時，其檢查理由要持「合理懷疑」或「明確可能」才可，如教師明確看到學生將違禁品收藏於書包時，可以檢查學生書包，將違禁物品保管沒收，並交付學校行政人員處理，若教師只是聽說或懷疑，要搜索學生書包必須愼重，否則可能侵犯學生的隱私權及人格權，對此，《刑法》第三〇七條規定：「不依法令搜索他人身體、住宅、建築物、舟、車或航空機者，處二年以下有期徒刑、拘役或三百元以下罰金。」同法第三一五條：「無故開拆或隱匿他人之封緘信函、文書或圖畫者，處拘役或三千元以下罰金。無故以開拆以外之方法，窺視其內容者，亦同。」《輔導與管教學生辦法注意事項》第二十九條第二項對於師檢查學生物品時時有明確規範：「高級中等以下學校之學務處（訓導處）對特定學生涉嫌犯罪或攜帶第三十點第一項及第二項各款所列違禁物品，有合理懷疑，而有進行安全檢查之必要時，得在第三人陪同下，在校園內檢查學生私人物品（如書包、手提包等）或專屬學生私人管領之空間（如抽屜或上鎖之置物櫃等）。」

案例中趙老師只根據陳怡年同學的指控，而沒有加以仔細查證，教師所要查證的是：失竊者所失竊的東西是眞的在班級教室遺失的嗎？失竊者所失竊的東西眞的被同學偷了嗎？同學藏匿起來的東西是違禁品？若是沒有以上三項可能證據，便沒有合理懷疑的理由，教師不能只因少數或一位同學的檢舉或指控：「某某同學是偷竊者」、「某某同學的嫌疑最大」，而對當事者進行身體及物品的檢查，因爲從教育輔導的觀點而言，若是被搜索者或被檢查者不是偷竊者，則教師此種舉動，將對當事者的身心造成嚴重的傷害，教師對於班級事件偷竊事件的處理定要愼重。如果教師認爲此同學有很大嫌疑，可於放學後將同學帶至輔導室，請輔導室教師協助檢查同學的書包，如此較不會傷害到同學自尊，此外，有第三者之輔導教師在場，也比較不會引起爭議。

案例4-2

徐老師是和平國中一年四班級任教師，是位年輕又認眞的老師，對於班級學生的常規與紀律要求十分嚴格。和平國中是所社區家長認同的學校，對於校長的辦學績效十分肯定，校長陳國明在校有空時會不定期巡視課堂班級學生的上課情形，一方面檢查校園，一方面掌控學生的學習態度。今天，陳校長照往例巡視校園，走到一年四班教室外面，任課國文教師十分認眞在講台上講授課程內容，看到多數同學均很專心聽講，班級常規很好，唯獨看到離走廊第三排最後一個同學低下頭專心的看著一本漫畫，完全沒有在聽，陳校長尊重教師教學自主權，沒有走進教室，只在教室外走廊停留注視看漫畫同學。這位同學十分專注，因爲沒有干擾到班級教學活動的進行，且又坐在第三排最後面，因此任課教師也沒有發現；班上其他同學因爲專注於課堂教師講授，所以沒有任何同學發現校長站在走廊外。

陳校長觀察看漫畫同學有數分鐘之久後加以記錄後便離開一年四班教室，繼續校園巡視。隔天教師晨會後，陳校長私底下告訴徐老師，班上某位同學國文課時在看漫畫書，請徐老師注意班上同學課堂的學習態度，徐老師聽完校長的轉述後，很不好意思的回答校長說，她會督促同學改進。徐老師回到教室後，怒氣沖沖的叫全班站起來，將昨天校長巡視課堂的情形告知全班，徐老師本來只責罵課堂看漫畫書的許文賢，後來連全班同學也一起被責罵，就這樣全班同學整整被罰站二十分鐘，也被老師訓斥二十分鐘，有些同學心想：「老師抓狂了」，直到第一節英文課上課鐘聲響起。由於班上同學一大早就被老師大聲責備的緣故，所以同學的整天心情均不是很好。

思考問題

輔導管教或處罰學生的重要考量之一是教師不得因個人或少數人之錯誤而處罰全班學生，若是因個人的錯誤而處罰全班有違公平正義原則，教育哲學家皮德思說：「懲罰要加在某人身上，因爲他違規。」對於沒有違規或沒有違反常規紀律的同學連帶處罰，是一種過度管教的策略，此種過度管教是一種殃及無辜，不僅無法顯現教師專業，也會引起沒有違規犯錯同學內心的不平。中小學發生的輔導管教案例中常有許多教師，因爲全班少數二、三位同學課堂吵鬧，而處罰全班同學罰站，或罰全班抄寫課文一遍、或剝奪全班同學下課休息時間，或責罵全班同學等等，這些均不是有效的處罰策略。

此外，懲罰實施只能用於教室常規、秩序與校規維繫上或用於品德習慣的養成，或當事者有干擾學習活動或教學活動的正常進行時，懲罰絕對不能用於學習內涵上，如資質較差，考試不及格而受懲罰，便是一種違反管教倫理的行爲，如甲學生國文考試不及格就被國文老師罰寫抄課文一遍，乙學生因爲數學考試未達教師期望標準，被罰把數學習作重做一次，丙學生因爲英文成績考得比較差，級任教師就剝奪其上電腦課機會等，這些因學生個人考試成績較差而對學生所採行的處罰方式雖然合理，但卻不合情，因爲天生資質較差並不是一種違規行爲，考試成績分數高低和是否違反常規紀律是二件截然不同行爲表現，教師不能混爲一談。

若是某位學生資質很好，但是卻不努力用功，成績一直退步，教師要找出其缺乏努力學習的原因，以正向鼓勵取代反向責罵，否則學生可能會因教師處罰而更討厭學習。上述案例中，徐老師可利用下課時間將看漫畫書的同學叫到前面，直接告誡他行爲的不對，若是下次於課堂中再發生類似情形，老師要加倍處罰，並告知家長；之後再利用適當時機，告訴全班校長巡視課堂發現班上同學看漫畫書一事，期許今後上課不要再發生類似事件。

案例4-3

體育課鐘聲響起後三分鐘，二年六班已在體育股長帶領下集合做暖身操，此時體育課任課教師黃老師跟著全班一起做，等同學做完暖身操後，只見班上陳曉河悠閒地從教室那棟大樓走來，陳曉河走到排球場班級集合處，黃老師問他爲何上課遲到那麼久，陳曉河說他在教室看漫畫書沒有聽到上課鐘聲，黃老師生氣的責備說：「那你沒有看到同學都離開教室了嗎？」陳曉河只是低著頭沒有回答，黃老師大聲責罵他說：「罰跑操場」，陳曉河低聲地詢問老師：「老師，跑幾圈？」黃老師更大聲地隨口回答：「先跑再說」，陳曉河看到黃老師好像很生氣，便自行走到跑道內圈一個人慢跑。陳曉河被責罰後，老師教導學生各種發球技巧，老師示範講授完後，讓同學自行練習，黃老師巡視各組並隨機指導，由於黃老師穿梭於各組，糾正同學錯誤並示範正確發球動作，對於罰陳曉河跑操場一事竟然忘記了，陳曉河由於沒有同學告訴他說不用跑了，以爲老師要罰他整節課跑操場，就這樣，陳曉河半跑半走的跑了約四十分鐘，直到下課時班長提醒黃老師說，陳曉河還在操場，此時，黃老師嚇了一跳，趕快叫班長跑到操場告訴陳曉河不要跑了，此時，只見陳曉河氣喘如牛，兩腳發軟在班長陪同下走回教室。

《刑法》第十四條：「行爲人雖非故意。但按其情節應注意，並能注意，而不注意者，爲過失。行爲人對於構成犯罪之事實，雖預見其能發生而確信其不發生者，以過失論。」同法第十五條：「對於犯罪結果之發生，法律上有防止之義務，能防止而不防止者，與因積極行爲發生結果者同。因自己行爲致有發生犯罪結果之危險者，負防止其發生之義務。」教師在處罰學生時，對於採用之處罰方法可能對學生造成的傷害危險，教師有防止其發生的義務，若是教師沒有盡到防止義務，導致學生受傷，教師必須負起過失傷害的刑事責任，如爲故意，即爲普通傷害罪；如係爲過失，則應負起過失傷害罪刑責（邢泰釗，1999）。案例中教師可能只想罰學生跑操場一圈，但看到學生有半嬉鬧的表情，因而沒有立即給予學生明確的圈數，加上教師課堂教學關係，忘記罰跑學生操場一事，表示教師怠於防止學生可能發生傷害結果的危險，如果學生發生意外，則教師須負起過失傷害或過失致重傷害罪刑責。

思考問題

老師對違反班級常規或紀律同學的處罰必須合理、明確，首先讓學生知道其違反的常規或紀律行為是什麼（課堂遲到），其次詢問學生原因（看漫畫書沒有聽到上課鐘聲），之後再根據所犯行為及原因施以合理管理。合理管教並不是說教師可以罰學生跑操場、青蛙跳、交互蹲跳、罰跪或辱罵恐嚇學生，教師以處罰學生並不是說教師可以採取任何的處罰方式，若是教師採取的處罰方式對學生身體或心理、心靈造成傷害，即變為過度違反的處罰行為，這些過度處罰方式常使學生身體客觀上受到痛苦或身心受到侵害，即構成教師體罰要件，因而教師在處罰學生時要注意採取的方式是一般合法且合理的管教措施。

黃老師原意只是要陳曉河跑一、二圈操場作為處罰其課堂遲到的行為，但因為沒有明確告知陳曉河要「跑操場二圈」（具體行為），加上課堂逐一指導糾正學生發球動作而把陳曉河還在跑操場一事忘記，才會發生陳曉河整節課被罰跑的情形，其實此案例中黃老師的處罰方式已違背輔導管教師倫理：一為黃老師不應以罰跑步作為懲罰學生的方法，二為老師缺乏行政程序之明確性原則，若是陳曉河同學因黃老師的疏忽或過度處罰行為造成身體上的傷害（如暈倒撞擊頭部，或休克昏迷等），家長可依國家賠償法請求賠賞。

苗栗縣○○國中二年二班一位男學生，於二○○四年八月國二暑假期間，因為開學後頭髮不及格，被班導師處罰交互蹲跳六十下，當事者（原告）又因之前一次全校返校日未到校，兩次班級返校日未到，且未接聽班導師電話，被班導師命令再做一百二十下交互蹲跳，當事者跳到一百五十二下時因為體力不支才停止。隔天，當事者因腰酸、腳痛等現象，不愼在其住家樓梯上摔下來，經當事者母親以藥膏簡單治療後上學，待當事者於同日晚上六點多下課返家，已出現雙腳劇烈疼痛幾乎無法行走、尿液呈現深紅色等症狀，經父母將當事者送往就醫，醫師初步診斷當事者係罹患「橫紋肌溶解症」，尿液並呈現深紅色，由於情況危急，再轉送到台大醫院，住進加護病房十天，接受洗腎治療，然後又在普通病房住了六天之後才出院。家長後來聲請國家賠償，苗栗地方法院判決校方應賠償六十六萬一百八十一元之損害賠償金（醫療費用四萬四千一百八十一元、看護費用一萬六千元、精神慰撫金六十萬元），校方原本不服上訴，但後來於二○○六年八月二十一日高等法院台中分院要開庭前，校方撤回上訴，全案因此定讞（苗栗地方法院民事判決九十四年度國字第四號）。

案例4-4

陳老師是某國小五年一班的班導師，課堂上課十分嚴格，但課程講述十分有條理也很有系統，因而教學十多年來贏得多數家長的認同，每到暑假編班前夕，該校四年級家長多數希望能編到陳老師任教的班級。陳老師在課堂中最無法容忍的事情是，上數學課時同學講話或不專心聽講，有一次上數學課時，坐在第二排第四個位置的俊雄低下頭緊閉雙眼，看似在打瞌睡，陳老師發現後很生氣，直接拿起手上半隻粉筆朝俊雄丟過去，由於陳老師太用力，粉筆不但沒有打中俊雄，不偏不倚擲向坐在俊雄後面的美雅臉上，美雅不敢吭聲，只用右手輕輕揉一搓被粉筆打中的部位。此時俊雄還不知發生什麼事，還是緊閉雙眼低著頭，陳老師接著拿起一隻完整粉筆朝俊雄再丟擲過去，此時，俊雄剛好抬起頭來，粉筆剛好打中俊雄的額頭，俊雄被這突來的舉動驚醒，陳老師看到俊雄已經驚醒並抬起頭來，就繼續上他的數學課。

思考問題

課程教學中四十分鐘或四十五分鐘，學生不可能整節課均十分專注，特別是由教師全部講授或學生較不喜愛的課程。當教師發現學生不專注行爲出現，如課堂講話、打瞌睡、東張西望、看漫畫書或課外書等，教師可改採問答教學法，提出剛剛教過的內容，請這些同學站起來回答，當同學被老師點到要回答問題時，心中就知道發生何事，此時，由於突然被老師點到名字站起來，其原先不專注的行爲會收斂；其此，就是當教師發現有同學出現不專注的行爲時，可暫停教學內容，講一些較能引起同學共鳴的話題或笑話；或直接走到這些同學旁輕敲擊桌子等均是教師可採用的有效方法。

案例中，陳老師直接以書寫黑板的粉筆丟擲同學，是不合管教倫理的，若是粉筆不小心砸中同學的眼睛，造成同學視力受損，則教師可能要負起相關責任，而且此種管教方法也違背相關法令規定，陳老師若直接請俊雄站起來罰站幾分鐘或到洗手台把臉洗一洗再回到教室，則效果不僅更好，也符合教師輔導管教的規範。

案例 4-5

「王國雄在班上是個低學業學習成就的學生，平常沒有什麼重大的不當行爲，只是喜愛講話、又愛帶頭起哄，連上課時都喜愛找同學講話，加上其穿著邋遢，使得級任林老師打從國雄編至自己班級後，就很不喜愛這個學生。

運動會前的一個教師晨會，全校教師因討論運動會表演節目，討論的時間較長，等晨會結束，已過上課的時間。會議結束，林老師趕忙起身，跨大步伐走回教室，尚未走到教室，在走廊上就聽到一陣非常吵雜的聲音從自己班上傳出，而環顧別的班級，學生則安安靜靜的在座位上看書或做自己的事情，此時，林老師心中浮起的第一個念頭是：『一定又是王國雄在搗蛋，一定是他在帶頭起哄，否則班上不會這樣嘈雜』。『回到教室後一定要好好處罰他』，林老師氣急敗壞地重複想著。

當林老師進到教室後，正好看到王國雄站起來，怒氣沖沖地直接走到王國雄的前面，舉起右手重重的一巴掌朝國雄的臉頰打了下去，說道：『你的規矩就不能好一點嗎？』、『眞的被你氣死了。』當老師厚重的右手朝國雄的臉頰打下去之後，全班頓時鴉雀無聲，此時國雄的眼淚已從眼角中滴下了。

這節課王國雄並沒有像往常一樣找同學講話或帶頭起哄，而是專心看著前天表哥送給他的生日禮物——一本漫畫書，因為他很喜愛漫畫書的故事內容，所以從頭到尾均安靜地坐於自己位置上專心閱讀，但同學走動嬉鬧的吵雜聲，干擾到其閱讀行為，因而他想站起來，請同學講話的聲音小一點，不巧的是，此時老師正好走進教室。」（吳明隆，2006）

思考問題

社會心理學中有所謂初始效應，初始效應就是第一眼效應，所謂一見鐘情就是初始效應，受到初始效應的影響，會產生「月暈效應」（Hallo Effect），月暈效應又稱暈輪效應，由於月亮受到周圍暈光的影響，人們看到的月亮大小與實際的月亮大小並不符合，會認爲月亮比較大。在求職場合中，一位穿著西裝打著領帶的應徵者比穿著運動短褲的應徵者較易受到主考官青睞，一位能言善道的應徵者比不善言辭的應徵者也較會受到主考官喜愛，認爲外表端莊、言辭犀利者做事能力比較強，從外表穿著談話來挑選應徵者是一種初始效應，從應徵者外表穿著談話來推論其是否擔任主管是一種月暈效應。月暈效應是一種以偏概全的推論謬誤，在教育情境中教師常會根據學生過去的行爲表現來論斷目前及未來的行爲，常見者爲甲同學過去曾有偷竊行爲，班級發生同學錢財或物品不見，甲同學是第一個被教師懷疑有偷竊嫌疑者，老師所持的理由是甲同學過去曾有偷竊行爲；學生考試成績不好，教師認爲這些同學的品德操守也不好；學生的社經地位低落，教師認爲這些同學未來的表現也不會很好；傳統上教師認爲女生是較爲文靜乖巧的，因而班上常規不好多數是男學生引起的。

月暈效應是一種教師僵化思維模式，此種僵化思維模式受到刻板印象與初始印象的影響，身爲教師者應儘量打破此種迷思。在教育實際現場中，要讓教師以眞正公平公正態度對待全班同學似乎較不可能，但教師應盡最大努力讓不公平事件降低到最低，至少讓全班學生覺得老師處理事情是公平公正的。教師在處罰學生之前，要先處理自我的情緒，不要因一時的情緒失控而體罰學生，懲罰或責罰學生之前，教師要先聽聽學生的意見與緣由，教師處罰前必須詢問學生：「有沒有理由請說出來」，教師聽完學生講述前因後果後，要處罰學生也不遲，「處罰學生不要搶快、責罵學生不要搶先」這是教師必須記住的不當行爲處理守則。

教師根據錯誤的認知架構，延伸對學生偏見或偏頗的看法，就是一種刻板印象，當教師對學生有刻板印象時會表現於教師的情緒與信念二方面，從情緒感受而言，教師會無形中對於這些學生會較爲嚴厲、較喜愛採用責罵的語句；就教師信念而言，教師會將班上發生的負面事件歸因於這些學生身上，對於學生行爲評價也是給予負向的。教師的刻板印象會將某些學生標籤化，這些標籤會烙印在學生心中，久而久之由個人標籤變爲團體標籤，班上其他學生會因教師對某個同學的標籤作用，起而倣效而對這個同學給予負向的評價，如「壞學生」、「調皮搗蛋者」、「偷竊者」、「說謊大王」等，這就是教師負面的身教作用。身爲教師要儘量避免對某些學生有刻板印象，並對這些學生有偏見或負向情緒，在中小學教育實際現場中，要讓教師對班上學生有同樣平等的對待信念與情緒表現，可能較爲困難，但教師應儘量對學生的刻板印象減至最低，至少讓班上學生無法從教師外在行爲或情緒表現上看出教師輕微的私心與偏見。

在社會科學研究設計中，影響實驗內在效度的因素很多，其中發生於實驗組與對照組（控制組）二個組別的影響變因分別稱爲「霍桑效應」（Hawthorne effect）與「強亨利效應」（John Henry effect）。霍桑效應表示受試者知道自己參與研究，而且自己歸屬的是教師採用新教材、新教學方法或新評量方式組別或群體，感覺自己是被老師特別挑選出來的，覺得自己受到教師重視或受到特殊關注，因而在教師整體教學歷程或實驗過程中戰戰兢兢，表現得很好，使群體或實驗組別產生了正向的效果，此種結果亦是一種自我應驗的結果，自我應驗可能發生在教師對學生的期待，或學生自己對自己的期待，學生感受到教師認爲其爲可造之材，學生自然會表現較正向行爲；學生知覺教師認爲其愚蠢，學生可能表現愚蠢或非理性的舉動。至於「強亨利效應」則是受試者知道他們歸屬的群體只是教師比較參照的組別或班級，誤認教師認爲他們的群體比較差，爲了爭回面子，因而在課堂學習中反而格外努力認眞，相互砥礪，使得之後班上或群體的學習結果比另一個群體更好，「強亨利效應」雖然會影響實驗的內在效度，但在教學應用上卻有其教育意義存在。教師有時一句責備的話語，可能會有當頭棒喝之效，可適時激勵學生奮發向上的意志，學生會想：「我並沒有比同學差，爲何表現總是比同學不理想。」

強亨利效應有時也會激發整班的不服輸的意志，如學校舉辦全市性生活教育觀摩，二年級被指定參觀的班級爲二年三班、二年五班，至於二年四班則沒有被列入來賓參觀的班級，二年四班的教師從主任處得知，原來是班上的環境不夠乾淨、教室的情境佈置欠缺精緻，此外還有少數同學生活常規有待加強。二年四班教師得知緣由後，將此原因轉告班上所有同學，同學知曉後，認爲「二年四班這個班」不能被別人看不起，因而於生活教育觀摩前幾天，利用中午及自習課將教室內外打掃得乾乾淨淨，各項物品擺放得井然有序，教室內的情境設計也佈置得非常精緻，不僅內容充實、圖文並茂，更融入許多創意。經由全班同學一齊努力與自我約束，二年四班的環境煥然一新。生活教育觀摩當天，二年四班的學習情境規劃及同學的表現反而贏得多數參觀來賓的稱讚，二年四班的改變就是一種正向的強亨利效應。

「身為教師對學生的言語有時要循循善誘、諄諄教誨，以啓發誘導學生；有時要義正詞嚴、嚴加告誡，以收當頭棒喝之效；教師對學生的態度有時要像怒目金剛，讓學生心生畏懼；有時要像低眉觀音，讓學生心生感動。」教師的管教輔導要因應學生性向、人格、態度及資質而異，這也是因材施教、適性教育的內涵。曾獲總統教育獎的高雄市○○國小音樂班全盲生陳○○，因爲罹患視網膜發育不完全症，從小就看不見，對光完全沒有感覺，但其耳朵對聲音的辨別度及敏銳度特別高，他自己深深覺得雖然看不見有些遺憾，但很慶幸生長在一個充滿愛的家庭裡。「很慶幸生長在一個充滿愛的家庭裡。」這是一句多麼令人省思的話語，不論在家庭或是學校，在充滿愛薰陶下成長的學生會充滿自信與較多成功的機會。

案例4-6 見樹不見林的管教方式

李勤老師在大城市的一所「明星國中」擔任數學老師兼導師，李老師從小成績就非常頂尖，家裡的牆壁上貼滿了獎狀，深得父母及老師的疼愛。

李老師擔任教職後，就以「名師」自許，對學生的課業要求非常嚴格，上起課來也是「一絲不苟」，準備得非常充分。李老師要求學生上課時做到「三不二要一沒有」，三不就是不亂講話、不睡覺、不傳紙條；二要指要準時交作業、要達到老師所規定的分數；至於一沒有則是沒有任何理由或藉口。

李老師常對學生和家長說，他的管教方式都是爲學生好。他不能容忍學生上課搗蛋，認爲這樣嚴重影響了其他同學的受教權，這是不公不義的事情，身爲老師，自有必要作一些處置。

有一天，李老師來到自己的導師班三年一班上課，在黑板上寫下段考試題的答案後，回頭看到趙揚和旁邊的同學講話，想到趙揚段考只考四十分，影響了班上的平均成績，心裡就一肚子火，大聲罵趙同學：「只會當啦啦隊，把班上的成績拉下來；爲什麼不當王建民、不當田壘，爲班上爭取榮譽，爲自己贏得掌聲。要講話，可以，到走廊去，把課桌椅搬過去，快，你不搬，我叫值日生幫你搬。」李老師平常對趙生非常感冒，當全班都閉目反省的時候，趙生會偷偷張開眼睛，還會扮鬼臉。李老師要趙生到走廊去反省，趙生心裡很不服氣，他只是問同學那道題目怎麼算，又不是故意講話破壞秩序，但是老師不聽解釋。

趙揚只得把課桌椅搬到走廊，放置在教室外門的旁邊，碰巧那天寒流來襲，氣溫驟降，僅約十五度，又下著細雨，趙揚打了幾個噴嚏，冷得皮皮挫，就偷傳簡訊給媽媽，「我快受不了了！」愛子心切的趙母趕緊放下手邊的工作，趕到學校，看到兒子仍坐在教室外的門旁邊挨冷受寒，就拿起相機拍照。

李老師見狀走出教室，質問趙母：「妳憑什麼拍照？」又說：「我的處置方式已獲得父親同意，妳又不是孩子的監護人。」聽到李老師這麼說，趙母十分錯愕，當場對老師嗆聲：「監護人才有資格質疑老師的不當管教嗎？」趙母又說，協議離婚時，前夫簽字聲明放棄監護權，但還沒有辦理登記。她已經獨立撫養孩子五、六年了，心裡想大人都是為小孩好，沒有將監護權歸屬放在心上，沒有想到導師不作如此想，把監護權當作「護身符」。

思考問題

輔導管教學生的管教手段或處罰方式必須合理，教師所採取的處罰方式要以愛為出發點，並考量當事者的身心狀態、教育現場的情境。當學生的不當行為干擾到同學的學習或教學活動的進行時，教師可要求該生站立反省或離開原座位到教學場所一隅，暫時讓該生與其他同學保持適當距離。上課進行中，教師有時會安排一個特別座讓干擾教學活動的學生使用，此種方式屬合理管教範圍。若是學生在教室內繼續干擾教學活動進行，經教師勸阻無效，進一步命令該生暫時將桌椅搬到走廊外聽課，以免干擾其他同學的學習，仍會引起爭議；儘管老師已兼顧到學生的人格特質，並避免對學生貼上標籤造成傷害。除了學生的自尊心外，教師另外要考量的是當天教室外天氣的情況，若是當天正值寒流來襲或刮風下雨，或學生身體不適如感冒，則教師此種處罰方式即變成不合人情並會受到強烈質疑。

教師處罰的緣由與當時採用的處罰方式最好與違規犯過者當事人的行爲有關，教師不能因學生之前的不當行爲而中止目前的學習活動，如學生因爲昨天掃地工作不認眞，隔天導師英文課上課時卻要求該生站立反省。課堂中教師採用的管教方式必須有助於正常教學活動進行，如果學生在課堂中已能安靜聽講，卻因昨天午休吵鬧或掃地不認眞，課堂中被班導師罰站立反省或調整座位或暫時與其他同學保持適當距離等，則班導師此種管教方式是不合理的。若是教師要處罰，可採用其他方式，如午休時請同學做班級愛心服務工作等。

另根據《家庭暴力防治法》第二條：「本法所稱家庭暴力者，謂家庭成員間實施身體或精神上不法侵害之行爲。本法所稱家庭暴力罪者，謂家庭成員間故意實施家庭暴力行爲而成立其他律所規定之犯罪。本法所稱騷擾者，謂任何打擾、警告、嘲弄或辱罵他人之言語、動作或製造使人心生畏懼情境之行爲。」父母對子女的權利義務關係，通稱爲「親權」，又稱爲監護權，親權的行使必須以未成年子女的福祉爲核心，親權是父母親的一種權利，此種權利如人身監護權、財產監護權、綜合性監護權（如同意權、撤銷權等），親權行使的目的在於營造一個溫馨、安全、安定的家庭環境，使子女的身心得以正常發展。單親家庭中子女的父親或母親均可能爲子女監護權的行使者，不論學生之監護權爲其父親或母親，教師與其溝通所採用的管教方式均必須在合法合理的範圍內，教師的管教或採用處罰方式與子女監護權的行使者無關。

《民法》第一〇八四條規定：「父母對於未成年之子女，有保護及教養的之權利義務。」同法第一〇八五條：「父母得於必要範圍內懲戒其子女。」同法第一〇八六條：「父母爲其未成年子女之法定代理人。」對於未成年子女的保護和教養，通常是父母雙方共同協商的權利，也是父母的義務，父母懲戒權的行使若是逾越保護教養之必要範圍，即屬親權濫用，親權濫用依法可停止親權行使。當父母雙方協議離婚時，通常雙方會協商約定誰有子女監護權，若協議不成，可訴請法院來裁定，沒有監護權的一方，也可以探視子女，班級經營中教師對於單親家庭學生的家庭狀況要深入了解，否則可能發生甲學生和有監護權的母親住在一起，平時上下學均是母親接送，但沒有監護權的父親到校強制將甲學生接走，之後有監護權的母親放學時至校找不到學生，此種情形可能會引發親師衝突或更嚴重的家庭問題，身爲教師者不可不愼。

許連陣就讀於平和國中二年三班，班級導師黃老師是一個非常嚴厲的新進教師，在同學心目中直覺黃老師似乎對班上前幾名同學比較好。某天下午清掃時間，同學在打掃後教室，班上蘇明和同學將紙團揉成一團丟向資源回收桶，但沒有丟準，紙團掉在桶子外面，負責打掃同學將紙團撿起後再丟入桶中，蘇明和同學的舉動被在教師的老師及打掃同掃看得一清二楚，但老師並沒有責罵蘇明和同學。

某節班導師的國文課，許連陣想把練習完的計算機丟入紙類資源回收桶內，但由於是課堂上課時間，許連陣不敢離開座位，他也學蘇明和將紙團揉成一團直接丟向資源回收桶，但也沒有丟準，紙團掉到回收桶外面，許連陣趕快離開座位將紙團撿起，丟入回收桶內，這個舉動被黃老師看到，黃老師立即走到許連陣的座位旁，大聲斥責說：「課堂中可以丟垃圾嗎？你將紙張揉成一團如何回收？」黃老師愈講愈生氣，罰許連陣利用中午午休時間將垃圾桶及資源回收桶清洗乾淨，黃老師的話語一結束，許連陣不經意的回應說：「前天，蘇明和也是這樣，老師都沒有處罰他，爲什麼只處罰我。」黃老師聽完許連陣的抱怨，更生氣的說：「他是他，你是你，蘇明和是下課丟垃圾，而你是上課丟紙團」，許連陣又回應說：「蘇明和的紙團還是同學幫他撿起來丟入回收桶的」，黃老師聽到許連陣又在爲自己不當行爲找藉口，更加生氣說：「你再頂嘴，就罰你清先一個星期的桶子。」

思考問題

教師處罰學生要讓學生可以心服口服，最重要的是要讓學生知道自己做錯了，其次教師的處罰方式要合理，並讓學生覺得教師是公平的，不會因同學不同而採取不同的管教方式。「你是你、他是他，你們二個不一樣」此種教師言語聽在學生耳中，會讓學生覺得同學在教師心目中有不同的次序與重要性，當學生感受到教師偏心或處罰不公時，教師在學生心目中的地位就會被打折扣。在教育實際現場中，要教師對全班同學一致公平無私，是十分困難的，但不論教師採用何種管教或處罰方法，表現上要讓全班同學感受到教師是公正無私的。

班級經營中有一種效應稱爲「漣漪效應」，漣漪效應指的是班級中一件小事件沒有處理好，會引發其他更大事件或更多事件的發生。如課堂中有同學趴下睡覺，教師看到後視若無睹也不管，則之後相同的課堂，同學若是累了或不想聽講，也自然會趴下睡覺；再如班級家庭聯絡簿的處理而言，第一天有二位同學沒有給家長簽名，教師沒有處理，之後，第二天有一位同學沒有給家長簽名，教師也沒有處理；第三天，有五位同學沒有給家長簽名，教師就生氣了，教師只處罰第三天沒有給家長簽名的五位同學，之前沒有簽名的同學就沒有事，教師對家庭聯絡簿沒有給家長簽名一事的處理好像沒有一致標準與規範，其處罰自然無法獲得同學的認同。

案例4-8

手臂斷！小三生強忍疼痛　老師不察

嘉義縣○○國小一名小三學生，下課摔倒造成左手腕骨折斷裂，校護及老師都沒發現，讓小學生痛了一整天，痛到用嘴巴咬手臂企圖轉移痛點，把外公、外婆氣壞了，跑到學校理論，校方說，學生太勇敢沒喊痛，老師才不覺事態嚴重；不過，沒在第一時間通報家長，仍然有疏失。左手腕骨折斷裂上了石膏，想起疼痛的過程，才唸小三的他忍不住哭了出來，阿嬤更是心疼！學生外婆：「他竟然這裡痛，會想出這個辦法說，來咬別的地方，把痛轉移到其他的目標來，我聽了實在是心在淌血。」原來小孫子下課時，不小心在樓梯上摔倒，造成左手腕骨折斷裂，被帶到醫護室檢查，護士及老師都沒有發現異狀，也沒在第一時間通報家長，讓小孫子咬著手臂強忍疼痛，上完一整天課，到安親班才被發現，外公、外婆很氣憤。學生外公：「第一時間沒有通報，第二個問題是，爲什麼不送醫院檢查。」校長：「看不出他有外傷，學生又沒有喊痛，所以她一時之間，以她的專業，她實在看不出他有斷裂。」校長說，學生實在太勇敢了，怕被媽媽罵強忍疼痛不敢說，讓校護完全看不出來，不過，校長也坦承，導師沒在第一時間通知家長的確有疏忽（辜士陞，2009）。

思考問題

有許多教師因學生常規不好，放學後將這些學生留在學校做愛校服務（勞動服務），教師將學校留下時，若是可能超過二十分鐘以上，最好要事先知會家長，此外，教師還要考量學生放學的安全性，若是教師無法保障學生放學的人身安全，則教師最好改用其它的管教方法；此外，就是教師將學生留下進行勞動服務時，教師定要留下陪伴監督學生，教師不能告誡學生放學後留下打掃校園，而教師自己先離校。此外，放學後教師要將學生留校進行課業輔導，也必須先知會家長，要家長同意後教師才能將學生留下，至於課業輔導的地點若只是個案學生，最好是在校園公眾場合，如辦公室或圖書館，尤其是男教師對女學生的個案輔導。

群體服務或掃地工作也是學校教育的一環，是屬於「非正式課程」（informal curriculum）之一，學校的非正式課程包括規畫的各種比賽（體育競賽、語文競賽）、典禮、表演、運動與儀式等活動。這些非正式課程實施時均要考量到同學的安全。

民國九十年三月高雄市○○國小六年七班正在上美勞課，由於學校隔天是校務評鑑，學校爲鼓勵小朋友參與，讓小朋友將他們所製作彩繪的長布條由代課教師帶到頂樓，準備交由學校技工將布條固定後，自頂樓垂放到一樓，以做校園佈置之用代課老師帶領十多位學生，將同學創作的彩繪布條拿到學校第二棟樓三樓頂樓，當時○姓女學童與十多位同學協助將彩繪布條兩端竹竿拉開，由於頂樓沒有圍牆，○姓女學童在倒退拉開布條時，不慎踩到屋頂的水管，失去重心後掉落一樓地面上，造成頭部破裂、胸部氣胸，雖急送附近教學醫院急救，仍不幸於隔日死亡。此意外事件的發生，主要是案發現場頂樓平台，並無安全柵欄的設施。不論是正式課程或是非正式課程或是懸缺課程的實施，學生的安全是最重要的考量之一，當教師帶領學生至一個無法保障學生安全的場所，此規劃的活動是否有實施必要，是值得商榷的。意外事件的案例再如台中縣○○國小，發生高年級學生在走廊奔跑嬉戲，撞破玻璃的意外，玻璃碎片戳入心臟，學生不知處理流程，竟自行將玻璃拔出，造成大量失血死亡。民國八十三年，台北市○○國中發生學生擦拭窗戶，不幸因窗戶欄杆鏽腐而從四樓墜地致死事件，意外事件的發生若導因於學校相關硬體設備沒有確實做好維修保養或教師的疏忽，則學校與教師均要負起責任。

對於校園危險區域（如工地或各種施工工程），「學校不僅要豎立警告標誌、教師更要明確告知學生；教師告知學生還不夠，還要一再叮嚀學生」，讓學生時時謹記在心，而能確保本身安全。

教師平時應與學生建立良好的師生關係，有了良好的師生關係，師生溝通的平台才可以開啓，當學生信任教師，視教師爲學習與問題解決的重要他人時，才會將心中的話與遭遇的困難坦誠的告訴老師，如此教師才能發掘班上同學的問題與班級發生的事件。當學生要求教師信守承諾，不能將其話語告知第三者時，教師務必要做到，這是教師對學生的個人承諾，若是教師無法信守承諾，就不應任意答應學生，教師答應學生的事一定要做到，這是師生關係建立的基礎。當班級內所有同學都願意與教師分享個人想法與問題時，教師更能了解同學的內心世界，如此，對於教師的班級經營與教學效能的提升會有更大的助益。

在電視影集「動物奇觀」的節目中，曾介紹以下一則大自然生存法則：

「有一隻飢腸轆轆的大蟒蛇，快速地攫獲一隻小老鼠，這可憐的小老鼠，被大蟒蛇當成一頓晚餐，活生生地放入嘴巴，眼看就要被大蟒蛇吞進肚子裡。這時，小老鼠覺得自己已無退路，卻又不甘願被大蟒蛇飽餐一頓，就用盡全身力量大口咬住大蟒蛇的舌頭。大蟒蛇被小老鼠一咬，痛得在地上打滾，最後實在痛得受不了，只好把小老鼠從嘴中吐了出來。幸運「逃過一劫」的小老鼠，雖然全身傷痕累累，卻也趕快拖著小命，逃離現場。」動物，被逼到『走投無路』時，就會露出本性，加以反擊；人在不斷受到「無情批評」時，也會本能地「反挫攻擊」（戴晨志，2008）。

許多老師常會抱怨現在學生是：「言者諄諄，聽者渺渺」，但是教師並沒有反思檢討爲何學生「聽不進教師的話」、「爲何學生不受教」。每隔一段時日，電視媒體就出現大篇標題說：「某某學校，發生嚴重師生衝突」或「某某學校，發生學生衝撞打老師事件」。師生衝突事件必有因，爲何學生不會打乙教師，而會打甲教師，則是值得甲教師檢討的地方，當學生受到教師無情言語的批評辱罵時，就會反感；當教師以侮蔑語氣一直指責學生不是時，學生自尊受嚴重受損；當教師再以挑釁動作激怒學生時，學生就會像小老鼠一樣加以反擊，因爲學生的忍耐已達極限，超過忍耐的最高點，學生內心的不平與憤怒就會像洪水一樣宣洩出來，此時學生表現的行爲非是理智可以控制的，因爲學生要反撲，所以不會考慮行爲結果，這就是師生衝突或衝撞教師的起因。身爲教師「心要靜、眼要明、口要甜、耳要聽」，不要只會批評責罰學生，也要學會多讚美學生、多鼓勵學生。再多的讚美與鼓勵，學生也不會嫌多；而不斷的批評與責罵，則會造成學生的反感。

關懷學生並不是放縱學生，而是要讓學生有如沐春風之感，發自內心感受到教師的愛，教師的愛並不是溺愛，而是讓學生能眞正體會到教師的用心與關懷之情，因而「天下沒有飛不起來的汽球，如果有，只因爲它沒有『被打氣』；天下沒有教不會的笨學生，如果有，只因爲他沒有『被』鼓勵。」（戴晨志，2008）相對的，「班級中也沒有故意要與老師為敵的學生，如果有，只因為他受到老師誤解；班級中也沒有故意要表現違規行為的學，如果有，只因為他很少受到老師關注；課堂中也沒有故意要搗蛋的學生，如果有，只因為他缺少老師的關懷。」

案例4-9

林老師是國中三年級的數學老師，又兼任三年五班導師，上課非常認眞，但也十分嚴格，課堂上課時除同學可舉手問問題外絕不能講話，因教師認爲學生課堂講話就會分心，也會影響其他同學的學習。之前他教過的班級平均國中基測數學成績表現都很好，因而在校內的評價很高，此外，其嚴格督促學生的態度也獲得多數家長認同。

某天，林老師在課堂上課時，正賣力在黑板上書寫解題步驟，突然聽到同學座位上有人發出嬉鬧的笑聲，而這個嬉鬧者正好就坐在陳國太的前面。此時，數學老師突然轉過身來，朝陳國太坐的這一排快速走來，此時坐在陳國太前面與旁聽嬉鬧的同學因害怕被林老師處罰，趕快把頭低下來假裝看數學課本，陳國太心想：「前面的同學要倒大楣了！」，並抬起頭來看著怒氣沖沖走來的林老師，正當陳國太心想著老師會如何處罰前面的同學時，說時遲那時快，林老師拿起數學課本重重的朝陳國太的臉頰上打下二下，並大聲責備說：「再出聲音就到後面站著聽」，頓時全班鴉雀無聲，林老師打完陳國太並警告他後，又快速走回講台繼續講述剛剛解題方法，陳國太此時很想跟林老師說：「老師！剛剛嬉鬧講話的不是我，是前面的同學。」但陳國太不敢，因他不想害前面的同學又受到老師的懲罰，也不想告訴老師說：「老師，你打錯人了」，陳國太只好坐在自己位置上，怨恨不平的安靜的聽完老師上完這一節課。

思考問題

教師要懲罰學生之前，首先要做的事是「調適自己的心情」、其次是「查明事情的緣由」，最後才是「決定處罰的方式。」上述林老師雖是位教學認眞的教師，但其處罰學生的方式與手段均有待商榷。老師在發現學生有出現不當行爲或課堂出現干擾教學活動行爲時，定要先查明事情發生的來龍去脈，尤其是肇事者或引發者是那些同學，教師懲罰學生時，最怕的是牽連到無辜的同學，如升旗時一位同學講話，升完旗後命令全班同學於司令台上罰站；一個同學回家作業沒有按時繳交，命令全班同學罰寫課文一遍等，這是不合正義原則的，「我沒有做錯事情，爲何我要受連帶處罰」、「作業我都按時繳交，爲何要罰寫課文」、「課堂我專心聽講，爲何無端要受到教師責罰」。

民國九十一年〇〇國小五年級班導師，在教室後面的資源回收桶中，發現垃圾桶內有個未照規定壓扁的牛奶鋁箔空盒，教師十分生氣的詢問班上學生是那位同學所爲，因導師十分生氣，因而沒有同學敢承認，由於同學沒有依照導師規定將喝完的鋁箔製牛奶空盒壓扁回收，又沒有任何同學承認亂丟，竟大發雷霆，要求值日生把鋁箔包洗乾淨後，自己再將鋁箔包剪成三十六小塊，要求每位同學吃下一塊作爲處罰，其中有五人呑進肚子裡，所幸經送醫檢查後沒有大礙。事發後學校教評會對班導師老師做出記兩次申誡和調整爲非導師職務的處分。

民國九十八年〇〇縣一名國小六年級有位輕微腦性痲痺，肢體協調性較不靈活的男學生，因爲「作業遲交」、「筆跡潦草」，被自然科老師罰站了兩堂課，學生家長獲知後，認爲老師管教過當向學校提出抗議，學校開會決議處分這名自然科老師兩次申誡，並要求老師向學生家長道歉。根據

《教師輔導與管教學生辦法注意事項》，當學生出現不當或違規行為干擾到教學活動進行時，教師可以採用「罰站」的處罰方式要求學生站立反省，每次不能超過一堂課、每天累計不得超過兩個小時，此教師的處罰雖然合於法令規範，但卻未考量到學生間的個別差異與學生生理狀況，老師罰站腦性麻痺學生站立二堂課顯然不合情理，更違背輔導管教學生的教育意涵，教師雖強調純粹是求好心切，並非刻意管教不當，但教師採用的方法的確就是不合情理的管教方式，教師不應以「我就是為學生好，才採取不合情理的管教方法」，或「我完全出自好意，才會體罰學生」為合理藉口，對學生採取不合情理或體罰的方式。

處罰學生的手段要合理，不可逾越法的範圍，上述強迫學生將小片鋁箔紙盒吃下的行為，不僅違反合理處罰的界限，更是一種傷害學生的行為。林老師直接以教學課本打陳國太的臉頰也是一種逾越合理管教範圍，若是出手太重或不小心可能傷及學生耳膜，造成學生聽力受損。教師要處罰學生之前要先聽聽學生的意見，但此時教師要先調適自己生氣的情緒，教師「凶如惡煞、怒氣沖沖、態度不佳、語言威嚇」的詢問學生誰是肇事者，有那位同學還敢承認，一承認不表示就是要受到教師無情的責備與嚴厲的懲罰嗎？教師不應把生氣的情緒完全呈現在臉上或表現於外在行為上，教師要先收起生氣的心、以理性態度處理事情，探究事情的前因後果後，再採取適宜的策略因應，教師切勿「盲目、急切、躁進的處理學生問題」。

陳老師是國中一年一班的數學老師，這天陳老師在黑板上爲同學解析某題幾何證明題，此時班上的陳明雄因爲好玩，將計算用的空白紙捲成小紙團，朝隔一排的林國俊投擲，但陳明雄並沒有投準，反而丟到坐在國俊旁的林雅欣，雅欣馬上告訴老師，陳老師很生氣的詢問剛才的紙團是誰丟擲的，因爲班上多數同學都看到是陳明雄投擲的，明雄只好舉手承認，陳老師叫明雄到講台前告誡：「課堂再搗亂，下課時要出五十題課外數學題目讓你額外練習」，明雄點了頭說：「是」，然後轉身要回到坐位。明雄要回坐位的路線剛好要經過國俊的位置，當明雄走到國俊旁邊時，國俊半開玩笑的小聲說：「你倒大楣了！」，明雄聽到後，不假思索的以半開玩笑的方式的立刻回嗆：「你是豬頭！」，明雄說此句話時因爲聲音大了些被陳老師聽到，陳老師立即停止解題教學，轉過身來把明雄叫到前面來，提高嗓門質詢明雄：「你剛剛說什麼」，明雄很小聲的回答：「你是豬頭」，說時遲、那時快，陳老師舉起右手以重重的巴掌朝明雄的臉頰打下去（因爲陳老師誤認爲明雄在罵他豬頭），明雄對老師突如其來的舉動並沒有閃躲，頓時全班一片靜寂，而陳老師重重的手印明顯的烙印在明雄的右臉頰上。

思考問題

教師處罰學生前定要對事件的緣由有眞正的了解，不要盲目的意氣用事，碰到學生出現不當或違規行爲，就立即暴跳如雷、大吼大叫，教師這些非理性的行爲會認學生覺得老師的情緒起伏過大，老師的脾氣很難捉摸，老師的態度調適的不好。教師的情緒管理並非是要生氣的情緒壓抑在心中不讓學生知道，相對的，老師的不悅或生氣要讓學生知悉，老師透過外在行爲或肢體語言告誡學生，其行爲表現是不被允許的，這些不當或違規行爲老師是會生氣的，老師的生氣與憤怒不能失去理智，這樣才不會讓學生以爲教師有歇斯底里的情緒反應。如課堂上課中學生吵鬧干擾到教學進行，此時，教師可暫時中止教學活動，瞪大眼睛凝視著當事人，學生看到老師此種舉動，自然就知道老師在生氣了，多數學生都會停止其吵鬧行爲，如果學生的敏銳度差，還繼續出現干擾學習活動的行爲，教師可以直接以較嚴厲語言告誡。

案例中陳老師根本沒有把明雄說出你是豬頭事件的來龍去脈弄清楚，就任意出手毆打明雄，陳老師不僅誤會明雄，還體罰明雄（並不屬合理管教方法）。若是明雄的家長不諒解，帶明雄驗傷，必會對陳老師提起告訴，引發親師生的衝突。「教師可以生氣，但不必生那麼大的氣；教師可以表示憤怒，但不能出手毆打學生；教師可以表達內在情緒，但不用到大吼大叫地步。」教師對於眼前看到或聽到的，也要加以求證，尤其是對事件的前因後果，事件發生的整個脈絡要有全盤了解，之後再採取合理管教方法也不遲。

學生的行爲改變是要時間的，就像學業進步一樣，不是短暫努力即可看見成效的，教師要求學生將所有不當行爲改變時，教師要給學生時間，因爲學生品德行爲的養成與學業成效的進步並不是短暫時即可看到成效的，即使學生不當行爲暫時收斂，也不是表示學生的行爲已經完全改變，如課堂喜愛講話吵鬧行爲，經老師警告責備後學生可能馬上安靜下來，但只要有機會，學生喜愛講話吵鬧行爲可能會再出現，對於這樣的學生，教師可採用行爲改變技術的負增強或條件契約等方法加以改變，如明確告知學生，若是課堂再出現講話吵鬧行爲而干擾同學學習活動，課堂上課時就要將桌椅移到最前面，坐在講桌旁聽課；或取消學生喜愛的活動。教師要教育學生學習沒有速成的方法，所謂一步一腳印，它是靠平時努力日積月累習得的，「在輔導管教學生上，教師也要給學生時間，讓學生有時間思考其行為的適切性，改變自己固執信念、改變錯誤的認知結構，進而改變其行為。」

參考書目

吳明隆（2006）。班級經營理論與實務。。台北：五南。

林佳範（2006）。學生的隱私權與財產權。載於民間司法改革基金會編著：老師你也可以這樣做—校園法律實務與理念（頁5-30）。台北：五南。

林孟皇（2006）。教育改革潮流下的校園民主、法治與人權保障。載於民間司法改革基金會編著：老師你也可以這樣做—校園法律實務與理念（頁191-206）。台北：五南。

辜士陞（2009）。手臂斷！小三生強忍疼痛　老師不察。擷取日期二〇〇九年四月十七日，取向http://tw.news.yahoo.com/article/url/d/a/090417/8/1i0yl.html。

黃旭田（2006）。老師輔導管教的法律基礎。載於民間司法改革基金會編著：老師你也可以這樣做—校園法律實務與理念（頁179-190）。台北：五南。

戴晨志（2008）。超人氣溝通—魅力溝通的黃金法則精選。台北：時報。

第五章　教師評量倫理

「教學成效要知曉，學習評量少不了，
評定多元是必要，量化數據最可靠。」

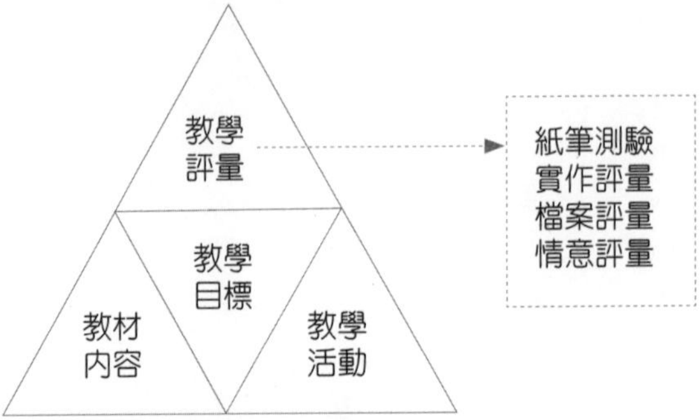

圖5-1　有效教學三要素與常用評量方法

「老師，我的成績雖然不好，但是我已經盡力了。」

「智育成績只是學習的一部分，並非是學習的全部；教師絕不能因學生考試成績不佳而處罰學生。」

壹、教師評量倫理基本原則

依據《國民小學及國民中學學生成績評量準則》第二條所列：國民小學及國民中學學生成績評量旨在了解學生學習情形，激發學生多元潛能，促進學生適性發展，肯定個別學習成就，並作爲教師教學改進及學生學習輔導之依據。教材內容、教學活動、教學評量是達成教學目標的三個要素，整體教學歷程中缺乏教學評量，則無法得知教學成效或學生學習進步情形，不論教師是採用何種評量方式，教學活動後的評量實施絕對不能省略。

從三角評量歷程模式圖而言，不論教師採用何種評量方法必須依據單元目標或學生能力指標，如此教學目標才能達到。教學評量的第一步是採用多元評量方法去蒐集資料，資料蒐集必須根據學科屬性與單元目標內容，採取多元方式。《國民小學及國民

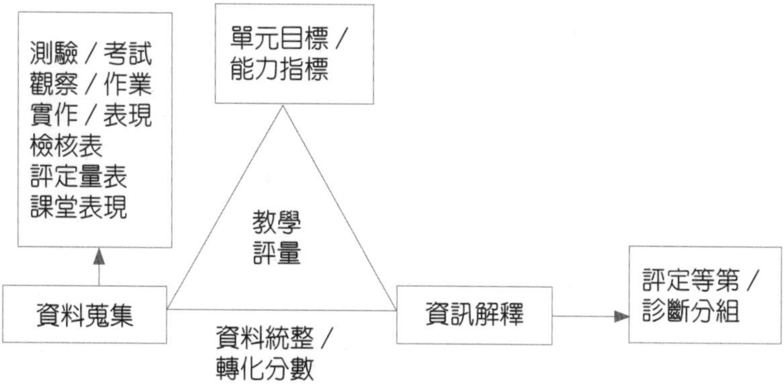

圖5-2　三角評量歷程圖

中學學生成績評量準則》第六條明確規定：「國民中小學學生成績評量，應視學生身心發展及個別差異，依各學習領域內容及活動性質，採取筆試、口試、表演、實作、作業、報告、資料蒐集整理、鑑賞、晤談、實踐等適當之多元評量方式，並得視實際需要，參酌學生自評、同儕互評辦理之。」資料蒐集是評量第一步，教師取得的資料必須客觀、公正、合理，此步驟即教學評量「測驗」（test）的實施階段。

教師將蒐集的資料歸納統整，依據評定標準或指標給予一個分數或數字，即是評量的「測量」（measurement）階段，之後教師再解釋此數值或分數的意義，讓無意義的資料變成有意義、有系統的資訊即爲評量（evaluation），因而評量是對蒐集資料加以詮釋的歷程。教學評量是教師依據蒐集的學生資料對學生學習表現一種給合評價的過程，教學評量是一種歷程，並非是一種目的，其目的在一方面在檢核教師的教學，作爲教師教學反思的參考，一方面在了解學生學習進步情形，此外，也可提供學生作爲學習改進的參考。

影響學生學業成績優劣的主要因素有以下幾點：

一、課程教材難易

當學科單元內容較爲抽象或較爲複雜，則學習者較難了解，無法了解教材內容，學習成效會較不理想。對於學生較感困難的單元教材，教師可配合多媒體教材或圖表或融入生活實例解說，此部分就要靠教師專業知能、教師智慧與教學經驗的統合應用。

二、教師教學完整

教師教學目標明確、講解清晰完整、解釋深入淺出，學習者對課程教材的了解情形會較好。相對的，如果教師講述不清不楚、不明不白，甚至進行跳躍式教學，照本宣科，沒有將課文教材內容轉化講授，則學生的學習情況定會欠佳。

三、理解接受程度

學習者課堂認眞投入學習活動、聽講專注、實驗操作用心，較能理解吸收教材內容，不會一知半解、囫圇吞棗。教學是師生互動歷程，教師不能只負責講述教材內容，完全不管學生的學習活動或分組討論、實驗操作的情況。

四、努力複習情形

考試之前學習者有充份準備、融會貫通，完全理解單元課程內容，則考試時較能轉化應用。教師實施教學評量時，要明確告知學生評量範圍與評量時間，學生因沒有準備而考試欠佳與不理解教材內容而考試欠佳，二種學習行為是完全不同的。當學生告知教師：「老師，不是我不會，而是您沒有告知我們考試時間與考試內容」，則教師可能對評量實施程序要重新考量。

五、考試身心狀態

考試前及考試時身心狀況良好，沒有身體不適或生病情形，當學習者在身心狀態良好的情況下，考試結果會較為理想。如果學生因生理因素導致考試成績不理想，教師更應給予支持鼓勵：「這次因為你生病了，所以考試成績較差，不要難過，老師相信你的能力，下次專心準備定會有所進步的」、或「平時要多注意自己身體健康，否則很容易生病的喔！」

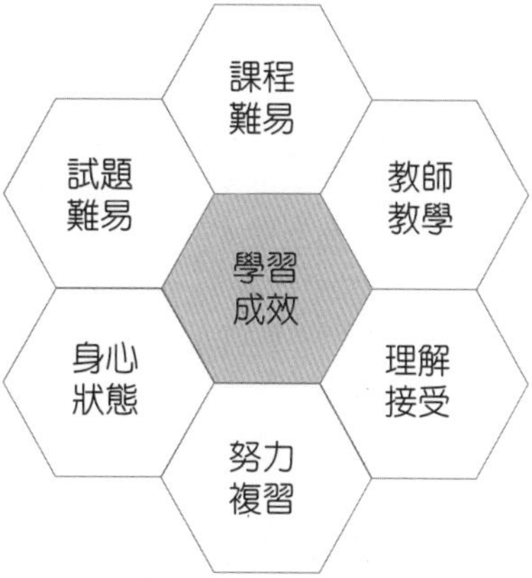

圖5-3　影響學習成效相關變因圖

六、試題難易程度

如果試題題目很難，則多數同學的成績會偏低，相對的，若是試題題目很簡單，則多數同學的成績會偏高。試題題目難度的界定為班級學生在某一題項的答對百分比，N

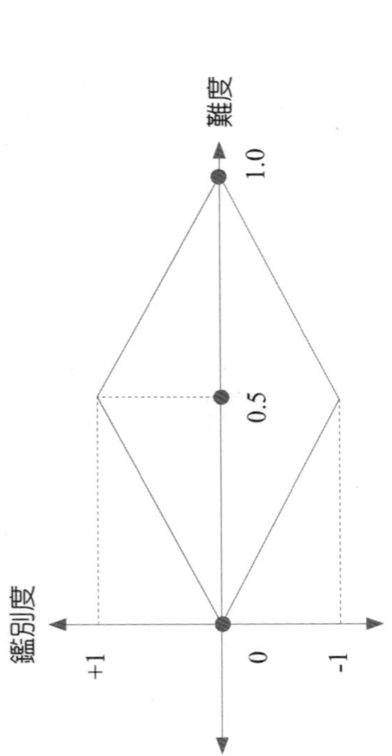

圖5-4　難度與鑑別度關係圖

爲總人數、R爲答對人數、P爲難度指數，難度指數愈大，表示答對人數愈多，試題難度愈容易。如班級有二十五位學生，在第一題選擇題答對的人數有二十人，則第一題的難度爲20÷25=.80，第一題的難度爲.80，表示答對的人數占全班的80%；相對的，在第二題選擇題答對的人數有十人，則第二題的難度爲10÷25=.40，第二題的難度爲.40，表示答對的人數占全班的40%。

一般在計算難度時通常先計算出高分組答對百分比與低分組答對百分比，再以下列公式求出難度與鑑別度：$P=\frac{P_H+P_L}{2}$而$D = P_H - P_L$，鑑別度爲高分組答對百分比與低分組答對百分比的差異值，鑑別指數值界於-1.00至+1.00之間，鑑別指數愈接近+1，表示題項的鑑別力愈大，愈接近0，表示題項的鑑別大愈小，如果鑑別指數爲負數，表示可能題項題幹表達不明確或選項敘述不清楚，此種試題最好避免出現於考試中。

評量（assessment）是教師根據各種測量工具以蒐集學生學習結果的資料，將此資料加以量化或歸納整理成資訊，進而對此資訊加以詮釋。根據多元智慧理論（multiple intelligence theory），人類的智慧至少包含以下幾種智慧：語文智慧、邏輯數學智慧、音樂智慧、空間智慧、自然觀察智慧、人際智慧、內省智慧、存在智慧（existential intelligence），每個人的智慧並不是九項智慧均衡發展，而是某些智慧反應較爲敏銳，某些智慧反應較爲遲緩。由於學科屬性性質不同，教學目標的要求也不完全一致，因而各種領域或學科的評量方法不一定要完全相同。

評量的類型依其實施程序及目的有以下不同類型：

一、最大表現評量與典型表現評量

最大表現評量（maximum performance）在評定學習者「已學會」的知能，如一般成就測驗、紙筆測驗、智力測驗等；典型表現評量（typical performance）在評量學習「會做」的行爲表現，此種行爲表現是一般認可的行爲準則，如學習態度量表、學習動機量表、各式人格量表、學習檢核表等。如學生打掃行爲的評定，教師要評定的是學生是否有展現「認眞負責、打掃乾淨」的行爲，此種評量適合採用檢核表加以評定，評定的方法即爲典型表現評量。

二、形成性評量與總結性評量

形成性評量（formative assessment）即爲小考或平時考，教師於單元教學過程中，每個小單元教完後爲得知學生的理解情形與學習狀況，作爲教學回饋或調整教學流程參考所實施的評量；總結性評量（summative assessment）爲單元考或定期考查，其目的在於單元課程結束後評定學生學習結果的精熟程度，給予分數或等第，以作爲學生學習結果，總結性評量較形成性評量更爲嚴謹，其內容可能在評定學生對幾個單元的學習結果。形成性評量或總結性評量的試題最好由教師親自出題（教師自編成就測驗），形成性評量若是直接使用出版商編製的試題，若要採計分數要注意公平性，注意是否有學生已練習過，至於定期考查試題或月考試題定要教師根據雙項細目表（教材內容、測驗目標或能力指標）自行命題。若是班上有高智商低成就的學生，或是學生在某一學科的學習特別不理想，則教師要配合輔導室採用「診斷性評量」，診斷學生學習問題所在，進而採取有效的輔導學習策略。

三、標準參照測驗與常模參照測驗

標準參照測驗（criterion referenced test）是將學生學習結果和某個標準加以比較，以得知學習者是否達到精熟的程度，如教師設定的標準爲六十分，學習評量未達六十分同學表示此單元學習未達精熟的程度，這些學生要進一步參加補救教學。常模參照測驗（norm referenced test）是將學習者的評量結果與相關常模團體的分數進行比較，如班上定期考查平均成績的排名即是一種常模參照測驗。在教學評量中，教師應多用採標準參照測驗，且每個同學的標準要因應同學的個別差異而定，同一的標準分數對學習成就較低的同學不公平，如甲同學，之前定期考查數學成績最多不會超過三十分，這次特別努力認眞，定期考查分數考了五十五分，五十五分雖未達一般及格標準分數，但對同學甲而言，評量結果顯示數學的學習已有明顯進步，教師不應責罵反而還要給予鼓勵。國中基本學力測驗採用的量尺分數，量尺分數基本上是一種「相對分數」，相對分數在於檢核應考者的百分等級。

要使教學評量發揮效果，教師應遵循以下原則（吳明隆，2006）：

一、評量目標在於進步而非在於及格

評量主要目的在於改進教學，提昇學生學習品質，達到全人教育目標。因而評量目的應與教學目標緊密結合，以達到教學效率化與精緻化目標。如何決定評量內容、情境、方式，以蒐集有效評量資訊，均應根據其教學目標而定；評量旨在改善教師教學、幫助學生學習、發掘學生學習缺失，而非在於評定學生及格與否，或僅評定學生是否達到標準，評量目標在於「進步」，而非在於「及格」，「及格」理念可能與教師哲學信念不同，有些教師以六十分爲及格分數，有些老師以八十分爲及格分數，因而及格分數是相對的並不是絕對的，如試題題目很簡單，全班平均成績85.60，此時老師以六十分爲及格分數便沒有實質意義；相對的，試題題目很難，全班平均成績45.80，老師定八十分爲及格分數也欠缺實質意義。

二、評量範圍應兼顧認知技能及情意

開放教育的多元評量，是一種人性化、全方位的教學活動之一；多元智慧理論所重視的是學生全方位的學習，涵蓋學生的「知、情、意、行」，追求的是學生五育的適性發展，要達此目標，要兼顧學生知識、智能、技巧、態度、價值與情意的綜合學習展現，不可只偏重於認知，而忽視學生技能及情意的行爲，否則所獲得的評量資訊是不完全的。認知、技能及情意領域的評量也要與學科性質及學科教學目標相配合，如理化科實驗操作中，甲學生的學習態度不積極、實驗過程吵吵鬧鬧、漫不經心，但此同學在單元紙筆測驗的成績卻很好，最後的成績評定教師要將平時實驗操作的情意態度也納入學習評定指標之一。

三、評量內容應適應個別學生的差異

因材施教、適性教育、教學重視學生的個別差異，帶好每位學生，使每位學生均能受到其「最適當」的教育，是教育改革致力達成的目標之一。評量既是教學活動之一，理應與教學活動方式相互契合。因而應依學生個人身心特性、家庭及文化教育背景等採用多元評量方式，以適應學生個別差異，爲達此目標，班級內評量應多採「標準參照評量」，而少用「常模參照評量」；此外，評量內容應顧及學生的能力及與教材內容相互契合。個別差異不表示評量欠缺公平性，相對的，不論教師採用的是傳統紙筆測驗或其它多元評量方法，其歷程均要重視公平、公正、公開，個別差異的評量乃是學生的進步情形與精熟程度，要以個別學生之前的成績爲比較依據，絕對的標準參照標準與同一水平的期望分數，並不是每位同學都能達到的，這就是評量的適性化解釋。

四、評量歷程應強調公平正義與合理

評量實施中不論教師採用紙筆測驗、實作評量、檔案評量或情意評量等，都必須秉持著公平正義原則，所謂公平正義原則是教師的試題考前沒有被任何同學得知，也沒有同學事先練習過，教師的觀察記錄（如軼事記錄法）是公正無私的，沒有偏袒於任何一位學生，教師的閱卷與分數等第評定是客觀無私的，實作評量評定的實作行爲指標具體明確，其配分標準能讓學生知悉，實作評量基本的實作標準是每位同學都能達到的，若是多數同學連實作評量基本標準都無法達到，則教師訂定的實作目標是不合理；檔案評量評分的細目及標準要明確告知學生，讓學生能依據教師要求教學目標蒐集、整理檔案。此外，紙筆測驗中的試題難易要適中，這樣學生的努力付出才看得見，否則長期下來，會打擊學生士氣與學習動機。

五、評量內涵應兼顧學習歷程與結果

學習是經驗持續不斷改變的歷程，要得知完整的學習過程與學習缺失，除重視學生的學習結果外，對其學習過程也應知悉。爲達此目的，評量內涵除強調學生的學習結果評量外，尤其要重視學生學習過程的評量，以探究學生整個學習行爲表現，進而研擬有效策略，以協助或改善學生學習。就紙筆測驗之應用題爲例，甲學生在某個應用題的解題過程與算式均對，只可惜最後的答案算錯，乙學生解題算式完全不對、答案也錯誤，則甲學生與乙學生在此應用題的理解反應並不一樣，教師若採用「最後結果正確性」爲唯一答案則對甲學生並不公平；再以藝術與人文領域的繪畫課爲例，甲同學本身的繪畫資質與才能就不好，但在繪畫課時依照教師所示範與所講解的專心將圖畫完成，課堂學習中的態度非常積極，也十分專注於作品的完成，此種實作評量的方法，教師不應只以最後學生作品或實作表現作爲唯一給分依據，應再增列學生在整個實作過程中的情意行爲表現。

六、評量方式應該是多元方法的運用

爲獲取學生完整的資訊，應採用不同的評量方式，如紙筆測驗法、觀察法、討論法、訪問法、口頭報告、研究報告、作業習作、檢核表、實驗、標準化測驗、學習樣品、活動展示、表演等。唯有運用多種評量方法，才能蒐集到學生完整的學習表現情形。多元評量並非排除傳統的紙筆測驗，多元評量也不是教學的目的，多元評量只是達到教學目標的一種策略或手段。由於學科屬性與教學目標的不同，因而並非每個單元目標的評定皆能採用紙筆測驗，如藝術與人文領域或體育課的技能展現等，單單採用紙筆測驗是不足的，教師必須配合採用實作評量才能正確評定學生實作行爲（performance task），學生的實作行爲如口語表達、實驗操作、演奏表演、創作或技能學習等，再如綜合活動課程，可採用檔案評量方法，以了解學生在整個學期的學習情形；學生同儕關係的評定可採用態度量表或社會計量法來評定，其它的情意評量方法包括觀察法、軼事記錄法及檢核表等。

七、評量實施應是師生共同合作過程

開放教育的學習主體雖爲學生，但學生需要老師的導引與協助，才能使學習更爲落實。教育活動是一種「生產」過程，優良品質的產出需要師生共同努力達成。因而有效的評量不應純是老師的工作，而應是師生共同負起學習責任，研擬有效評量的計畫，採納具體可行的評量方式，以促進教師教學的改進。如評量何時實施？評量方式爲何？評量的內容單元爲何？評量結果所佔的比例爲何等等，教師於評量前均要與學生研商，取得共識後，評量的目的更易達成。教學評量的實施必須以教師中心爲主，而以學生中心爲輔，要達成何種教學目標、學生要學會何種實作行爲、學生要達到何種精熟程度，身爲教師者最爲清楚，要能達到教學目標，了解學生學習情形，單元教學時，教師必須事先明確告知學生評量的方式、評量的範圍、評量實施的時間，如果是實作評量要學生展現的具體行爲爲何，其評量標準爲何？如體育科籃球課程時，單元結束後的測驗爲三十秒內投進多少個籃球，基本分數六十分，每投進一個加四分，教師設定的標準必須合理，且學生可以接受，在學生體適能可以負荷的前提下，並且是多數學生可以完成的；此外，若是採用紙用測驗以評定學生認知領域，必須事先告知學生，讓學生有時間準備，否則若是測驗結果成績很差，教師很難診斷出問題的根源所在。

八、評量活動應與教學過程密切結合

教學基本歷程主要分爲「教學目標、學前評估、教學活動及教學評量」四部分，而此四部分間彼此均有交互關係存在。爲發揮評量決策、回饋、發展的功效，評量活動與教學活動間應作有機的結合，以獲取有用資訊，從學生學習狀況、學習態度、學習動機及學習結果等情形，檢討教學利弊得失，以作爲教學改進的參考。不論教師採用何種評量方法或評量類型，首先要考量的是此種評量方法或評量類型是否可以有效達成教學目標，如音樂課程爲直笛單元的教學，教學目標爲學生能看簡譜將歌曲完整吹完，此時採用紙筆測驗便無法評定此教學目標是否達成，教師應採用觀察法，觀察學生問題及進展情形，給予學生回饋及練習時間，之後再採用實作評量，以評定學生直笛吹奏的技能。

九、評量結果不應損及學生的隱私權

教學評量的結果不應隨意公開給他人知悉，尤其不應公布全班成績的排名，這樣不但會增加學生間的惡性競爭，更重要的是會損害成績低落者的信心與尊嚴，教師必須尊重學生的隱私權，與評量結果沒有相關人員沒必要告知。隱私權的保護是對學生的一種尊重，也是學生應有的人權。有些教師請學生相互批改試卷，批改完後交回給原學生，登記成績時，請學生直接報告考試成績，如此個別學生分數高低全班同學均能得知，對於成績較差同學而言，此種舉動是一種自尊心的羞辱，教師登記分數時最好不要請同學自行報告分數；其次如考完試發試卷時，有些教師一邊發回試卷，一邊將分數念出來，如：「一號七十八分」、「二號四十五分」、「三號八十分」等，此種方法也是將學生個人成績透露給全班同學知悉，也有損及學生的隱私權。

教學評量基本哲學理念是以學生爲主體，從評量中改進教師教學、了解學生的進步與理解情形，不論採用何種評量方法，要注意以下幾點：評量不是在考倒學生、評量不是在爲難學生、評量不是在控制學生、評量不是在排序學生名次、評量不是在傷害學生。

一、評量不是在考倒學生

教學評量的主要目的在了解學生單元教材內容的學習情形，教學後多數學生的學習成效是否達到原先教師設定的期望標準或能力指標，因而題目的分配難易皆有，評量絕不能故意出些艱難刁鑽的題目來考倒學生，教師不能以多數學生都不會來顯示教師的專業。

二、評量不是在為難學生

在實作評量與檔案評量方面，教師所設定的實作行爲表現必須具體明確，是多數學生能力所及的；檔案評量中的檔案資料或卷宗文件是學生能力範圍內可以達成的。實作行爲表現必須合理的、客觀的，讓多數學生覺得主要經由努力學習就可以展現此行爲技能。如果教師設定的實作技能是多數學生無法達到的，則教師就應重新設定行爲標準。以籃球投籃爲例，課堂上課老師宣布三個星期單元課程結束後，考試及格標準爲三十秒要投進三十個球，此種及格標準對班級多數學生而言幾乎不可能達到，當學生知覺如何努力認眞學習也無法達到老師期望標準時，學生反而會失去其學習動力，轉變爲一自我放棄的消極心態。

三、評量不是在控制學生

教學評量旨在評定學生已學會的知識、技能或情意，其目標在作爲教師教學回饋、了解學生進步情形及給予學生成績等第，教師不能以評量爲手段來控制學生行爲或剝奪其他的學習活動，如英文定期考查成績未達八十分者，資訊科技或電腦課就不能上，模擬考平均成績未達七十分者，體育課球類運動就不能上，要留在教室讀書。以成績高低作爲學生其它學習活動的獎懲是違背評量倫理準則的。

表5-1　第一次定期考查前五名同學

名　次	姓　名
1	陳雄國
2	許明倫
3	顏思宜
4	吳明方
5	許志雄

老師的話：沒有進前五名的同學不要灰心，繼續努力，老師相信你們是可以做到的。

四、評量不是在排序學生

教學評量並不是在把班上的學生排名，因而評量結果不能依平均成績或單科成績高低將全班學生排名公布，將全班或全年級學生考試結果依成績高低公布不僅違背評量倫理守則，也會對排名在後面同學造成傷害。彈性作法是教師可以公布前幾名同學，之後的名次皆不要公布或採用組距方式呈現，如表5-1。

五、評量不是在傷害學生

教師不能因學生評量知能表現較差而處罰學生，或給予口頭上的辱罵，如成績未達

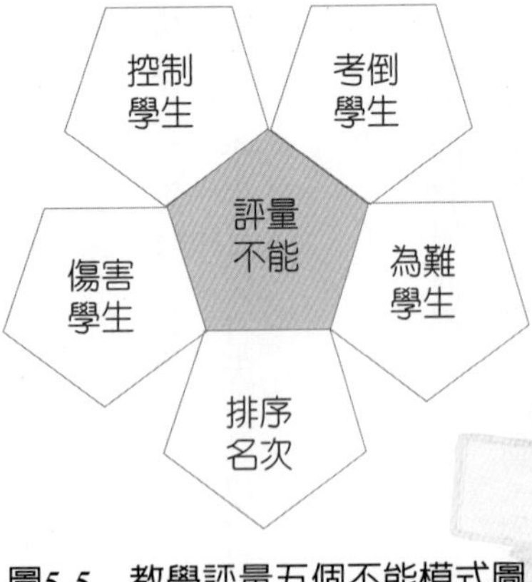

圖5-5　教學評量五個不能模式圖

九十分者，少一分打一下；或如教師以言語傷害學生：「這麼簡單的考卷，要考像你這種分數，也不簡單喔！」以前有美術老師看到繪畫能力較差學生的作品，居然對學生說：「把你的圖拿到前面給全班同學看」，學生自知其畫得不好，當然不敢，此美術老師居然怒不可遏的指責學生說：「你可以畫出這麼爛的圖，爲什麼不敢拿到前面給同學看。」實作行爲不好並不是一種過錯，若是照老師的推理，那每位學生都可以成爲畫家、音樂家或運動家了，這是一種教師教學的迷思，也是對評量內涵的誤用解釋。

貳 教學評量案例

案例5-1

許明宜就讀明倫小學六年三班同學，從五年級編入新班級後，每次定期考查在班上的名次約在十名附近，升上六年級後，許明宜更爲懂事，由於她暑假研習營中習得時間管理方法與讀書技巧，加上自我努力，六年級第一次定期考查成績突飛猛進，躍升班上第一名，由於明宜的成績及名次是大躍進的進步，因而班上原先前幾名的同學懷疑明宜考試時作弊，有同學向級任黃老師反映，黃老師也認爲明宜的成績與名次進步幅度太大，也對許明宜的考試成績起疑。某天中午黃老師將許明宜叫到辦公室說：「明宜，妳第一次定期考查是否作弊？否則妳的成績怎麼進步這麼多？」「老師，我沒有？」黃老師繼續又追問：「妳是怎樣作弊，為何班上同學都沒有發現？」「老師，我眞的沒有」，由於明宜一直回應老師說，她沒有作弊，因而黃老師也沒有再進一步追問，第一次定期考查成績班上第一名就頒給許明宜。

第二次定期考查，明宜的成績不僅平均全班最高分，而且比第一次定期考查成績更為進步，國文、數學、英文、自然、社會五科成績，除自然九十九分外，其餘四科均為一百分，明宜這樣的成績更讓班上部分同學懷疑明宜考試作弊，紛紛向黃老師反映許明宜考試作弊，由於黃老師本身也有同樣疑惑，因而再詢問許明宜其考試是如何作弊的，但許明宜堅決否認考試有作弊行為。因為班上陸續有同學向老師反映許明宜考試作弊，老師只好採取無記名紙張書寫的表決方式，讓班上同學表決許明宜考試是否有作弊行為，由於明宜的成績進步幅度甚大，加上個性內向，在班上的同儕關係並不是很好，班上同學表決結果，三十六名同學居然有十名同學認為許明宜考試有作弊行為，雖然班上投票結果有三分之二的同學相信許明宜沒有作弊，但黃老師此種舉動已嚴重傷害到許明宜的自尊。

思考問題

級任教師對於班級同學的家庭結構、個人身心狀況、學習態度、人格特質等均要有深入了解，教學的效能是使學生的學習成效有顯著進步，學習成效包括成績進步、品德行爲有正向改變、人格情意有正向變化。當學生因認眞努力或學習態度、讀書方法改變，習得學習策略等，成績均有可能顯著進步，當學生成績有顯著進步時，教師應給予正向激勵。至於許明宜是否有作弊行爲，老師在監考時若能多加注意，眼光不定期掃瞄全班，即可明確知道許明宜或其他同學是否有作弊行爲。

案例中，黃老師所採取的「投票表決是否有作弊行爲」與「投票表決是否有偷竊行爲」一樣，是嚴重違反教學倫理的，黃老師誤用民主投票多數決的方法，屬於一種濫權的行爲，也違反民主投票本身的意涵。「身爲教師只要眼睛夠明亮、耳朵夠清晰、思維夠理智，即可察覺班上同學的一言一行、一舉一動。」黃老師不僅沒有客觀理智的化解其他同學的疑慮，還盲目的聽從同學非理性的意見，採取奇怪異常的班級經營方法。創意的教學活動或創新的班級經營策略實施時，創意或創新的本身必須具有教育價值，任何違反倫理道德守則的活動或策略都不能稱之爲「創新」。

投票表決是民主運作的機制，「少數服從多數、多數尊重少數」是投票表決時所有參與投票者應遵守的遊戲規則，遊戲規則實施時，要先讓所有投票者有共識感，而心甘情願的遵守此遊戲規則。但班級經營或相關學生問題處理中，多數案例並不適用於投票表決，如教師讓學生投票表決是否要舉行平時考試，或教師讓學生投票表決班上同學誰最可能是小偷，或教師採投票表決來決由誰來打掃外掃區域，或教師以投票表決班上是否要吃營養午餐（營養午餐已是全縣性的常規活動）等，均是非常不適切的事件，身爲教師要以教師專業，以合理有效的方法解決班上的常規問題或學生衝突，「教師是班級問題的解決者而非是問題的促發者；教師是學生衝突事件的協商者，而非是學生衝突事件的引爆者。」考試作弊是一種投機取巧的行爲，身爲教師應從平日教學中教導學生正確的價值觀，讓學生知悉考試絕對不能作弊，培養學生腳踏實地的精神，並明確讓學生明曉考試作弊是違反校規規定的，考試作弊被監考老師發現絕對依校規處理，當學生知道其輕重緩急時才能更爲守法。

教師對許明宜的考試成績有疑慮，要進一步知道許明宜對課程內容的了解情形及其程度爲何，很簡單的處理方法就是教師自己命題，試題出完後請許明宜單獨一人到輔導室作答，老師可全程在旁監視，對許明宜的程度爲何教師即會有更進一步的了解；此外，班導師也可以邏輯推理思考：「如果許明宜眞的有作弊行爲，難道每位監考老師監考時都沒有發現嗎？」

案例 5-2

徐老師是國中二年級專任的英文老師，平時教學認眞但對學生要求也十分嚴格，每次定期考查後，徐老師定會專心親自批閱考卷，並將學生共同的錯誤之處彙整，以作爲考卷檢討的重點之一。徐老師爲了檢核任教班級學生英文成績的情形，考卷改完及登記後分數後會依照分數高低，將同學試卷依序由最高分至最低分排列。

到各班教室發考卷時，由於同學都知道老師試卷的排序是由最高分至最低分，第一個被叫到名字的同學是此次英文成績最佳者，因而同學都渴望是前幾位被老師叫到名字的同學。當老師考卷發完一半時，尚未領到期考試卷的同學心中總是忐忑不安，因爲他們知道之後再被叫到的同學，成績排名是在班上後半段。今天徐老師在二年二班發英文試卷時，也是依照往例，隨著老師一一叫著同學名字：「王雅美」、「陳雄明」、「林瑞里」、「陳思宜」、「吳宗翰」……，沒有被點到名字的同學，心中就更加刺痛，因爲其他同學看到他們沒有領到試卷，就知道他們的成績如何，發至剩下的三張試卷，徐老師突然發問：「那三位同學還沒有拿到試卷。」只見二班班上同學陳明仁、吳怡欣、林俊伊三個人不好意思的舉起右手，當他們三個人舉起手來時，全班每個同學都同時轉頭看著他們，此時，只見英文老師忽然提高嗓門說：「你們三個到前面來拿考卷，都沒有認眞讀書，考試考得這麼差！」，當陳明仁、吳怡欣、林俊伊三個人從老師手中領完考卷後，滿臉羞愧的低下頭來，不敢直視黑板，因爲全班同學都知道他們三個是班上英文考試成績的倒數後三名。

思考問題

從多元智能的觀點而言，每位同學的智能發展並非是相同；從個別差異的觀點而言，常態分配的班級中總有資質較差、領悟力或理解力較不好的同學，教師不能以同一標準來看待所有同學的考試成績，學生天生資質較差、領悟力較不好並不是一種過錯，學生盡力了但考試成績依然不好也不是一種罪過，身爲教師應該體認這種事實，接納包容成績分配的常態化或M型態的分配。從心理學的觀點來看，每位成績較差的同學，都不希望其他同學知悉他們的考試成績，這是一種自尊；從隱私權的觀點而言，個人成績的分數也是同學的隱私之一，教師不應隨便將其成績告知全班同學。

教師發考卷時，最好不要依照成績高低來唱名，教師最好依座號或隨機發考卷；此外，教師的情緒不應隨分數高低而起伏變化，或依個人對學生喜好而改變；此外教師更應避免說出以下話語：「你怎麼考這麼差！」、「你是豬頭啊，考這什麼分數！」、「這種題目都能考這種分數，我眞服了你！」、「就是你的分數這麼差，才把班上平均分數拉下來！」、「你實在有夠笨，連這麼簡單的題目也不會」、「拜託喔！你（妳）考試時到底心裏在想什麼」等。每個學生都希望有好成績，當考試成績欠佳時，心情已是很難過，教師不應再落井下石；相對的，教師應對學生鼓勵，勉勵學生再接再厲，不要灰心，如此才能激起學生的學習信心與進一步努力的動機。教師應體認：「班級學生絕沒有任何學生故意要看錯題目、寫錯答案，也沒有任何學生不希望考試考高分，更沒有學生會厭惡一百分的考試分數。」

有些教師在發考卷時，一邊叫同學姓名，一邊還大聲唸出同學的考試成績；有些教師發到考試成績較差同學的試卷還把試卷丟在地上，讓同學自己去撿，然後再請同學大聲唸出分數。常有教師因學生考試成績不佳，或未達教師期望標準，教師常以「豬」相關術語來諷刺學生，如「你是豬頭

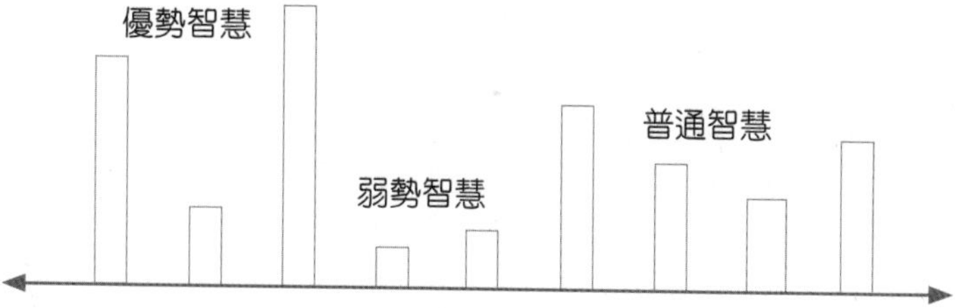

啊！這麼簡單的題目也不會」、「你是豬啊！怎麼教你都不會！」、「你眞得是一頭大笨豬啊！怎麼教都教不會！既是大笨豬，下課時就到豬圈裡去站著」，教師所謂的豬圈就是在教室後面畫上幾個小圈圈，這些圈圈比喻爲豬圈，考試成績欠佳或題目作錯的同學，均要被罰至豬圈自我檢討，教師不只是言語辱罵嘲諷學生，更將學生貶斥爲豬，讓學生羞愧得無地自容。難道天生資質較差，考試成績欠佳的同學，就需要遭受到這種不平等及被傷害自尊心的待遇嗎？天生資質較差、領悟力較慢是一種過錯嗎？天生IQ（智力商數）較低、理解力較差是一種過錯嗎？

有教師在考試前警告學生說：「凡是教師教過的、課堂練習過的、課後寫過的、考前複習過的，考試時再寫錯的，要加倍處罰」，此種教師語言是有待考量商榷的，若是教師教過的、課堂練習過的、課後寫過的、考前複習過的類似題目均要求學生全對，那全班每位同學考試不都是滿分了嗎？在教育實際現場中，這是不可能達到的，教師訂定的期望標準要合理，對學生的課業要求也要合理。學生天生本有資質差異，理解領悟力有差別，否則爲何要適性教學、因材施教，只要學生努力、盡力了，即使成績未達教學設定的期望標準，教師也應給予正向鼓勵，教師的激勵是學生持續不斷努力學習的動機源泉。從多元智慧的觀點而言，教學的目標，就是讓學生的少數的優勢智慧能被開展出來，其餘較弱勢智慧能有最基本的正向發展。

案例5-3

林老師是國中一年仁班的導師，班級任教的科目爲國文，林老師除了教學認眞外，對班上同學的學習也十分關注。學科科目抽考前會與同學約法三章：「全班若是有一半同學成績八十五分以上，老師請全班喝珍珠奶茶。」班上同學在林老師激勵下，抽考成績有半數同學高於八十五分，老師也兌現對學生的承諾，自掏腰包請班上同學喝珍珠奶茶。第一次定期評量後，老師爲鼓勵前幾名的同學，因而依照同學在班上的排名挑選自己喜歡的座位，由第一名同學先挑選，之後第二名、第三名同學等，成績最差的幾個同學就沒有自己喜愛的座位可挑選；第二次定期評量後，老師改變另外的方法，老師告知班上同學：「這次座位挑選以進步最多分數的同學優先，依照每個人成績進步的多寡作爲挑選座位的順序。」其中第一次定期考查成績平均前幾名同學，由於第二次定期考查試卷平均難度較難，因而進步分數很少，第一次定期考查排名前二名同學成績不僅沒有進步，反而退步，因爲這二個同學第一次定期考查成績分別平均99.24和98.89，均較其他同學高出許多；反觀，第一次考得不理想的同學或排名在後的同學，部分進步分數幅度較大，因而第二次班級座位安排順序，班上成績排名前幾名同學，多數反而是最後挑選的，而他（她）們挑選的位置都是他（她）們不感興趣的。

思考問題

以學生定期考查分數的高低作爲班級座位的安排並不適切，學生座位的安排要考量以下因素：教學需求及便於教學素材的取得；學生身高的高矮及視力狀況，以使所有學生都能清楚看到教師的肢體語言；依單元目標的內容決定採分組合作式或傳統直排方式座位等，班級座位的安排必須有其教育價值性，如讓同學能舒適而清楚的看到教師，同學不會因位置相鄰而干擾教學活動的進行，或因爲位置相鄰增強了同學學習不專注行爲。教師要鼓勵成績進步同學的方式很多，如食用性增強、物質性增強、社會性增強、代幣增強等方法均可，採用挑選班級座位的方法作爲增強則較爲不適當。

此外，也有教師以同學成績高低挑選打掃區域的優先順序，定期考查第一名的同學可優先挑選打掃地方，此種舉動讓同學認爲掃地也有「分級或成績好壞的差別」，這也是不符合評量倫理守則的。勞動服務本身就是一種教育，同學分派到內掃區（教室）或外掃區（公共區域）應是同等的，其中沒有優劣好壞的分別，唯一的差別是同學是否有認眞的打掃，將自己負責的區域打掃乾淨，若是連勞動服務也與學生成績劃上等號，則教師就是誤用評量成績。曾有一位教師爲培養學生正向的價值觀與公衆服務情操，採用逆向的思考模式，規定班上成績要前幾名的同學，才有機會打掃廁所，有打掃過廁所的同學，才會被選爲模範生的資格，這是一種具創意的班級經營策略。傳統上，多數人認爲班級中打掃廁所的同學都是成績比較差、常規表現較爲不好的，因而同學會以打掃廁所爲恥，這是一種錯誤的價值觀，群體公衆服務行爲與成績表現是完全沒有關聯，教師不應以各種理由將學生評量表現與群體公衆服務行爲建立某種程度的關係。

案例5-4

鍾老師是國中二年級的數學專任教師，每個單元結束後均會自己出題舉行單元測驗，最近由於指導學生參加校外科學競賽，因而直接採用坊間出版商編製的測驗卷，結果班上有在名間補習班補習的幾位同學，因爲在補習班有練習過相同的試卷，所以幾個單元的平時考成績均有大幅進步，有同學向老師反映這樣不公平，但老師不相信，認爲是學生自己努力進步的結果，因而照樣採計爲單元平時考的成績，班上部分同學認爲鍾老師直接使用出版商編製的試卷作爲平時考試題，對於有在名間補習班補習的同學而言比較有利，但對於班上其他同學是不公平的，因而向家長反映，家長得知這樣的訊息後，向教務主任反映老師的平時考試不符合公平正義原則，要鍾老師不能採計這幾次單元小考的成績，經教務主任的查明與積極的介入下，證實家長所反映的與事實相同，因而鍾老師決定三次直接使用出版商編製試卷作爲平時考試的成績不採計，各單元平時考均重新自己命題考試，才消彌家長及學生的不平之聲。

思考問題

教師採用評量時當然可以採用坊間出版商研發的題庫或網路試題，若是要給學生練習，教師直接採用坊間出版商研發題庫或之前考古題均沒有問題，但是否採計分數作爲平時成績教師可以自行靠專業判斷。若是學生的評量結果要作爲平時成績之一，教師應將試題或選項作部分修改，不要一字不改完全採用；如果純粹只是給學生練習而不採計成績，當然可完全直接採用，這在評量歷程中就是教師選擇合適試題的能力。

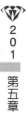

若是評量爲定期考查（月考）或模擬考，則所有試題應是教師自行發展出來的，教師發展試題的能力就是教師根據教材內容，依據雙向細目表自行命題，所有題目是教師根據學科專業知能產出的。在之前中小學的定期考查中，曾發生某個學校某一個科目試題和安親班或補習班練習過試卷題目內容相似度很大，引起家長極大的不平，認爲命題教師有洩題嫌疑，學校經過仔細查證，發現定期考查試題的確和補習班題目有很大的相似度，因而只得重新請老師命題，再重新舉行一次考試以

示公平。此種情形有幾種可能原因：一爲原命題教師眞的與補習班掛鉤，從中謀取不當利益；二爲教師修改別的學校之前定前考查的試題，但修改的幅度很小，這份考古題在補習班中同學課堂有練習過；三爲教師採用坊間出版商研發的題庫，從中擷取部分較佳的試題，但題幹與選項修改的幅度也不大，而這些題庫同學在補習班中也有練習過。

評量是教學活動的一部分，也是教師應盡的義務之一，教師對於評量活動的實施必須謹慎、用心，不論是單一班級考試或年級考試、不論是形成性評量或總結性評量、不論是平時考或月考（定期考查）等的試卷題目最好都能自行命題，此部分教師可建立教師個人的題庫檔案，並逐年修改，教師絕不能因能一時之便，而直接取自他校的考古題或出版商研發的題目，否則可能會發生「重考」事件，這不僅影響學校聲譽，也增加了學生的壓力，更重要的是違反了評量公平、正義的原則。

在定期評量（或段考）的考試中，有些出題教師因爲一時疏忽而出錯題目，對學生而言，錯誤的題目就是無解或沒有答案的試題，或者題幹描述不完整，提供的數據有誤，此種情形尤其常會出現在數學科或理化科目。以數學科試題而言，若是有一題應用題題目提供的數據錯誤或表達不完整，將會影響到學生的作答情緒與整個評量的效度，因爲中等以上的學生，可能有部分同學會花很多時間於此題目的解題及演算上，但由於題目本身就無解，因而學生根本解不出來，此種情形會影響到學生情緒，連帶干擾到對其它題目的作答，因爲若是題目沒有錯誤，學生可能順利就計算出答案，而有更多花間用於其它試題的檢核與作答。對學生而言，雖然只是一題應用題或計算題題目有誤，但對學生的作答而言卻有非常大的影響。

在學校重要的考試中，如學期各次定期考查或模擬考，各科的命題教師成員最好有二位，一位負責出題一位負責審題，或是二位教師各負責出一半試題，並將試題交換互做審題工作，如此，較可以確保試題的合理性與正確性。身為教師輪到命題工作時，要把握以下原則：「命中教材要害，題目難易適中」，對於整個評量實施要做到：「命題要細心、監考要用心、閱卷有耐心、發卷有愛心。」

案例 5-5

明倫國中二年級有十個班級，一年級三次定期考查時各班數學平均成績介於七十分至七十八分之間，班級成績大致分布呈常態，中間分數者較多，高分組同學與低分組同學較少。二年級第一次定期考查時，數學是由任教於三年級的一位數學林老師出題，考試結果各班數學平均成績介於40.25至45.50之間，各班多數同學數學定期考查成績皆不及格，每班及格同學的分數也介於六十至八十分，全年級數學成績高於八十分者寥寥無幾，二年級數學閱完卷後開會討論，由於全年級同學的數學成績分數偏低，因而全年級每位同學第二次定期考查的數學分數全部加十五分。

根據二年二班許老師向教務主任反應轉達，第一天數學課考完後，很多同學中午用餐時間都在哭，經老師詢問後才知道數學試題很難，許多中上程度的同學都跟老師講：「老師，我這次的數學考得很差，可能不及格」，許老師以為這只是他們班上同學的個別問題，詢問相鄰的二班、三班老師，發現二班、三班也是同樣情形，尤其是三班哭的同學更多。老師回到教室後安慰告訴同學：「這次月考數學題目很難，每班同學聽說都考得很差，考不好的同學不用難過」，同學聽完老師鼓勵的話後，心情才稍微恢復平靜。

思考問題

評量不是在考倒或為難學生，而是在了解學生的進步情形。根據心理學家溫納（B. Weiner）的三向度歸因論，學生將自己學習結果的優劣會歸於六個因素：個人能力、努力、試題難度、運氣、身心狀況、其他因素（如教師評分不公或有同學已練習過），其中屬於內在因素包括能力、努力、身心狀況，歸因於學生可以控制的因素為努力，學生不能控制的因素為能力、試題難度、運氣、身心狀況及其他五個因素，若是學生長期努力結果所獲致的成績仍不理想，不僅會打擊學生士氣，會讓學生覺得「我再努力也沒有用」，原先將考試成績不佳歸因於內在可以控制的因素（是自己不夠認眞努力導致），久而久之，會將成績欠佳歸因於不能控制的外在因素，如自己能力不足、天生資質較差、運氣不好等，學生學習動機的歸因若是將之歸因於外控因素，則學生的學習動機自會低落。

要激發學生的學習動機，一個重要關鍵因素就是讓學生有成功機會，成功能再激勵學生有更進一步努力的行爲，對學習科目產生較高興趣。當學生體會到「有付出就有收穫」、「有努力才能獲得好成績」時，學生的學習動力才會源源不絕，身爲教師最重要的是要讓學生有成功機會，案例中二年級第一次定期考查的數學試題明顯太難，從試題難度觀點而言，就是題目太過艱深，此種情形可能是題目內容多數超過課程單元內容所介紹，或是試題內容是學生尚未學到的知能，因爲學生缺乏單元基本知能，因而無法應用解題。試題難度太難，表示多數同學都答錯，此種題目完全沒有鑑別度，因爲不僅原先數學程度差的同學放棄，連原先數學不錯的同學也不會，不論事前努力準備情形如何，大家成績都差不多，此種評量完全失去評量本身的教育價值性。「在公平合理的前提下，教師不要吝嗇給予學生分數，因爲分數也是學習的動機來源之一；相對的，當學生誤認「努力也是沒有用」時，教師的評量方式就應改變調整。」

「讓學生有成功機會」是教育應追求的目標，評量活動並不是故意要考倒學生或為難學生，如果學生知覺他認真努力也有考高分的可能，則學生才會有考試前的付出行為，若是學生的心態是完全消極灰心，行為是自暴自棄，則教育是失敗的，評量也是失敗的。」

有二位擔任學校糾察隊的高中部學生於站崗位置上，二位是隔壁班同學，因爲下課鐘聲尚未響起，二個同學在閒聊而有下列一段對話：

女生：撥手機和某個人聊天。

男生：「妳打電話給誰？」

女生：「我打電話給我媽，告訴我媽說我物理只考五十分，我媽居然跟我說我已經考得不錯了，叫我繼續努力。」

男生：「妳媽說的是眞的！我們班有一半同學這次段考物理都不及格，五十分在我們班已算很高了。」

女生：「其實我們學校高中部的學生都很有潛力，只是這次物理老師出的題目比較難，這也是我進入高中後，段考成績最低的分數，不要灰心，讓我們互相勉勵。」

男生：「妳眞的很樂觀，我眞服了您，但妳媽怎麼知道我們這次段考的題目很難呢。」

女生：「因爲我媽是未卜先知，（微笑了幾聲），開玩笑的啦，物理考完的當天，我回到家後就告知我媽媽這次段考的物理很難，班上可能很多同學不及格。」

男生：「喔！難怪妳媽媽聽到妳考五十分，還那麼平靜。」

女生：「我剛剛講的也是眞的，我們學校高中部的學生都很有潛力，看之前畢業的學長姐多數考上的都是國立大學。」

成功的教師就是要教導學生具有正確人生觀與正向的價值觀，具有正向自我概念者對自己會充滿自信、求學的態度是積極樂觀的、看待事情總是朝正面的方向思考，不會出現非理性的信念，此種學生因爲對自我的能力有明確的了解，也會有較高的挫折容忍力。如果班上學生人人都具有正向自我概念，肯定自我、接納自己，則教師的教育輔導是成功的。

案例5-6

林老師是國小高年級五年四班的導師，林老師告知班上同學說她不會打同學，但同學若是有不當或違規行爲必須罰抄國文課文，不當或違規行爲愈嚴重或累犯者，抄寫課文的次數要加倍。平時考或段考後，如果同學成績退步或考試分數未達教師設定的標準也要罰抄寫國文課文，連數學、社會、自然等科考成績未達林老師心中的標準，也要罰抄寫國文課文，如果同學的成績愈差，抄寫課文的次數愈多，班上除了少數資質較高或成績較優的同學外，多數同學都有被罰抄寫國文課文的經驗，尤其是低成就的學生，幾乎有考試就被罰抄寫，考試頻率愈多，被罰抄寫的次數愈多，有些同學由於無法在學校完成，只好作爲回家功課來寫。班上許多考試成績較差的同學，如徐宜娟、陳子雄、林慶明，在班級打掃或做事卻都是十分認眞的學生，也很少有不當或違規行爲，只是考試分數較低而已，但這些同學被林老師罰抄寫課文的次數反而最多。

思考問題

要提升學生的學習成效必須有方法，方法不對不僅無法有效提升學習成效，更會降低學生的學習興趣。考試成績不理想，就罰學生抄寫國文課文數遍，此種懲罰方法不合情理，因為抄寫國文課文是一種機械式的動作，當學生沒有將課文生字及教材內容轉化吸收，而只純粹抄寫，對學生學習的幫助甚少；此外，考試成績高低與課文抄寫次數多寡並有顯著關聯，尤其是數學、社會、自然等科目，學生絕不會因抄寫國文課文而提高這三個科目的學習成就，林教師的罰抄寫策略，只會增加同學對國文科目的厭惡程度。

有些中小學教師會因學生考試成績欠佳，而採取一些奇怪又沒有教育價值性的處罰方式，如把試卷題目重新謄寫一次、少一分罰站一分鐘、少一分罰一元等；有些教師採取的處罰方法更為嚴厲，如少一分打一下、少一分交互蹲跳一次、少一分青蛙跳跳過一個班級等，這些方法不僅違背教師評量倫道德，也會傷害學生的自尊心，最重要的是這些方法對於學生學習成效提升的正向效益幾乎為零。「教育學生最怕的是教師用錯方法，用錯方法比沒有採取任何策略手段的禍害更大。」

要提高學生的學習成效，首先就是教師教學方法要適當，教學內容要有系統而完整，其次是讓學生有練習準備的時間，最後是學生自我努力投入的程度。對於班上學業表現較差的同學，教師可採取補救教學策略或實施小老師輔導方法，如果學生是因為天生資質較差、領悟力較慢，老師對於

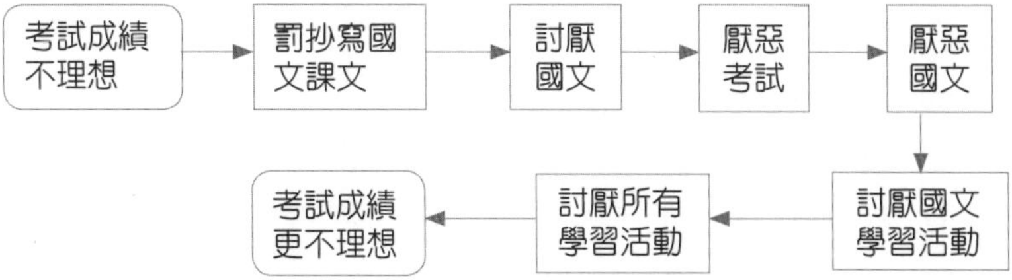

其成績的要求標準可以降低，教師不要以一致的標準來看待所有同學的學業表現，否則這些低成就或學業表現較不理想的同學，會有「每遇考試一次就痛苦一次」的感受。

以學生考試成績分數作爲處罰學生（甚至體罰學生）的藉口，是無法讓人信服的，當然老師會說：「玉不琢不成器、人不打不爭氣」，學生不逼、不處罰是不會爭氣的，老師處罰學生也是爲學生好。「爲學生好」是教師爲不合情理行爲的一種自我掩飾而已，試算，有那位教師的所做所爲不是爲學生好，如果教師採取的任何策略方法不是爲學生好，則此教師是否擔任教職工作就有待考量。爲學生好，讓學生成績進步、品德行爲改變的方法有很多，爲何要採取有違教育價值性的方法，打罵或責備的手段對於學生成績的進步是沒有幫助的；罰款、抄寫課文、體罰等不當方式對於學生學習成效的增進只有負面效果並沒有正有效益，「學生成績不好，並不是學生的過錯」，如果學生是位循規蹈矩，守法負責的學生，只是考試成績較差就被老師處罰，於情於理都有問題，以罰抄寫課文的方式作爲處罰考試成績不理想的同學，更是有違教師評量倫理準則的。

教師一味以罰抄寫國文課文作爲對考試成績不理想同學的處罰方式，同學可能會因為抄寫國文課文而對國文學習失去興趣，進一步也類化到對所有學科的學習動機，如此學習成效自然不理想，考試分數定會退步，造成惡性循環，最後導致同學厭惡班級所有的評量考試，甚至會懼怕評量考試。

在小學教育情境中，會發生學生段考某學科試卷遺失的情形，這是因為有某些家長的要求較嚴厲、期望分數較高，當學生考試成績未達理想標準或是低於某個分數時，會怕父母親責罵，因而會發生偷竊段考分數較高同學的試卷，會到家中再將試卷同學的姓名及座號用橡皮擦擦掉（國小階段學生都是用鉛筆書寫），改寫成自己的姓名及座號，之後再將試卷拿給父母親簽名，許多家長都是「分數優先」或「分數至上」，只會注意子女的分數多少而不會關注子女試卷題項內容或子女錯誤的地方，因而如看到子女的分數是九十七分、九十九分，便直接簽名。這些同學到學校後，因為原先自己的試卷沒有眞正拿給家長簽名，等到教師要檢查試卷時，同學會以各種理由搪塞，如母親簽完名後沒有將試卷還給他、試卷遺失、父母親很忙試卷沒有簽名等。

若是段考完後，班級教師遇到類似有考高分同學的某科試卷遺失，教師就應加以注意，如親自檢查家長簽名的情形，如果有同學家長之前都會在試卷簽名，這次反而沒有簽名，教師就可以藉由各種策略手段來處理，如將每位同學段考各科成績書寫於家庭聯絡簿，由於教師是每位同學均書寫，因而不會讓同學產生疑慮，教師可告知學生只是要讓家長進一步了解每位同學段考分數。教師在沒有眞正確認學生有偷竊他人試卷時，絕不能因為同學嫌疑很大，就直接質詢學生：「班長的數學考卷是你（妳）偷去的對不對」，或「同學都說班長的數學考卷是你（妳）偷去的。」如果被教師懷疑的學生並沒有偷竊班長試卷，教師要如何彌補他對此位學生所造成的傷害。

此外，在發元考試卷後，老師一定要逐題檢討試卷題項，否則不會的學生或幸運猜對的學生還是不會，這樣，即失去評量的實質意義。檢討完卷試卷後，教師會詢問同學對老師批改的分數有無問題，若是有同學走上講桌告知老師：「老師，您這一題改錯了，原來的答案是2，我也寫2。」老師的第一個反應要相信學生所說的，若是學生的計算/描述過程正確，而答案也正確，教師要給予學生分數，即使老師發現學生的答案有用修正液塗改過，教師絕不能當著全班同學的面以懷疑的語氣質問學生：「你（妳）這一題的答案是偷改的，對不對？」因爲修正液塗改過的答案也可能是學生於考試當中塗改修正的，老師沒有明確證據絕不能對學生當衆說出學生有塗改答案的行爲，這是一句十分冒險的話語，如果學生沒有塗改答案，那教師要如何進行事後的傷害補救？一個有智慧的教師在處理班級事件時，要考量周延再做決定，如果一位學生有同樣類似的行爲，教師就可採取合理的懷疑，因爲爲何這位同學被老師改錯的機率特別大，其處理策略如教師在發班上試卷前，先將這類型學生的試卷影印一份存查；在檢討試卷時，規定同學只能拿出紅筆，其餘顏色的筆均不能拿出來等。「班級事件或學生問題的處理，不僅要有愛心，還要有技巧方法，方法不對不但無法有效處理學生班級級務問題，可能還會對學生造成傷害。」

參考書目

吳明隆（2006）。班級經營—理論與實務。台北：五南。

第六章　親師生溝通倫理

「親職教育不能少，師情無私最必要，
生師誠信無浪濤，溝通理性迎風朝，
通情達理顯光昭。」

「親師生好溝通，教學就輕鬆；
凡事講清楚、說明白，幸福就會來。」

壹、親師生溝通原則

良好的師生溝通是班級經營的基礎、良善的親師溝通是班級經營的助力，教師若能與學生、家長溝通良好，則可使班級教學達到事半功倍之效。家長參與教育事務是家長的權利也是義務，教師應以開放的胸襟接納家長正向而有建設性的意見，以誠懇的態度與家長建立互信的關係，教師對學生的說教與管教，要讓家長覺得教師是真的對子女好，而不是教師對子女有成見；教師的教學與班級經營要讓家長認同與放心。教師要透過各種親師溝通策略，如電話聯繫、家庭聯絡簿、家庭訪問、書面文件資料等，讓家長知道子女在學校的行為表現與學習進步情形。

有些教師與家長溝通時，每次只會向家長抱怨子女在學校不好的一面，如與同學吵架、不守常規紀律、考試成績欠佳、過動干擾同學學習等，久而久之，身為家長者很怕接到教師打來的電話，因為這些電話只是教師向家長告狀的訊息，完全沒有關於子女行為表現與學習正向的資訊。教師與家長應是教育合夥人，教師不能以教育專業自居，將學生在校的不當表現或偏差行為推卸給家長，頤指氣使責怪家長沒有盡到教育輔導之責，其實這樣的教師是本末倒置，家長是教師教育的輔導夥伴，教師不應將學生的不好完全推卸到家庭教育上。

良好的親師關係是教師與家長會形成共識，在教師班級經營與教學上，家長會鼎力支持，作為教師教學的後盾，成為班級最佳的人力資源，家長與教師藉著意見交流與雙向對話，消弭彼此的歧

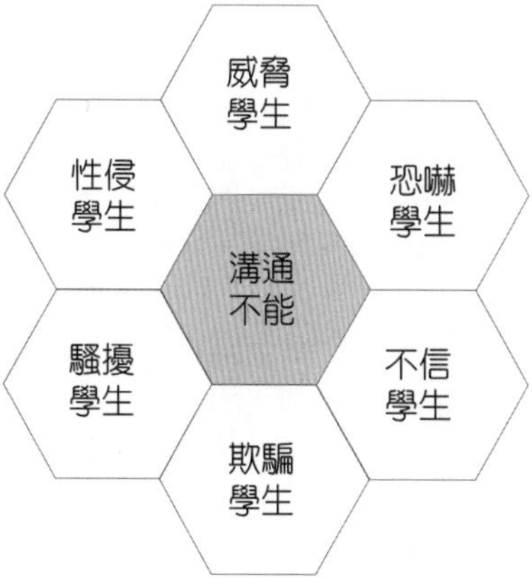

圖6-1　師生溝通倫理

見，家長藉著與教師溝通更清楚了解教師的教育理念與班級經營策略，若大多數班級學生家長能認同教師、肯定教師，則教師的教學更能得心應用，教學效能更佳、教學效率更好。

師生溝通教師不能以「上位者自居」，權威導向的教師領導無法讓學生願意說出心裏的眞心話，教師與學生溝通的第一步是「多閉起教師嘴巴、多打開教師耳朵、多傾聽學生意見」，並以同理心接納學生所表白的。

師生溝通倫理守則就是教師不能藉由溝通時威脅學生、恐嚇學生，若是教師以威脅、恐嚇的言詞，則學生不敢表達內心的眞心話；此外，教師應信任學生所言，即使教師確認學生說謊，教師也不應當著全班同學面前拆穿學生謊言，如此，只會傷害學生的自尊，讓當事者在全班同學面前抬不起頭來，對問題的解決助益不大。教師應謹記：「在與人溝通互動中，當面使對方難堪下不了台，是最不明智的溝通方法」，身爲教師更不應藉教師權威而使學生難堪或傷害學生自尊，使學生當衆難堪或傷害學生自尊，對教師有何益處，如此做法，不但無法突顯教師的專業，更會嚴重破壞師生情誼。常有教師理直氣壯的於學生面前責備學生說：「你（妳）說謊」，這句「你（妳）說謊」會關閉師生溝通的橋樑，讓學生不再跟教師溝通，「尊重學生，也是對教師自己的尊重」，即使教師知道學生說謊，也可以採取其它的輔導管教策略，而不要當場讓學生困窘，如利用課餘時間單獨與學生深談，讓學生知悉教師知道他已說了謊話，之所以沒有當衆拆穿，是爲了尊重學生，教師與學生的對談中，要讓學生知道教師對他（她）的用心與尊重。「教師的付出，要讓學生感受到；教師的關懷，要讓學生體會到；教師的用心，要讓學生看得到。」

不能對學生所說的話有先入爲主的看法，教師應以眞誠態度與學生互動，之後再調查事實眞相與事情發生原委，教師也不能欺騙學生，如教師勉勵學生定期考查時，全班國文平均成績若是排名全年級第一名，要請全班學生喝珍珠奶茶，定期考查結果全班國文成績果眞全年級第一名，但老師並沒有履行其對學生的承諾，此種失信的行爲也是對學生的一種欺騙，教師的言行不一只好影響教師在學生心目中的地位，身爲教師者定要體認「對學生的承諾定要履行」，若是教師無法做到，就不應隨意對學生許下承諾，否則學生是無法信任教師的。

教師與學生互動中，最重要的倫理守則就是不能性騷擾學生，或性侵害學生。《性騷擾防治法》第二條對於性騷擾有明確規範：「本法所稱性騷擾，係指性侵害犯罪以外，對他人實施違反其意願而與性或性別有關之行爲，且有下列情形之一者：1.以該他人順服或拒絕該行爲，作爲其獲得、喪失或減損與工作、教育、訓練、服務、計畫、活動有關權益之條件。2.以展示或播送文字、圖畫、聲音、影像或其他物品之方式，或以歧視、侮辱之言行，或以他法，而有損害他人人格尊嚴，或造成使人心生畏怖、感受敵意或冒犯之情境，或不當影響其工作、教育、訓練、服務、計畫、活動或正常生活之進行。」

《性別平等教育法》第二條對於性侵害與性騷擾也有明確規範：「三、性侵害：指性侵害犯罪防治法所稱性侵害犯罪之行爲。四、性騷擾：指符合下列情形之一，且未達性侵害之程度者：（一）以明示或暗示之方式，從事不受歡迎且具有性意味或性別歧視之言詞或行爲，致影響他人之人格尊嚴、學習、或工作之機會或表現者。（二）以性或性別有關之行爲，作爲自己或他人獲得、喪失或減損其學習或工作有關權益之條件者。」同法第二十五條規定：「校園性侵害或性騷擾事件經學校或主管機關調查屬實後，應依相關法律或法規規定自行或將加害人移送其他權責機關懲處。學校、主管機關或其他權責機關爲性騷擾事件之懲處時，並得命加害人爲下列一款或數款之處置：1.經被害人或其法定代理人之同意，向被害人道歉。2.接受八小時之性別平等教育相關課程。3.接受心理輔導。4.其他符合教育目的之措施。第一項懲處涉及加害人身分之改變時，應給予其書面陳述意見之機會。」

教育是一種傳道授業的志業，教師工作在輔導、啓迪、引導、矯正未成熟的學童或青少年，使其品行端正、守法守紀、開展個人的潛能，教師除言教外，最重要的是身教，若是一位教師不能以身作則或以身試法，對學生有不當言行，則嚴重違反教師的專業倫理行爲，更是一種不道德的表現。教師利用教師權威，或其它控制手段，性騷擾或性侵害學生是不足爲人師表的。在與異性學生的互動中，身爲教師的言語與肢體要格外慎重，否則讓當事者產生誤會，可能牽涉到性騷擾的問題。

教育現場中會發生教師因爲處罰過當而被家長投訴的事件，如教師一時衝動，嚴厲責備喜愛打架的學生拿起課本，雙手舉起來並罰站到後面，因爲從外表看不出學生的手是否有痠痛情形，學生也沒有報告老師，班導師認爲已苦口婆心的告知學生行爲的不對，但學生打同學的不當行爲就是無法改正，爲讓此學生有多一點時間自我站立反省，因而整節課都讓學生站者聽講。等到學生回到家中再向家長哭訴著說，他今天在學校受到教師不當處罰，害他雙手痠痛發抖，家長一看到子女受到的生理傷害及子女的陳述，隔天就跑到校長室向校長怒罵說此教師是不適任教師，若校長及學校沒有處理，要轉向記者媒體投訴。此種家長並沒有詳細了解事情發生的詳細情形，如子女爲何會被老師處罰，老師處罰的動機等，而以「放大鏡」檢視教師此次的過當處罰行爲，對於教師之前對子女的付出與關懷及教師的用心完全不管，改用「顯微鏡」來細看教師的優點。

教師不當或過度的處罰的確有違教師倫理守則，但社會或媒體一個普遍的現象就是「會用放大鏡將教師的缺失或過錯放大檢視，並用錄音帶方式重複播放；只用顯微鏡察看教師的用心與對學生的付出情形。」既然社會大衆對教師有如此的道德標準，教師就更應惕厲自勉，在言語及行爲上有更高的自我要求，此時，教師會想：「爲何他們都忽略了我之前對學生的付出與用心，而只在意於我這次的疏忽管教事件上面。」將心比心，類推這種心態到學生行爲上面，教師就應以放大鏡放大學生的優點來看，而不要以放大鏡放大學生的缺點逐一檢視，當學生感受到教師只挑剔其缺點而不稱讚其優點時，也會有相同的感受：「老師，為何您都看不到我之前的優點，而只檢視我一次無心的過失行為或一時衝動犯下的不當行為。」

教師也需要家長、行政人員、同仁的肯定、鼓勵與稱讚，何況是在成長中的學生呢？許多家長、教師間的誤會均導因於二者間的溝通不良或中間傳遞的訊息有誤，被譽爲繼愛因斯坦之後最傑出的英國理論物理學家史蒂芬．霍金（Stephen Hawking）就曾說：「人類最偉大的成就來自溝通，最大的失敗來自不當溝通。」溝通是一門學問，也是一種藝術，溝通時要於「最適當時機、最適當地點、講出最適當的話。」有效的溝通對於親師生互動具有加分作用、無效的溝通對於親師互動具有減分作用，親師生溝通互動中最重要的東西舌頭，因爲鼓勵、肯定與讚美的聲音是由舌頭發出；責罵、嘲諷、恐嚇的聲音也是由舌頭發出，教師從舌頭講出的任何一句話，若是能先經理性思考後再說出，則說出的話語定具有加分的作用。

身爲教師在管教學生及與家長、互動中，要特別注意溝通藝術手段，如「怒罵責備學生的話，要想好再說；稱讚鼓勵學生的話，則要搶著說；傷人不理性的話，最好就不要說。」有些教師習慣以上位者角色採用說教立場與人溝通，當有不當或違規行爲學生到校與教師溝通互動時，教師受到課堂教授學生之角色扮演的制約，而對家長說教，如：「你們身爲家長的，不要只顧賺錢，有空時也要管管孩子」、「難道你小孩回家功課沒有寫，你們身爲家長的都不知道嗎？」、「你小孩成績這麼差，難道你們都不擔心？」等，教師不應以責備質詢的口吻與家長對話，教師沒有這個權利，也不能這樣做，教師角色並沒有凌駕家長之上，教師的權利並沒有比家長來得大，教師不能用組織系統上對下溝通模式與家長互動，而是要採取「組織系統之平行模式與家長溝通」。

作爲一位成功教師碰到班級事件或學生問題處理時會採取果斷反應型反應行爲，而不是表現怒氣沖天型或懦弱無能型的反應態度，果斷反應型的教師會以理性態度處理事情，明確果斷而考慮周詳；情緒不會隨事件大小而起伏、理智不會因問題而失控。果斷反應型的教師也會以理性溝通化解家長誤會、以有效方法解決學生問題，以理性態度面對突如其來的班級衝突事件。當家長對教師有誤會時，教師應妥慎運用溝通策略化解家長的疑慮與誤解，不要意氣用事與家長發生爭執，教師要能說服家長，其首要原則就是行事合法性與管教合理性，當教師的處罰管教策略沒有逾越法、理前提下，教師的溝通策略會更有效益。

案例 6-1

黃老師是位國小二年級導師，有十年的教學經驗，學期開學後，班上轉來一位叫黃雅美學生。說也奇怪，這位學生轉學來後的隔週連續五天皆遲到，每天約九點才到學校，老師每天都在雅美聯絡簿上寫著：「……，請爸爸媽媽協助督促雅美早點睡覺，早上能準時叫雅美起床。」星期五放學後老師打電話給雅美媽媽，告知她早上要記得叫醒雅美，第三週不能再遲到。第三週星期一早自修時，老師見雅美八點還沒有到學校，又趕緊到辦公室打電話到雅美家，但這次跟之前一樣，電話有通但響了很久皆沒有人接，第二節上課，只見雅美背著書包一個人快速奔向教室，黃老師看到雅美問道：「是妳一個人單獨走路到學校嗎？」雅美不好意思點點頭，黃老師又問：「媽媽爸爸呢？」雅美小聲回答：「爸爸一大早就出門工作，媽媽還在睡覺」，黃老師聽了覺得十分納悶心想：「怎會有年輕媽媽到九點還在睡覺，更離譜的是對於孩童上學事宜好像完全不關心似的。」老師警告雅美：「若是明天再遲到，老師要處罰。」這天黃老師在雅美的聯絡簿上寫著：「希望媽媽能多關心雅美的生活起居，孩童遲到又單獨一個人到校是很危險，若是因爲這樣發生意外，家長要負完全責任。」

第三週星期二雅美上學情形並沒有改善，第一節上課後三十多分鐘，雅美才意興闌珊的走進教室，老師問道：「剛剛媽媽有沒有陪妳來學校？」雅美搖搖頭，老師又問道：「八點時老師打電話到妳家中爲何都沒有人接電話？」雅美低著頭小聲回答：「我和媽媽都在睡覺，電話在客廳，我沒有聽到。」雅美講完，全班同學不約而同的喔了一聲，其餘同學心想：「雅美好好喔，可以睡到那麼晚。」黃老師問完後，離下課時間約只有三分鐘，爲了實現昨天對班上的承諾，叫雅美在教室前站到下課，下課鐘聲響起，雅美就自動回到教室坐下。由於每次雅美都是匆匆忙忙的來到學校，即使是全天課程，也忘記攜帶便當餐具，這天剛好是低年級全天課程，中午全年級學生必須留在學校吃營養午餐，從開學來，雅美常常忘記帶餐具，每次都是黃老師提供的備份餐具，這天中午，義工媽媽分發午餐食物時，雅美由於曾被老師罰站又沒有攜帶餐具，因而並沒有用餐，直到用餐後十分鐘，老師才發現雅美沒有用餐，才借她班級備份的餐具。

星期三黃老師全校老師舉行教師朝會，教師朝會結束後，忽然有位學生家長怒氣沖沖的跑到校長室，說要告黃老師，這位家長正好是雅美爸爸，當時雅美媽媽也在場，雅美爸爸指著校長說：「你們學校怎麼有這麼差老師，學生只是一次上課遲到就被老師罰站一個小時，中午還不讓學生用餐，這樣連一點愛心都沒有的人，怎麼有資格當老師。」雅美媽媽也附和著：「那有說學生上學發生意外，所有的責任都要家長承擔。」校長聽了，若是老師眞得如家長形容的，那老師的班級經營就值得檢討，但校長由於在此學校已服務五年，對於學校多數老師的教學風格與班級經營方式大致略知一二，黃老師決不是如家長所陳述的那樣，尤其老師怎可能中午不讓學生用餐呢？校長一面安撫雅美爸爸的情形，一面叫秘書請黃老師到校長室澄清一下。

黃老師到校長室後，當著校長及雅美爸爸的前面將事情的來龍去脈詳細告知，並一再強調，只讓雅美在教室前面站了約三分鐘，校長爲進一步證明黃老師所言不假，親自到黃老師班級詢問小朋友，並請雅美父母及黃老師在班級外面稍等，校長詢問小朋友：「雅美昨天是否被老師罰站？」全班同學異口同聲說：「是」，「那你們知不知道雅美站了多久？」校長又問道，「一下下而已！」、「不到幾分鐘」、「站一下就下課了」、「差不多我頭低下去再抬起來的時間而已」……，校長聽到不同的同學回應，接著又詢問小朋友：「雅美昨天中午有沒有吃營養午餐啊！」，全班小朋友又是七嘴八舌的回應著：「有啊」、「餐具還是老師借她的」、「她每次都不帶餐具」、「不但餐具沒帶，每天上課都遲到」……，同學回應內容與黃老師在校長室所陳述的事實不謀而合，校長再查閱雅美的家庭聯絡簿，發現黃老師在聯絡簿所寫的內容與之前所述的完全符合，校長將聯絡簿拿給雅美爸爸看，雅美爸爸一看，原來雅美上學的情況如此，接著校長以非常嚴肅的口氣告訴雅美父母：「您們捫心自問，您們是否有盡到父母的職責，黃老師是多麼關心您們的子女，您們沒有弄清事情的原委，就一味的指責黃老師，何況，導護老師收崗後，家長單獨讓一個小女生走路到學校，中途發生意外，您們身爲家長不用負責嗎？教育學生的責任，父母也有很有職責，……」雅美爸爸弄清事情眞想後，不好意思一直跟黃老師及校長道歉，並拉著雅美媽媽迅速離開教室。星期四雅美就沒有到校了，註冊組長跟黃老師講，班上黃雅美要轉學了，請老師將其資料從學務系統列印一份並移出。

思考問題

《國民教育階段家長參與學校教育事務辦法》第四條規定家長爲維護子女之學習權益及協助其正常成長，負有下列責任：1.注重並維護子女之身心及人格發展。2.輔導及管教子女，發揮親職教育功能。3.配合學校教學活動，督導並協助子女學習。4.與教師及學校保持良好互動，增進親師合作。5.積極參與教育講習及活動。6.積極參與學校所設家長會。7.其他有關維護子女學習權益及親職教育之事項。家長參與教育事務，是家長的權利也是家長應盡的義務。中小學家長參與班級事務的型態通常有四種：

1.放任式完全不管型

此類家庭通常爲低社經地位家庭或弱勢族群家庭，因爲生活經濟的因素或工作生活習慣的不同，無暇也無力指導或監督子女的教育，從人本主義心理學家馬斯洛（A. H. Maslow）的需求層次論的發展觀點而言：生理需求、安全需求、愛與隸屬需求、自尊需求（以上四個爲基本需求）、知的需求、美的需求、自我實現的需求基本需求（以上三個爲成長需求）七個需求前後有順序關係，較低層次需求無法滿足，自然無法追求較高層次的需求。此種家庭的家庭結構有些是單親家庭（無暇照顧指導子女），有些是雙親家庭（父母親均爲上班族，工作忙碌到很少與子女相處），有些是隔代教養家庭（祖父母較溺愛孫子女，欠缺教養權威），放任式完全不管型的學生，其家庭教育功能完全無法發揮。

2.盲目式誤用擴權型

此種家長沒有教育專業背景，自以爲是，而一味介入班級事務運作及教師教學或班級事務處理，造成教師不必要的困擾，如未深入探究或了解原因，即任意批評老師的功課太多、班級課堂考試評量試題太難，教師的管教過度嚴格或太寬鬆、教師的教法不當等，或只聽從子女的片面之詞未加以求證，即批評教師，遇有同學間衝突即到校隨便責備其他同學，引發更嚴重的衝突事件。如甲同學在學校先打乙同學，反被乙同學抓傷，甲同學回家後告知父親受傷導因於班上乙同學出手打他，甲同學父親不分青紅皂白，也沒有確認了解其子女受傷的原委，隔天一大早到其子女就讀班級，看到乙同學進教室後就甩他一巴掌，然後怒氣沖天的的說：「你爲什麼欺負○○○！」，此種家長就是盲目式誤用擴權型的家長，沒有將事情的緣由或來龍去脈弄清楚，就盲目衝動行事，也由於此種家長的盲目，由原先同學間問題延伸至家長間的衝突事件。

3.專業式過度膨脹型

高學歷而具有部份教育專業的家長，自以爲是，要教師跟著其想法與做法亦步亦趨，總覺得自己比老師還行，若教師的觀點與其不同，便認爲教師的思想落伍，不合時宜。此類型態的家長通常是高學歷或高社經地位者，由於其學歷較高或家庭社經地位較高，因而總認爲其想法才是對的。如有某位在大學擔任教授的學者，看到子女定期考查的試卷後，就氣沖沖的跑到學校辦公室，當著主任及許多教室面前，指責說：「您們學校教師的應該要再在職進修，怎會出這種題目試卷呢」，或「您們學校老師的專業知能很差，怎會出這種題目考學生」，或覺得班級教師某位教師的教學不適當，就直接衝進校長室對著校長說：「您們學校○年○班○教師的教法錯誤。」

4.錯誤式價值引導型

此類家長教育的價值觀與學校教育或教師教導的剛好相反，常會將子女的「好」歸於自己家教得體，子女的「不好」歸之於教師教法不當、管理失誤，嚴重干擾教師教學與班級經營。此類型態也有部份家長是以非理性或非教育式的話語與子女溝通，不僅沒有與教師積極配合，反而打壓教師，影響子女對教師的尊重與認同，如家長當著子女的面，嚴厲的批判其教師：「你（妳）們老師，怎麼教的？」、「明天跟你（妳）們老師講：『爸爸說不要讓我當小老師，因爲這樣我就沒有時間午休了！』」、「老師，我媽媽說放學後不讓我參加班級球類比賽，媽媽說這些活動與基測沒有關係。」等等，此種似是而非的言論與觀念，嚴重誤導學生的價值觀與人格成長，形成教師班級經營的另一困境。

班級是個小型社會縮影，班級家長的對子女教育的型態可能不同，不論教師遇到何種類型的家長，教師要堅持教育專業，對於班級事務的處理在法的前提下要兼顧理與情。級任教師或課堂任課教師對於學生未請假而又未到校上課者要加以處理，科任教師要通知級任教師，級任教師要立即打電話至當事者家中確認未到校原因，若是無法聯絡到當事者或當事者家人，教師要知會學務處或教官室。如果班上有學生課堂上課常常遲到，教師要深入了解原因，除以聯絡簿知會家長或監護人外，也要親自以電話和學生家長溝通，如果學生缺席或遲到情形嚴重，教師要請學務處人員或輔導室行政人員協助幫忙處理。

案例中由於雅美媽媽生理問題，因而對於雅美的生活起居作息無法照顧，導致師生衝突事件的發生，幸好雅美老師的細心與依法處理才沒有引發更大衝突事件。教師是透明玻璃缸的一條大魚，學生是玻璃缸外的遊客，魚兒在缸內的游走情形，外面的所有遊客都看得一清二楚；班級就是一個透明玻璃缸，教師在教室所講過的話、所做過的事、所表現的行爲，全班學生都看得十分清楚，雖然學生沒有立即表現出回應情形，但教師正向的言教、身教對學生發揮潛移默化的功能。「一位關心學生的老師，學生是能看得到的；一位認眞教學的教師，學生是能體會得到的；一位有愛心的老師，學生是能感受得到的。」每位學生家長的人格特質與學生家庭結構、家庭環境間的差異很大，不論家長到校對教師的態度爲何，身爲老師要以理性態度與之溝通，若是遇到咆哮型或怒氣沖沖型的家長因誤會而直接衝到教室與教師理論，教師可請家長先到輔導室休息，一方面安撫平息家長情緒，一方面安排班級課堂學生活動，爾後再到輔導室與家長理性溝通，將事情原委或將其處理學生問題過程告知家長，如果教師直接在教室內與家長發生嚴重言語衝突，可能對班級學生有負面影響，此外，也會使問題事件變得一發不可收拾。

案例6-2

子明就讀某國中二年級，平時行為表現循規蹈矩，功課在中等以上，但從國小至國中一年級就是沒有當選過班級模範生，子明媽媽對於此事一直耿耿於懷。這學期子明爸爸擔任學校家長會副會長，模範生選舉的前一個星期，子明的媽媽打電話給子明班級導師—林淑珍，直接以正向言語稱讚老師的用心與對子明的照顧，言談中對於林老師十分肯定，間接的用語在於告知導師子明在班級課堂表現不錯，功課在班上也在前五名以內，爸爸對子明的表現十分滿意，唯一的遺憾是沒有當選過班上模範生，林老師聽完也附和子明媽媽說：「子明不論行為表現、同儕互動、課業表現等皆不錯，但由於模範生選舉是同學投票無記名產生，每班只有一位，因而可能有遺珠之憾。」子明媽媽回應：「若是老師能稍微暗示同學，同學投票取向可能有所不同，希望老師能鼎力幫忙，何況子明爸爸對校務的捐款一向不落人後，這老師及校長是知道的，子明爸爸也能希望子明能當選模範生」，林老師聽完後安慰小明媽媽說：「謝謝子明爸爸對校務發展的付出，妳不用擔心，說不定這次子明會當選模範生。」

模範生選舉那天，林老師依例說明模範生提名的基本條件：熱心助人、積極參與班級活動，品行及學業均要能作爲同學楷模才可，子明也是五位被提名人之一。老師與全班達成共識，每個人可以在紙張上寫上二位同學姓名，累積票數最高者爲班上模範生，之前老師會直接在教室內立即將同學投票結果公告於黑板上，這次老師告知同學，因爲明天要國文抽考，爲讓同學有更多時間準備，計票工作由老師來做即可。

林老師回到辦公室後，統計五位被提名同學的票數，二、三名與第一名差距的票數爲三票、四票，第三高票者即爲子明，此時林老師陷於兩難，因爲第一高票並非陳子明而是林國太，但陳子明與林國太票數也只差距四票，此時，林老師又想起子明媽媽事前的請託叮嚀與子明爸爸對班級及學校的熱心付出，因而決定將林國太與陳子明的票數對調，讓陳子明以第一高票當選班級模範生，統計完結果老師立即將同學的選票撕毀丟掉。

隔天回到教室後，老師把五位同學得票結果寫在黑板上，並宣佈本學期的模範生爲陳子明同學，由於陳子明平時在班上表現不錯，加上林老師與同學互動良好，班級氣氛也十分良善，因而班上同學並沒有人質疑老師計票的公正性，因而陳子明就當選這學期班級模範生。陳子明當選班級模範生，除了子明感到高興外，其中最爲興奮的就是子明的媽媽，當子明媽媽得知子明當選班級模範生後，立即打電話給林老師，言談中非常感謝老師的幫忙，林老師只回應道：「子明各方面表現都很好，很受同學肯定，所以才會被選爲模範生，個人其實沒有幫上什麼忙」，但在子明媽媽心中知道：「這次模範生選舉林老師一定幫子明很多忙。」

思考問題

教師教學最重要的是教育愛，教育愛是要有方法且是無私公平的，每位學生各有其專長，教育的功能就是要發掘學生潛能，讓其專長得以有效被開展。模範生選舉的意涵不在於選舉出那位合適同學，而是在選出一位可作爲全班學習楷模者，此楷模者是位循規蹈矩、樂於助人、合群樂觀且積極努力的同學。模範生選舉最公平的方法就是全班同學共同推舉及採投票方式，爲讓同學體會投票民主精神，唱票、監票與計票工作可由同學擔任，每位候選人的得票數大家可以一清二楚，對於各候選人的票數也不會質疑，由於模範生是由全班同學推舉投票產生，且在全班同學見證下完成計票工作，同學對於公平性與公正性絕不會質疑，也不會認爲老師偏心或有私心。

家長熱心參與校務與其子女學習表現是二件截然不同的事件，教師或學校行政人員不能將之混爲一談，教學倫理的準則之一就是不能因家庭社經地位高低、家長教育程度不同、家長參與學校事務的多寡而對學生有不平等的待遇，尤其不能因爲學生父母是學校家長委員而對此同學特別禮遇，如犯錯不用處罰、試卷閱卷較爲寬鬆、或給於額外加分等。案例中林老師沒有於公開場合下完成唱票、計票工作，無法取信於同學候選人票數的眞實性；此外，林老師私下竄改候選人的得票數，與竄改學生成績一樣是嚴重違反教師倫理道德行爲的。身爲教師要有最基本的堅持，此基本堅持就是教師所作所爲不能違反教師倫理道德。

教師最基本的堅持是教育愛與公平無私的對待班上的所有同學。從企業品質管理的觀點而言，企業組織有許多變與不變策略，變的策略是產品品質的不斷推陳出新，企業行銷通路的順暢與開拓，企業組織人力的精簡等；不變的原則是服務顧客的熱忱與親切態度；教育情境中教師班級經營也有變與不變策略，變的策略是教師的教學方法、管教技巧、評量程序、輔導技術等，不變的原則是教師的教育愛與對學生無私的付出。教師對學生的付出與教育愛不能因學生個體或家庭因素而有差異。「教師對學生的愛是相同的，但教師對學生的管教輔導是不同的，不同的地方在於教師要因應學生個別差異而採用最適合的策略原則。」如此，管教輔導與教學才會有具體成效。

案例6-3

林老師擔任國小高年級導師後，就秉持不收禮原則，在課堂上明確的告知同學，請轉告媽媽爸爸不論是任何節日都不要送老師任何禮物或禮品。每年教師節前夕，子強的媽媽因感念老師對子強的指導與照顧，會購買一盒水果贈送老師，從子強就讀一年級開始，每年均是如此，由於水果禮品的價錢並不是很貴，之前中低年級的老師都很大方的收下子強媽媽贈送的水果禮品，子強媽媽的送禮原因十分單純，僅僅表示家長對老師的肯定與老師對子強的付出。今年教師節前夕，子強的媽媽於某天早自修時，照往例攜帶一盒水果至子強教室，此時林老師已在教室，子強媽媽看到林老師說：「老師，謝謝您對子強的照顧，讓子強成長了不少。」子強媽媽說完，便把水果禮盒放在林老師桌上，林老師立即推辭道：「子強一向表現很好，不用老師操心，您把禮盒帶回去。」此時已有許多子強班上同學陸續到校，子強媽媽趕緊起身跟老師說：「老師，教師節快樂，這只是子強爸爸及我的一點敬意，請老師不用客氣。」子強媽媽講完話後就快速離開教室。

當天放學時，林老師請子強將媽媽送的水果禮盒帶回，起先，子強不肯，但又看到老師態度堅定，只好勉為其難的將水果禮盒帶回。

教師節當天，班上學生放學後，林老師回到辦公室整理東西，看到桌上有一盒水果禮盒，禮盒內有一張卡片，卡片是子強寫給老師的，內容是祝賀老師教師節快樂，林老師將水果禮盒打開來看，禮盒內有一個牛皮紙信封，信封內裝有千元鈔票十張，林老師看到一萬元現金，頓時嚇了一跳，趕緊找出班級通訊錄，查詢子強家中的地址，連忙把現金及水果禮盒送回給子強媽媽，林老師誠懇的告知子強媽媽，其心意非常感謝，但他不接受學生家長贈送的禮物，開學時他已向全班同學講述得很清楚。

後來子強班級有位跟林老師較熟識的家長告訴林老師說，有家長認爲林老師不收小禮，只收大禮，所以會將幾百元水果禮盒請學生帶回，因而子強媽媽才會在水果禮盒內附贈一萬元現金，林老師聽完後，直覺傳言眞可怕，他不受學生家長的禮物，只因覺得教育學生本是教師應盡的職責，他只是堅持心中的教育理念而已。

思考問題

收禮是一種藝術，不收禮也是一種藝術，身爲教師應秉持有教無類的精神，絕不因學生個人的家庭社經低位或家庭結構（如單親家庭、隔代教養家庭、新台灣之子家庭等）等家庭因素或學生資質、能力、生理等個人因素而對學生有歧視或不平等的待遇。在中國傳統的禮節中，家長因感念教師對子女的指導與付出，於教師節、中秋節或春節等重要民俗節日，會贈送教師小禮盒，如水果、月餅等，教師是否收下家長贈送的禮盒，教師可自行決定，其中二個重要考量因素爲：一是禮盒的價錢不能太昂貴，如世界名牌皮包或鐘錶等，因爲這些世界名牌物品的價錢都十分貴重，過於貴重的物品教師不能接受；二爲不能因家長贈送了禮盒而對其子女在學行爲或表現給予不同待遇。

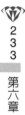

案例中林老師堅持不收禮的原則，是值得肯定的一件事，林老師也不會因爲堅持不收禮而改變其教育熱忱或對學生的投入，只是林老師堅持不收禮的原則理念沒有與學生家長溝通清楚，造成

班級少數家長認為林老師不收禮原則是「只收大禮不收小禮」，溝通不良與訊息的被曲解誤會，是造成親師生衝突的一個重要因素。我們說教學是科學方法與藝術策略的結合，最佳的班級領導或班級經營策略是權變策略，在家長送禮部分教師也可以採用權變策略，首先，教師於課堂中明確告知同學教師節時表達對老師敬意的最好方法是自己繪製一張敬師卡，其次若是有家長贈送可食用的禮盒，教師於家庭聯絡簿上書寫表達謝意，並於班級中將禮盒物品分給班上同學共同食用；若是無法食用又不昂貴的物品，教師可重新包裝作為班級同樂會的摸獎獎品，如此既不會讓送禮者覺得不好意思，又可作為班級的增強物；如果教師覺得家長贈送的物品過於昂貴，教師必須請學生帶回，並親自致電家長表達謝意，讓家長知悉其心意老師已經知道，但禮物老師不能收取。

教學是教師的義務，指導與啓迪學生也是教師應盡的職責，不收受家長贈送的禮物是教師應有的教育理念之一，但有時家長的盛情會讓教師陷於兩難，一面是把持的教育理念，一面是怕傷到家長自尊或令家長誤會。回絕家長贈送的禮物也是一門藝術策略，身為教師者不可不愼，如果學生於班會中表決收取一定數額班費購買禮物贈送教師，教師應適時介入參與學生的班會，表達教師的立場，若是學生因畢業前夕感激教師二年或三年來的教導與照顧，教師可表達只收具紀念價值的物品，且物品的價錢不能太昂貴，收取的班費金額全班每位同學均要能付擔得起才可以。

在親師溝通中，許多案例是由於誤會或學生傳遞訊息錯誤導致。如甲學生和乙學生由於好玩、開玩笑間在教室追逐，甲學生不小心撞到教室後門，額頭腫脹有傷痕，甲學生回到家中後怕被父親責罵，將其撞門事件歸因於班上乙同學推他，害他才撞上教室後門；但甲學生在教室時跟教師說是因爲跟乙同學追逐時，不小心自己撞到教室後門的；再如甲同學先以不雅字眼責罵乙同學，之後再對乙同學身體霸凌，乙同學氣不過，出手自衛打傷甲同學，甲同學回家後反而向父親哭訴說，是班上乙同學先出手打他的。此種事件均導因學生個人因素，某些肇事學生，爲避免被父母責備，回家跟父母親轉告的事情原委與事實完全不同，在學校中跟教師陳述事情發生的過程與回到家中跟父母講述的內容並不相同。對於學生傳遞訊息錯誤導致的家長誤會，教師要以平和態度與家長溝通，只要教師將事情緣由跟家長講述清楚，則相信家長不會將事件擴大的。

案例6-4

平和在國小時成績普通，但是好動喜歡捉弄同學，同學都不太喜歡他，雖然他在班上人際關係不是很好，但大致說來並沒有重大的偏差或不當行爲。升上國中後，平和捉弄同學的習慣並沒有改掉，常從同學背後輕拍同學肩膀，然後說：「你好」，有時班上同學正專注在看書或沈思，被這突來的舉動嚇了一跳，因而會回嗆：「無聊」；此外，班上在吃營養午餐時，平和有時也會突然離開座位到同學位置上說：「你好」，平和講話時剛好對著同學餐食，因而有些同學覺得很噁心，認爲平和的口水噴到餐食。平和的這些舉動，同學陸續告知級任劉老師，劉老師從開學後警告平和好多次，但因為平和並沒有與同學吵鬧或有肢體衝突，劉老師也沒有處罰平和，但平和的這些舉動已引上班上同學的反感。

第一次學校親師會統一集中在星期六舉行，平和母親照例也參加，前半段為校務行政報告，後半段為班級親師意見交流時間，其流程之一為家長自我介紹，之後為老師就出席家長之班上部分同學三個星期來的表現作一簡要說明，對於其他出席家長的班上同學劉老師多給予肯定的陳述，認為班級同學間的互動與行為常規表現都不錯，國中生活適應情形也很好，但陳述到平和時，劉老師卻說：「我們班上有一個問題學生，就是陳平和，同學都說他有病，喜歡做出一些不合常理的舉動，如亂拍同學肩膀、隨意向人問好，我認為陳平和有生理疾病或自閉症。」劉老師將目光轉向陳平和媽媽，然後以質疑語氣說：「陳媽媽，妳不知平和有病、行為異常嗎？」劉老師說完話後，所有出席家長都將目光轉移到陳平和媽媽身上，陳平和媽媽無言以對，感到十分錯愕與困窘，心想：「老師怎會在公眾場所說我小孩有問題呢？」

思考問題

與人溝通互動最重要的是講話的語氣與禮節，在溝通情境中每個人都希望得到別人的尊重，於公眾場合說人是非或詆毀別人，使別人當眾感到難堪困窘是一種不道德的行為，尤其是具有教育理念與心理學知能的教育工作者，更不能表現這些不道德的言行。

《國民教育階段家長參與學校教育事務辦法》第一條明定：「教育部爲落實教育基本法第八條第三項規定，維護並保障國民教育階段學生學習及家長參與學校教育事務之權利，特訂定本辦法。」同法第三條：「家長、家長會及家長團體，得依法參與教育事務，並與主管教育行政機關、學校及教師共同合作，促進學生適性發展。家長、家長會及家長團體參與教育事務，應以學生之最佳利益爲目的，並應促進教育發展及專業成長。」同法第五條：「學校應依法設家長會，每位家長應依相關法令參與家長會。前項學生家長會得分爲班級家長會、家長代表大會及家長委員會，其相關規定，由直轄市、縣（市）主管教育行政機關定之。」

同法第六條規範班級家長會與全校家長代表大會成立時間：「每學年開學後二週內，班級教師應協助成立班級家長會，並提供其相關資訊。每學年開學一個月內，學校應協助成立全校家長代表大會，並提供相關資訊，以協助成立家長委員會。」

成立班級家長會是每個班級均需要完成的，爲成立班級家長會，中小學每學期會於開學後二至三星期會分年級或全校召開班親會，班親會的召開，一面作爲親師溝通的橋樑，一面選舉班級家長委員。教師召開班級親師會時，除要將班級環境整理舒適、清潔外，最重要的是與出席家長進行的雙向互動與意見交流，班親會議時教師要面對的是所有與會家長，而非單一家長，因而教師不能花太多時間與某位家長互動，教師應就全班性、普遍性的問題向家長簡介，不能只針對某位同學個案作分析報告，並針對家長提問的問題回應，教師應掌控時間，絕對不能花太多時間於某位個案學生身上，除了與會家長都想瞭解此個案學生在班上的學習情形外。此外，在與會家長中，若是有其子女學習態度或行爲表現需要父母協助配合，可於會後私下告知家長，絕不能於其他家長前面明講，若是要簡捷講述，講話的言語與用詞要注意其適切性，案例中，老師直接以質疑語氣說：「妳不知道妳小孩有生理疾病嗎？」學生是否有過動、自閉傾向或其他導致學習行爲的生理疾病，要藉由專業的醫療機構鑑定才能確定，教師不是醫療機構專業人員，不能只因其觀察到學生的外顯行爲而加以論斷，劉老師的言行不僅違反班級親師會親師溝通的原則，也違反了教師倫理道德。

案例 6-5 幼師問：陸配兒窮到吃鼻屎？（劉衛新，2009）

曾有一位嫁到國內的幼稚園媽媽，以「幼師問：陸配兒窮到吃鼻屎？」爲題發表於聯合報民意論壇：

我在南京任職於一所國中，是位英文老師，兢兢業業於自己的工作崗位，以自己的職業爲榮，與赴寧工作的先生相識進而相愛結婚，並來台定居。沒想到這順理成章值得祝福的事情，卻隨著來台後遭受到的異樣眼光，而讓我經歷了漫長的心理調適過程。我的老大四歲來台時適逢幼稚園中班，家人爲他挑選了一所離家近、口碑不錯的幼稚園，當時覺得幼稚園負責人的教育理念可以認同。開學一兩個月後，在新生家長會上，負責人針對每個孩子的個別表現發表意見，談論到我的孩子時，他的一番話讓我至今「刻骨銘心」：「你的孩子很愛挖鼻子」，他一邊說一邊比著做，「而且挖完鼻子還放在嘴巴裡，我想大陸是不是窮到沒有東西可吃，而要吃鼻屎呢？」在場的二、三十位家長的焦點馬上聚集了過來，當時的我，頓時感覺五雷轟頂似的，內心五味雜陳；一則自責子不教母之過，二則對這個負責人的信任感頓時喪失殆盡，三則思考讓孩子如何面對未來的幼稚園生活。回家後情緒頗難平復，想給兒子換所幼稚園，但轉念一想，如果這樣一位從事幼教多年卻仍有這樣觀念的專業老師，都會想這樣說，那麼整個社會對大陸人的觀感也是如此吧。……兒子現在已經長大，在他們一路成長過程中，我選擇奉獻自己所學，陪伴他們，協助老師熱心參與校內校外活動，不僅用言教也用身教來教導孩子做人處事的道理。我想隨著兩岸雙向的開放交流，台灣人對於大陸人的偏見以及不公待遇終將撥雲見日，我期待這一天的早日到來。

思考問題

溝通最大的阻礙就是不給對方留面子，親師會議召開時，參與的家長都是抱著眞誠與教師的互動態度，想要從教師身上多了解子女的一些正向行爲改變的訊息，蒞臨的家長是想聽聽教師班級經營理念或有關班級活動或教學的規劃安排，家長是「來了解子女學習狀況，不是到校讓老師說教的」、家長是「來親身體驗子女學習情境，不是來讓老師質疑的」，於親師會議或衆多家長面前讓學生家長難堪、下不了台，是有違教師倫理道德的。有些教師常用以下言詞於公衆場合直截了當的告誡家長：「您的小孩規矩眞的很差，我實在沒有辦法，您是他（她）的家長，可不可以勸告他（她）在班上的規矩能好一點？」、「我沒有見過像您小孩行爲那麼惡劣的學生，怎樣講就是不聽！」、「這麼久了，難道您不知您小孩有自閉症嗎？」、「您的小孩成績那麼差，我看是低智能或發展遲緩」、「您們家的○○行爲常規很惡劣，班上同學都很討厭他，連我看了都頭痛」等用語，這些言詞不應出自於一位教育專業者的口中。

親師互動或親師溝通時，教師不應對學生家長存有歧見，或因學生家長國籍、教育程度、職業等不同而有不同的對待，尤其是教師不應從學生行爲表現或成績高低來推論學生家長的付出與對子女的關懷情形，因爲教師作此推論是沒有價值意義的，教師要做的是學校教育與家庭教育能密合配合，讓家長知道家庭教育的重要及其家長在子女學習過程中的角色，而能積極與教師攜手同心，共同解決子女學習或行爲問題。讓家長知悉，學生問題的解決歷程需經由親師生共同密切配合，才能共創學生、家長、教師三贏的結果。

教師與家長溝通最常用的親師溝通管道爲電話與家庭聯絡簿。尤其是家庭聯絡簿，身爲班導師必須每天親自檢視審閱簽名，若是有家長在聯絡簿之親師交流園地留言或提出任何意見，教師必須確實回應，不能只是簽個名就算了，否則家長就認爲其意見教師完全不重視，或認爲教師欠缺用心。此外，並不是學生在學校發生的所有問題都適合寫於家庭聯絡簿中告知家長，如班級有二位同學發生打架，教師直接在聯絡簿中寫著：「偉明最近的行爲表現很差，常與同學吵架，今天還出手打同學，希望家長能多加督促」，或「偉明今天又跟同學打架，同學都說是偉明先打同學的，可否請爸爸媽媽嚴加督促偉明一下，因爲偉明的行爲令班上同學都很討厭他。」當教師於偉明聯絡簿上撰寫這些詞句時，偉明可能因爲懼怕父母責罵而不敢將聯絡簿拿給家長簽名，此種情境下可能發生偉明模仿父母親簽名筆跡自己簽名或偷刻父母印章自己偷蓋章等事件，或如：「偉中最近考試成績退步很多，我看回家都沒有在複習或認眞讀書，身爲家長的您們難道都沒有發現嗎？」、「于禎課堂愛講話，常與同學吵鬧，干擾教師教學活動，眞的令老師很頭痛。」聯絡簿並不是用來記載學生負面的行爲表現，而要多寫些正向鼓勵的話語，如果學生在學校出現較爲嚴重的不當行爲或發生意外事件，教師最好以電話和家長溝通，最佳溝通原則是「三明治」策略。

所謂三明治策略，就是教師以電話與家長溝通時，要先說出學生的優點，行爲再惡劣或一再調皮搗蛋的學生，至少會有一項優點值得讚許，只要教師用心觀察定能發現；其次教師再針對學生發生的不當或違規行爲提出，明確的告知家長，讓家長知道，教師的用語要中肯，不要讓家長聽了覺得自己子女已無藥可救，或是行爲惡劣到極點，最後教師再以肯定語句告知家長，學生是很有潛力，也很有可塑性的，只要家長能協助督促，則學生的行爲會慢慢改變。教師與家長溝通時，切勿以上級對下級言語或質問語氣來跟家長講話，教師與家長地位是相等的，只是二者扮演的角色不同而已，因為「教師沒有責備家長的權利，教師也沒有質問家長的權利，因教師不是檢察官或法官，家長也不是被告。」

案例6-6

平和國中每週二、五召開教師晨會，星期五教師晨會時由於討論校慶運動會事宜，因而行政人員報告時間比較長，等到晨會結束，已經快接近第一節上課時間。林老師擔任班導之二年五班第一節是科任老師的課程，林老師因而沒有再進到教室。第一節鐘聲響起，英文課陳老師準時進入教室開始上課，當陳老師上課時發現第三排第二列陳美雅的位置是空的，立即詢問同學，陳美雅今天怎麼沒有來上課，同學們都面面相覷，答不出來，因為同學也不知道陳美雅為何沒有進到教室，所以沒有同學回答教師，陳老師以為陳美雅沒有來上課可能是生病已向班導林老師請假，因而沒有追問，繼續其英文課程的上課。當天第二節是科任老師的課程，所以班導林老師自晨會後至第二節下課就沒有進到教室，而下課時也沒有同學至辦公室告知林老師陳美雅沒有到校上課的事情。第二節快下課時，學校忽然接到家長請假通知，說二年五班學生陳美雅因發生車禍，無法到校上課。

原來陳美雅每天是自行騎乘腳踏車到校上課，這天她照例七點十分從家裏出發，剛騎離家中約五百公尺處的交叉路口，被一輛闖紅燈的車輛撞倒，腳踏車被撞得破爛，肇事者是位公務員，趕緊打一一九將陳美雅送到醫院，醫院一面將陳美雅包紮傷口，一面通知陳美雅的母親，由於陳美雅是單親家庭，媽媽於上班地點接到電話後急忙趕到醫院，等到陳美雅傷口包紮完畢，陳美雅媽媽才想到向學校請假。

思考問題

身爲教師對於班級事件及同學動態要有敏銳的觀察力，有敏銳觀察力才能掌握同學的一舉一動。在班級經營中不論教師任教的是那個班級，教師課堂時必做的一件事就是確認同學是否全部坐在座位上，若是有同學沒有進到教室，教師要查明原因，如果是科任老師可立即請同學轉知班級導師，若是班級導師要立即聯絡家長，看同學是否生病，是否有到校。同學如果生病請假，教師也可藉電話表示關心，教師與家長電話聯繫最重要的作用在於確認學生是否有確實上學，若是學生有上學但沒有準時到校，表示可能中途發生意外，或學生逃學，不論學生上學途中發生意外，或是逃學沒有至學校上課，班導師均應知會學務處或教官室積極處理。

案例中由於任課教師一時疏忽，沒有知會班級導師，告知陳美雅沒有到校上第一節課，而延伸一連串的事件，幸好陳美雅車禍受傷情形不嚴重，而陳美雅媽媽也沒有進一步追究學校責任，否則可能引發親師衝突。因為學生上學途中發生車禍，沒有準時到校上課，學校竟然沒有處理也沒有盡到告知學生家長的義務，而是由醫院通知學生家長，再由家長轉告學校，學校或教師在整個意外事件處理上處於一種被動消極、後知後覺的角色，此種結果學校自然要負起道義責任。

不論第一節任課教師為級任或科任教師，若是學生沒有來上課，作為教師者要查明學生為何沒有到校的原因。為便於緊急事件的聯絡，班級導師要將班上同學家中的電話、父母親工作職場的電話、學生緊急聯絡人的電話完整建檔，最好夾在辦公室的桌上及教室桌上，並安排班級幹部負責聯絡事宜，如第一順位聯絡者為副班長、第二順位聯絡者為服務股長，每天八點至八點三十分早自修時間，若是有同學尚未到校，副班長就負責打電話至同學家中，若是副班長有事沒有在教室，則由服務股長負責，如果教師早自修沒有開晨會，則可由教師親自打電話聯繫。教師的一通電話，不僅表示教師對班級同學的關心，更表示教師對班級事務經營的用心。

教師對班級事件之敏銳觀察力，除了表現在同學的外顯行為的洞察外，也包括對同學內在學習問題的發掘。就外顯行為而言，曾發生有學生因網路交友不愼而遭到性侵懷孕的事件，最令人疑惑的是身為教師者竟然連班上有學生懷孕十月而不知道，因而無法配合輔導室提早對當事人進行相關輔導諮商事宜，等到學生於廁所自行產下小孩，教師才知道學生受到性侵懷孕的事情，學生遭性侵懷孕不僅外顯生理特徵有明顯變化，連學習心理狀況都會與一般同學不同，如體育課可能長期請假，與同儕互動關係可能發生變化等；此外，受到家庭暴力的學生，在行為表現上也會與之前有所不同，如身體有外傷、突然變得特別沈默、與同儕互動減少、功課退步等。身爲教師若有敏銳的觀察力或對班級經營有投入的話，對於同學的行爲改變或學習變化不難察覺。身爲教師對於班級事件要有高度敏銳力，有高度敏銳力才能察覺學生的行爲變化；此外，教師也要有高度的觀察力，有高度觀察力才能洞悉學生的學習改變；教師的敏銳力與觀察力，都需要教師的心有眞正花在班級事件上，這就是教師的熱忱與教學投入，一位用心的教師能發掘班上學生的問題，一位盡心的教師能洞察班上發生的事件，「一位認真的教師能有效解決同學的衝突，一位有效能的教師能快速處理班級事件，一位敏銳度高的教師能察覺到班上同學的行為變化，即時採取有效相關輔導策略。」

案例6-7 教師情感受挫，竟把委屈對全校廣播

小薇老師來到這所新成立的國中已是第四年了，由於學校創立不久，學校軟硬體設備都很完備，因而年年增班，每年都進來一批年輕的新老師。這所國中充滿了年輕氣息與朝氣，教師的素質高，學校的設備既新穎又完善，成爲鄰近家長爲子女選擇學校的首選。

小薇與大偉任教相同的科目，又擔任同一個年級的導師，既在同一間辦公室，又常有聚會在一起討論事情，像教學研究會、領域看板的佈置、教學網頁的製作、戶外教學的規劃等等，兩人也逐

漸熟稔，對彼此均有好感。自然而然、不知不覺地，小薇與大偉成爲一對情侶，這在校園裡應屬一段佳話，也深受著同事與學生的祝福。

然而，感情是很微妙的，情人的眼裡也常容不下一顆細小的沙子，偏偏有時感情的事情，當事人往往是最後知道的。當小薇老師知道大偉好像心中另有所屬，心中百味夾陳，有難過、沮喪，當然也有憤怒和不甘，幾次邀大偉說清楚、講明白，大偉總是顧左右而言他，甚至還說感情的事情不能勉強。這讓小薇老師氣壞了，從此變得有些「魂不守舍」，甚至上課時，偶而會「凸槌」、「恍神」。

那一天，小薇老師經過辦公室，看到大偉與小珮老師有說有笑，狀極親密，心中極爲痛苦，越想越不甘心，想到了一個報復的方法，在沒有多加思索後果的嚴重性之下，小薇老師拿起電話筒，撥下廣播系統的代碼，對著全校師生廣播起來，「這裡是導師室，我們學校裡的小珮老師非常不要臉，竟然搶別人的男朋友；再跟全校師生廣播一次，我們學校裡的小珮老師非常不要臉，竟然搶別人的男朋友。」全校師生一陣錯愕，一片譁然。等到小薇老師發現下課時間辦公室擠滿了師生，小薇老師似乎驚醒過來，心想：「糟了，因自己個人的感情因素與不理智舉動，造成學校極大的困擾。」

案例 6-8

不被看好、不被祝福的已婚教師戀情

呂老師原本是某國中的一位工藝科教師，在電腦日漸普及與受重視後，呂老師的資訊素養成爲各方搶手的人才。在「行政電腦化」的浪潮下，呂老師被網羅擔任註冊組長，行政能力與資訊學養倍受肯定。民國九十年後成立的一所新國中，新任王校長強力邀請呂老師去擔任教務主任。

擔任了三年的教務主任之後，呂老師辭去行政工作，做一位單純的電腦教師。一般而言，學校的電腦教室通常遠離學生的上課教室、導師的辦公室以及行政單位的辦公室，也就是說學生們除非上電腦課、老師們除非有事情，否則很少會去電腦教室和辦公室走動或串門子。在辦公室裡，呂老師常有機會和新進電腦教師美芳老師單獨相處，在呂老師的多方關照下，美芳老師的情愫持續加溫中。

辦公室戀情一直是存在著，男女老師們正當的交往也是會受到師生的祝福，對於均是未婚的男女教師而言，這是極爲正常的校園現象。然而，呂老師已經結婚十多年了，太太廖老師在呂老師原來服務的學校任教，育有一名十二歲的兒子即將進入國中。當廖老師覺察出外表忠厚老實、顧家愛小孩的先生有了外遇之後，就打電話向呂老師服務學校的王校長哭訴。正被學校工程搞得焦頭爛額的王校長一聽之下，覺得事態嚴重，非同小可，趕緊將呂老師找來問清楚，但爲時已晚。

王校長覺得相當自責，當初力邀呂老師和廖老師夫婦一起來新學校打拚。但是廖老師當導師，不願中途放手，堅持把學生帶畢業。王校長心想，如果當初呂老師沒有來幫忙接教務主任，或許他們的婚姻不致破裂。

呂老師和廖老師夫婦最後以離婚收場。和呂老師熱戀的美芳老師在父母的強力反對，以及同事們冷嘲熱諷的壓力下，最後也調離了學校，回到她的家鄉任教。

思考問題

教師的感情問題是教師個人的私事，照理說與教師教學倫理問題無關，但若是教師因感情問題或家庭因素而影響到教師情緒與心理反應，進而影響正常教學活動的進行或學校行政的正常運作，則教師行爲也與教學倫理行爲有關。教師是學生的表率，教導學生做人處事的道理，也告誡學生遇到問題或衝突事件要以理性態度處理，但若是教師無法有效處理個人感情問題，做出一些非理性舉動或衝動行爲，則不僅沒有發揮身教功能，還爲學生帶來不良的示範，如小薇老師爲讓小珮老師難堪，竟然利用廣播系統對全校廣播：「我們學校的小珮老師不要臉，搶了別人的男朋友，眞是不知羞恥。」當全校師生聽了這樣廣播話語時，一定會讓全校師生誤認小珮老師發生了什麼重大事情，以訛傳訛會引發對小珮老師更大的誤會。

教師間的情感問題，每位教師都有責任自己處理，教師不應將教師的情感問題或家庭夫妻問題導致的情緒反應或不悅心情轉移到學生身上，教師應該爲自己所選擇的負起責任，「婚前睜亮眼，婚後閉雙眼，選其所愛，愛其所選」，教師在情感事件的處理上，要兼具感性與理性，在與同仁的互動中也要有所分寸，因爲教師是學生學習的楷模與模仿對象，若是教師採用不理性的方式來處理感情事件，則會引起所謂的漣漪效應，情感引發的誤會、衝突與分手，是教師個人的私領域，此種私領域教師應利用課餘時間處理，而情感導因的情緒問題，教師更不能將其帶至課堂班級中，如於課堂班級教學中批評責難學校同仁，或對其交往對象或另一半大肆批判，因爲這種批評他人不妥的言詞與教學內容或班級經營完全沒有關係。

與同仁溝通互動也是教師的身教之一，教師的爲人處世及與學校同事間的關係與言語使用也是學生效法的對象，若是教師於課堂中常批評學校同事或行政人員，會讓學生學習到只會挑剔別人的缺失，及形成負向的自概念，如發生在某國中的案例：

「在一次的段考試題裡，因爲題目偏難，學生的成績明顯退步，國文科許老師竟然向學生說：『命題林老師應該有洩題給自己班的學生吧！不然爲什麼出這麼難，一定是要把別班的同學考倒，好凸顯她自己多會教！你們當學生的，應該知道怎樣表達自己的意見，讓學校聽到學生的聲音，你們自己應當知道該怎麼做，如果你不去反映，命題老師就不知道做錯了什麼？』結果許老師的話傳進了家長的耳中，最後也傳到命題老師那兒，讓命題林老師既難過又憤怒，認為就算命題有瑕疵，也願意虛心檢討改進，怎麼會被說成洩題，還鼓勵學生去檢舉老師的不是？二十週年運動會，體育組長規劃了許多動態活動，許老師對於體育組長規劃的校慶活動認為沒有教育意義，於課堂中對學生發牢騷學生說：『這次二十週年運動會，學務處規劃的那些活動一點意義也沒有，我看體育組長及學務主任都是在作秀，你們對那些活動只要應付就好了，根本不必太用心。』」許老師的課堂行為已違反教師倫理道德守則。

教師與同事間或其他人的情感分為同仁間情誼、一般朋友間情誼、男女親密朋友間情誼，如果發展到男女親密朋友間情誼，教師要對其行為負責。教師的情感雖是教師的私領域，但此私領域部分若是像呂老師一樣，成家後還發生外遇事件，則很容易從家庭夫妻事件演變到學校事件（影響到學校行政運作或干擾到教學活動的進行），可能一方告到教育行政單位或將事情鬧大（到學校舉發另一半行為不當或訴諸媒體等），此等衝突均不是學校師生樂於見到的。相對的，若是正當的男女親密朋友關係，甚至論及婚嫁，則教師服務的學校同事、學生皆會給予當事者積極的祝福，有些女教師服務的學校行政人員及全校師生還有配合男教師演出「朝會獻花及求婚記」，如果是此種情形，不僅為男女的交往及情感處理樹立正向的範例，全校的所有師生也會衷誠的祝福教師日後的家庭生活幸福快樂。

「一位有效能的教師除了能與家長、學生進行良性互動外，更要會與同仁進行理性溝通；以感性的一面發揮教師愛，以理性的一面處理自己的情感問題。」

案例6-9 以關心開始，以悲劇結束

林老師在國中任教已經十年了，他的夫人在附近的一所國小任教，育有一子一女，家中還有年近七旬的父母親，三代同堂過著幸福快樂的日子。

國二下的時候，林老師班上的一位女生莉莉中輟了，由於是單親家庭，媽媽又忙於工作，疏於照顧，再加上交上一群壞朋友和校外人士，漸漸地，上課不正常，功課退步了，甚至很晚才回家。林老師和家長溝通，請家長多留意，無奈迫於生計，媽媽有心但無力，莉莉的情況越來越糟。

對莉莉的狀況，林老師感到很焦慮，對莉莉的未來十分憂心，也對莉莉媽媽的處境很同情。在少年隊找回莉莉之後，林老師要求莉莉每天準時上學，並由導師上班途中順便接送，這樣的接送持續了一段時間，林老師與莉莉雖是師生，但長期接送情，師生間常閒話家常，怎料得到這樣的師生情會變了調？

國三上的一天早上，林老師照例去接莉莉上學，莉莉穿著便服，更顯得亭亭玉立，林老師忍不住讚美她身材好，莉莉也有意無意展現她的好身材。林老師試探性握住莉莉的手，見莉莉既不生氣

也沒拒絕，林老師的膽子就更大了。

後來的發展可說是一發不可收拾，媽媽知道莉莉和林老師有過度的親密關係後，一狀告到教育局。林老師覺得相當痛苦，無顏再見同事、學生、父母、妻子及兒女，在與當律師的高中同學通完電話後，林老師在深夜時分寫下遺書，隔天早上，林老師就上吊自殺了，留下錯愕的同事及哭斷腸的父母與妻小。

案例6-10 假關心之名，行騷擾之實

甘老師是國二的導師，已婚，育有一名女兒，已六歲。甘老師教學認眞，對學生關心，在學生家長的心目中，評價很高。

甘老師班上的小美，在學校裡背部受了傷，班長趕緊告知導師。甘老師就開著自用車載小美就醫。在途中，甘老師未經小美同意，就私自掀開小美的衣服，察看傷勢如何，小美雖然感到不舒服，但心裡想老師應該是出於關心，也就未說什麼。沒想到，隔天到了學校，甘老師又如法炮製，想掀小美的衣服察看傷勢，小美氣得大叫：「你昨天不是看過了嗎？」

回到家後，小美將實情告訴了媽媽，媽媽就打電話給輔導主任。輔導主任驚覺此事已涉及「性騷擾」，乃轉由學校性平會調查處理。

思考問題

教師對學生的愛是無私的、沒有條件的，但此種愛是有某種限制的，從心理學的觀點而言，教師是中小學學生的重要他人之一，教師的言行或行爲往往對學生造成很大的影響，但教師不能藉由教師權威的誤用而做出有違倫理道德的舉動，如以成績威脅學生、以形式權威控制學生身體自主權，「教師絕不能把學生對教師的敬仰之情與崇拜之愛，誤認為男女親密的情感之愛；教師也絕不能將教師的愛心與對學生的關懷之愛，誤導為不倫戀的師生之愛。」教師與學生關係是亦師亦友，此種朋友關係是有限制的，與一般男女親密的朋友絕對不同，當教師將師生關係無限上綱時，不僅有違教師倫理守則，更是法令所不容許的。

不論在任何情境下，教師絕對不能對學生有任何性騷擾行爲，「一位對學生性騷擾的教師，其行為已違反教師道德；一位對學生性侵害的教師，已不適合擔任教職工作。」在班級經營或教學歷程中，教師要將「勇於說不」的理念教育學生，在性別議題中身體自主權概念是重要的課題之一，教師要從平時言教中落實兩性平權的概念，讓學生知道勇於說不的重要，教師要明確告訴學生，不論是男生或女生，只要對方做出令自己不舒服的舉動，就要勇敢大聲的說出「不」，「你（妳）這樣的舉動讓我覺得很不舒服，請你（妳）立刻停止」，尤其不管在任何場所，更不可以讓他（她）人隨意碰觸身體。教師要不厭其煩的告誡學生，才能讓學生有危機意識，免於被性騷擾的發生。

國小高年級及中等學校學生正值生理狂飆期，生理發展快速，但心理成熟度尚待發展完全，對於男女情感的事件充滿好奇與幻想，有些學生會將對教師的傾慕之情錯誤升華為男女的情感，或將教師的關懷行為誤認為男女朋友的情誼，學生個體的心智是不成熟的，對於有這些傾向的學生，教師更應運用其專業智慧與輔導知能來輔導矯正學生的觀念與行為。教師是學生心靈的導師，是學生問題的解決者，是學生行為的輔導者，「一位稱職的教師，能藉由適當時機，巧妙運用各種策略，化解學生心中的疑惑；一位成功的教師，能秉持教師的良知良能，做好一位啓發者與輔導者角色。」教師的心要正、口要甜、心正則能身正，身正才能發揮正向教師身教功能。

「存好心、做好事、說好話」也是一位有效能教師於班級中應展現的行為，教師不應放棄任何一位學生，教師對學生的愛雖是無私的，但此種師生愛是有所限制的。身為教師對於與學生的互動溝通界限要拿捏得宜，這也是教師的一種專業表現。

註：案例6-7至案例6-10由許清練老師提供。

參考書目

林秀怡（2009）。女人說不就是不。聯合報六月十日，A13版民意論壇。

劉衛新（2009）。幼師問：陸配兒窮到吃鼻屎？聯合報三月二十六日，A11版民意論壇。

第七章　教師的一句話

「教育學子無捷徑，師言謹慎兼樸重，
一語順理迎雙贏，句句中肯展師情，
話守倫常可勒銘。」

俗語說：「良言一句三冬暖，惡語傷人六月寒」。教師正向的一句話足以打動學生的心房，成爲學生學習的動力泉源；教師負向的一句話也可能改變學生的想法，傷害學生的自尊，成爲學生心中永遠的痛。輔導管教學生時身爲教師是要小心縫合學生創傷的傷口，而不是劃開更大的傷口。老師的言談要謹愼，不可直言快語，老師的舉止要三思，不可貿然行事，「水可載舟、亦可覆舟」、「教師脾氣來了，福氣就沒有了」。一句話讓人笑、一句話讓人跳；一句話讓人回味無窮、一句話讓人心生怒火；一句話讓人敞開心懷；一句話讓人緊閉心扉。教師的一句話，有時會改變學生的一生。

人們自小就喜愛聽讚美的話，別人再多讚美的言詞，當事人也不會覺得厭煩；相反的諸如嚴厲責備、批評、攻擊、侮蔑、傷人自尊的言詞，即使一句也會使當事人不悅。有些學生會因教師的一句話而改變求學態度或對學科的喜愛程度，教師說出的言語，面對的是學生，教師說出的言語就像水一樣覆水難收，教師頂多只能事後跟學生說：「對不起，老師不該說這些話」、「不好意思，這些言語如有傷到你的自尊，老師在此向你說聲對不起。」教師唯一能做的就是向學生對不起，但教師應警惕：「再多的對不起，也不能抹去學生心中永遠的傷痛。」

教師的「言語表達」就是要有下列體驗與行爲表現：

「言詞析理透生心、語句傷人非創新、
表情和善顯師心、達人師語展溫馨。」

在一般職場工作中給人一句好話，讓人生命奮起飛揚、樂觀積極，是一件容易而可行的事情；在教育情境中，教師的一句好話，讓學生對自己充滿信心、有強烈動機面對學習，是教師必須要做的事，也是教師能做的事。在與人互動溝通中，語言表達有時候「不要急著說、不要搶著說，而是要想著說」，想好再說也不遲，絕對不要逞口舌之快，因爲說話不像書寫文字一樣，寫錯了可以快速用「橡皮擦」或「立可白」擦掉，說出來的話就像潑出去的水一樣，覆水難收，無法將剛剛說出的話語收回，從教師口中說出的話既然無法擦掉，也無法收回，教師在言語表達上就要十分小心，每字每句都要思考後再講出來。教師要常講些：「給人歡笑的話、給人鼓勵的話、給人肯定的話、給人讚美的話」，教師也要「存好心、說好話，做好事」，教師的說好話就是每句話都足以感動人心，讓學生能警惕、能有所覺悟，最重要是這句話不會傷害到學生，而對學生能受用。

有些老師往往在愛之深、責之切的情況或情緒失控的狀態下，會脫口說出一些傷害學生自尊的話語，例如：「你家教怎麼這麼差」、「你給我認真聽講，不然就滾出去」、「你是豬啊，要我講幾次你才會明白」、「爲什麼別人都可以，就你不行」、「你再吵鬧，就出去」、「連書都唸不好，你還會什麼」、「不好好學，你將來有什麼出息」、「搞什麼！豬頭啊，沒看過像你這麼差的學生」、「沒教過像你們班這麼爛或規矩那麼差的班級」、「跟別班比起來，你們實在差太多了」、「你眞得是無藥可救了」、「連這麼簡單的題目也不會，你腦筋到底在想什麼」、「你要搞清楚呢！我是老師，你是學生」、「你再頂撞老師，老師就記你過」、「你再趴下去睡覺，老師就給你0分」、「有種，你出手打我看看」、「像你這麼爛的學生，沒救了啦」、「教到你，算我倒楣」等等，這些言詞充滿了威脅性、諷刺性、斥責性、貶損性、挑釁性，教師的這些非理性用語，不僅嚴重傷及了學生自尊，更可能引爆嚴重的師生衝突。

不可否認的，有些學生需要採用嚴厲斥責或警告的話語，才會有當頭棒喝之效，教師對待這樣的學生，也要善用教師的權威與權力，才能使學生的行為有所改變，但教師的斥責、警告、責罵、必須去除主觀、武斷、貶損、諷刺的字眼，就事論事，運用適當的言詞，引導學生改過遷善，努力向上，教師的愛要有限度，此種有限度就是不能溺愛學生、放縱學生，讓學生為所欲為。教師針對學生人格特質與個性差異所採用的肢體語言，不能只從認知層面來考量，卻忽略了情感的層面，情感向度就是此句話會對學生造成什麼影響，此句話的正面效益為何，若是教師斥責學生的話完全沒有正向效果，可能會嚴重破壞師生間的關係，並造成學生更大的反彈與做出非理性的舉動，則此句話教師就不應說出。如教師斥責學生說：「你家教怎麼這樣差」，此句話不僅在告誡學生行為不當，也對學生父母親有責罵意涵，若是學生屬情緒衝動型者，可能立即回嗆或衝撞老師：「老師，你可以罵我，就是不能侮辱我的父母親」、「老師，您憑什麼說我父母」，師生關係一旦破裂，要修護恐必須花一段很長的時間。

一句話就足以打動一個學生的心房，或許它背後潛藏著許多豐富而有意義的事蹟，或許它正述說著一段感人的故事；一句話可以改變學生的想法與觀念，帶給學生無限的力量；一句話可以改變學生的行爲，影響學生的一生，僅僅教師的一句話，就能激起無窮的浪花，創造有生命力的願景；相對的，也可能僅僅教師的一句話，就可能改變學生一生的學習態度與情緒反應。「成功的教師會找尋策略方法，失敗的教師常找尋藉口理由」，這些藉口理由如「我是爲學生好」、「被記過是應該的，誰教他那麼不受教」、「被退學活該，誰叫他頂撞老師」、「該說的我也說了，該做的我也做了」等，善用策略方法的教師，也會善於肢體語言的使用，其中的語言使用就是「不使用威脅字言、不使用挑釁字言、不使用恐嚇字言、不使用傷人字言。」身爲教師於求學及教職生涯中，都不願意被人傷害，教師應將心比心，對自己有更高的道德標準，自然也不該出口傷害學生。

你們這一班……

陳老師是理化教師，課堂上課時因二年三年學生比較好動，課堂上課較易吵鬧，尤其是實驗操作時秩序總是比較差，每次實驗操作或分組活動時，陳老師總是一再出現下列課堂用語：「再講話同學老師要扣分了」。有時教師受不了同學的吵鬧行爲（可能是小組討論或聊天發出的聲音），脫口而出：「你們上課簡直比菜市場還吵鬧」、「你們這一班是我上過的所有班級中規矩最差的一班」或「你們這一班是我教書以來程度最差、規矩也是最差的一班」、「你們這一班眞的什麼都差，不僅考試成績差，連上課規矩都很差。」

教學是一種科學方法與藝術策略的結合，科學方法如運用各種教學理論於班級中，運用行爲改變技術或有系統輔導方法矯正學生的不當行爲，由於每個班級的班級氣氛或教室氛圍受到同學學習式態、人格特質、同儕關係與教師領導的影響，因而班級間也存在班級著差異，是故教師要根據班級屬性與班級文化採用相對應的管教方法或教學策略，這是一種權變領導，也是一種藝術策略，沒有一種管教方法適用於所有學生，如學生干擾教學活動，有些學生只需要教師委婉告誡，其不當行爲立即收斂；有些學生需要教師嚴厲斥責，嚴加警告，其不當行爲才會改過，這些學生即使教師動之以情、說之以理，也無動於衷，但只要教師板起臉孔，展現教師職權，其行爲即會收斂。教師的輔導管教與肢體語言的運用，要因應學生的個人特質而採取權變策略。

每個班級都有其獨特班級文化，不論班級屬性爲何，班級經營的主角與班級經營的領導者是老師，只要老師用心與發揮巧思，發揮教師的職權，妥慎運用增強與教師參照權，定能改變學生課堂學習態度，身爲教師要恩威並濟，適時運用獎勵與處罰策略。教師與學生的互動、師生關係的良善與否、學生對教師的認同等都會影響學生課堂表現。學生最重視的班級榮譽，不喜受教師拿別班來與自己就讀的班級作比較，當教師使用「你們這一班是規矩最差的一班」、「你們這一班是表現最差的一班」、「上到你們這一班實在有夠倒楣」等言詞試圖激發學生改善不當行爲，不但成效不彰，可能更會破壞師生關係。當教師使用「你們這一班是我教過表現最差的一班」語言時，學生可能出現的反應就是：「您對我們這一班有偏見，當然認爲我們是最差的一班」、「您教書也好不到那裏去」、「因爲您不會教書或管教學生，所以我們才會表現那麼差。」等，教師的言語讓整班學生覺得教師對他們班上有成見，這樣的一句話不僅無法激起學生的上進心，反而引發學生的反感，嚴重破壞師生情感。

每個人都不希望父母或教師拿別人來與自己作比較，常有媽媽會跟家中排行老二的女兒講：「妳看妳姐姐多乖，功課好又自動自發，完全不用媽媽操心」、「妳跟妳姐姐比起來差得了」、「妳可不可以跟妳姐姐多學一下」等，父母的這些言詞不僅沒有正向激勵作用，反而更讓妹妹認爲：「都是姐姐害的」、「媽媽心中就只有姐姐」、「媽媽就是比較喜歡姐姐」等負向的觀點，許多社會案例顯示，此種型態家庭常會出現嚴重的親職教育衝突。班級學生也是如此，學生心中所想的是：「我就是我，我有我的個性想法；我們這一班就是我們這一班，我們這一班有我們這班的特性與班級氛圍，請教師不要拿別班來跟我們班比」。

在教學上，爲了鼓勵學生，老師經常會說些激勵的話，這些話由於時機與場合不對，對國生而言，有時反而有負向作用；不僅無法達到老師原先鼓舞的目標，多數會適得其反的傷了學生自尊，破壞了學生對老師的信賴與師生間和諧的關係。當學生作業不按時繳交時，教師常處罰沒有繳交的同學，對於按時繳交同學反而沒有採取增強行爲；教師可以改用各種增強方法獎勵作業按時繳交同學，見賢思齊，同學之間相互觀摩，不按時繳交作業的同學爲了達到條件契約，參與某種喜愛的活動或感興趣的學習活動，也會改正不按時繳交作業的壞習慣。課堂教學之分組活動學習，教師可以獎勵或增強常規表現好或專注學習的組別，以代幣增強或條件契約或社會性增強等方法，來鼓勵這些同學，對於組別中有常規較差的同學會藉由同儕力量加以規範，這也是班級經營有效常規處理技巧之一。

「教師不要拿其他同學的長處和某個同學的短處相比，也不要拿別班的優點和某個班級的缺點相比較，此種比較是不公平也不合理的。」

不是你，還會有誰呢？

連宗文以前在國一時，因爲想玩電動玩具，看到鄰近同學新買一台電動玩具，趁同學上電腦課時，藉故回到教室把同學電動玩具偷來放進書包，後來被班導師查出來，以偷竊行爲依校規議處，並被老師責罵了很久。從那件事後，班上若發生同學物品不見或有偷竊事件，全班同學第一個想到的嫌疑人就是連宗文。

國二時，班上有位陳雅欣同學因爲考試成績進步很多，媽媽送她一隻新手機，早上一到學校，陳雅欣就把她的新手機及手機功能展示給班上同學看，許多同學都好生羨慕。下午第一節上完音樂課後，陳雅欣回到教室發現新手機不見了，班上多數同學都認爲是連宗文偷的。因爲在上音樂課時，連宗文有跟老師說他肚子不舒服想上洗手間，整節音樂課就只有他一個人離開音樂教室，所以大家的眼光都對準他，心裏認為他的嫌疑最大，班長將此事經過情形詳細報告班導師（許老師），請導師幫忙找出小偷。許老師是位年輕有為，學有專精及負有教育熱誠，對班級的管理相當認眞（執著）及強勢的教師，但是缺乏處理學生問題的經驗。許老師聽完班長及全班同學對事情前後脈絡的描述後，當下即認為手機的偷竊者就是連宗文，因為連宗文之前也是以同樣方法偷竊同學的電動玩具。於是許老師就直接將連宗文叫到辦公室質問（此時許老師已先入為主認定偷竊者就是連宗文），經過一陣不愉快的對談後，連宗文並沒有承認，由於許老師用語均指出連宗文是偷竊者，但連宗文一再澄清自己沒有偷手機，許老師見連宗文一直不承認，得不到心中原先想要的答案後，在情緒衝動下數次氣憤的對連宗文說：「不是你，還會是誰呢？」、「音樂課時，只有你離開教室，『不是你，還會有誰呢？』」

教師的職責在於教育學生、導正學生不當行為，為了矯正學生的不當行為，教師必須使用各種輔導管教方式，必須時可採用處罰方法，如讓學生靜坐反省、言語告誡學生、讓學生罰站等，輔導管教是一種教育策略、處罰是一種不得已手段。在輔導管教或教育學生過程中，教師使用最多的是言語，教師語言的使用必須謹慎小心，有時不小的言語傷害比肢體處罰更刺傷學生內心，學生所受的傷害比外在肢體傷痛還嚴重，一句尖酸刻薄、侮蔑輕視的話對學生的影響可能是一輩子無法抹去的陰影。「老師的談吐要謹慎小心，不可直言快語傷及學生；老師的言行舉止要三思，不可貿然行事想到就做；教師的情緒要先處理好，不可任意將心中的怒氣發洩在學生身上。」

「不是你，還會有誰呢？」這句話的字面上包含二種意涵，一種是正面的，另一種是負面的；正面案例如：大隊接大的第一棒很重要，你是我們班跑最快的，除了你沒有其他同學可以勝任，老師相信只有你能勝任這個棒次，所以「不是你，還會有誰呢？」，這樣的表達對學生而言是一種肯定的正增強，但是此種表達語，教師很少用在正向的鼓勵上，通常教師會將此句改爲「老師相信你，你沒有問題的」、「全班同學都認爲你最適合了」、「你盡力跑，輸了也沒有關係」。負面的例子，如案例中許老師對連宗文的質疑，當老師以傳統偏見及刻板印象，將班級學生加以分類時，教師心目中的壞學生就是那幾個，即使這幾個被標籤化的壞學生表現很好，教師也認爲他們可能有某種目的，其行爲表現是假象的，如有位同學平時表現欠佳（不合群、不守秩序、學業成績低落、師生關係不良及同儕關係不佳等），或曾經犯過一些嚴重錯誤行爲（偷竊、吸煙、打架、逃學、頂撞師長等），這些學生在教師心中可能永遠是不受教學生，只要他們有稍微的犯錯，教師就會再嚴厲責罰他們。學習型的班級組織就是要去除教師僵化的思維模式，成功的教師不是只會教導循規蹈矩的好學生，而是更會以輔導管教策略導正不當行爲的學生，使學生的行爲有明顯改善，品德行爲有正向發展。

教師以學生過去行爲推論學生目前可能表現，就是一種月暈效應，多數教師在處理學生問題時易犯月暈效應的不當推論，如有甲學生前幾天玩弄教室佈置的學生作品，將優秀同學作品拿下，正好被老師看到而被老師責罵，此時，同學很不高興的走開。隔天上學時，佈置於教室後面之優秀同學作品的圖畫被亂塗鴉，班導師知道後非常生氣，直覺肇事者是前幾天被其責罵的同學，教師將此同學叫到教師桌位旁加以質問，同學回答塗鴉破壞園地作品的不是他，他沒有破壞教室佈置中的作品，教師就是不相信，直截了當的大聲說出：「不是你，還會有誰呢？」。「不是你，還會有誰呢？」是一句十分肯定的語言，當同學聽到這句話時，心中會十分難過，因爲原來在教師心目中他就是這樣一個人（一位無法受到教師信賴的壞同學）—無法受到教師信任，教師認爲班上違規犯紀的事情就是他做的，這樣的一句話不僅嚴重破壞師生關係，更嚴重傷害到同學自尊與人格，如果偷竊者或肇事者不是教師認爲的學生，可以想像當教師講出「不是你，還會有誰呢？」這句話後對當事者的傷害有多大。身爲教師在沒有確切證據或了解事情發生的原委時，絕對不能對同學說出「不是你，還會有誰呢？」的話語。

連這麼簡單的題目也不會

王老師擔任是國中二年級的數學教師，課堂上課很認眞，對學生課業的要求也很嚴格，在教學上可算是位十分稱職的教師。在王老師擔任教職之前，其數學考試成績均非常好，對數學的領悟力也很快，高中時不僅就讀明星高中，其班級還是數理資優班，從小學到大學畢業，數學的成績一向十分優異。擔任數學教師後，對於學生認爲很難的試題，王老師都認爲題目很簡單，就因爲王老師認爲題目非常簡易，每次考完試，閱完卷在發考試卷時，常對班上的學生說：「連這麼簡單的題目也不會。」

有些人因爲天生資質較高，求學路程很少碰到挫折；有些人天生資質較爲駑鈍，求學路程跌跌撞撞，要教師或父母的協助。不論學生資質爲何、智力商數（IQ）多少，教育的目標是營造適宜的學習環境，激勵學生學習動機，鼓勵學生努力奮發向上，若是學生已經盡力了，即使考試成績未達教師期望標準，教師也不應再苛責學生。很多班級事件教師不應只從教師角度來看，而應從學生角度來檢視，「教師認爲試題很簡單，但學生卻可能認爲題目很難」，這就是教師未能從學生角度來檢視題目。在常態分配的班級中，對多數同學而言，即使題目難度較簡單，但對少部分同學而言還是無法正確答出，這就是學生間的個別差異，班級學生間的個別差異是教師應該要面對的事實。

當學生聽到「連這麼簡單的題目也不會」時，心中是非常感傷的，因爲他們也想答對，也想考高分，沒有那位學生不想得到好成績的，教師的這句話不僅傷及學生的自尊，更會使學生自暴自棄，因爲連最簡單的題目，我都不會了，那我還會什麼，學生有時會懷疑其學習有何價值。與此句相關的不倫理道德的語句如：「你是豬頭啊！連這麼簡單的題目也不會」、「你眞的有夠笨！連這麼簡單的題目也不會」、「老師如果是你，早就去撞牆了！」、「你實在笨的跟豬一樣！」等等，這些語句在課堂教室中常常被聽到。「教師應該去除『分數至上、一百分最好』的迷思，當學生考試成績不理想時，最需要的是教師的鼓勵而不是教師責備，因爲此時教師的責罵好像在學生傷口撒鹽，只會增加學生的傷痛，而對傷口癒合是絕對沒有幫助的。」

多數教師在求學路途上甚爲順利，很少遭遇到挫折。每個學生都希望有好成績，能考上第一志願，這是不爭事實，但在班級實際情境中，並非每位學生資質都很優秀，每個常態分班的班級中，成績的分配定是成常態的，中分組學生最多，低分組與高分組學生較少，教育的目標，就是能讓每個學生的資質得到最大的開展，使每個學生的潛能都能完全發展。教師不要只看學生的分數，而是要觀察學生是否盡力了，如學生已經盡力了，教師就不應再責怪學生，多數教師只看學生考試錯誤的地方，而不看學生答對的部分，因而發考卷時常常說：「你看你多粗心，才考九十八分，再細心點就可以考一百分了」、「這二個題目如果不要算錯，就可以考滿分了」、「看你多可惜，多答對一題就九十分了。」

沒有一位學生在考試時故意要看錯題目、計算錯誤、寫錯答案，當學生沒有一百分、九十分時，教師可改看學生答對的分數，改爲：「不錯喔，考了八十九分，再繼續加油」、「很不簡單，這份考卷很考九十九分」等正向言詞，如此反而更能激起學生下次想考得更好的動機。教師看學生的試卷時，不要只會向學生抱怨：「你看，錯了一題很可惜」，教師可改用：「不錯啊！只錯了一題」，多看學生正向行爲部份。但教師不能盲目的鼓勵學生，如資質聰穎的學生，但考試成績多數欠缺理想，對於這樣的學生，教師檢討完試卷後，要利用課餘時間與學生討論其學習的盲點，並提供相關策略供其參考，有時對於這種學生給予明確的告誡：「下次考試成績再沒有進步，中午就要多做一些額外練習」，由於這些學生資質較聰穎、理解力較快，但就是欠缺認真努力，只要老師給予適度期許，則其表現會有明顯改變。

你不想上課，就出去

陳老師是國中三年級英文教師，她任教的班級中每班總是有一二位對英文學習不感興趣，其中以三年二班最爲嚴重，每次上課時總是有少數幾位同學會趴在桌子睡著，陳老師對於這些學生總是不厭其煩的告訴他們，英文很重要，若能學好英文對未來升學幫助很大，但儘管陳老師苦口婆心的勉勵同學，這幾個同學對英文的學習動機還是很低（原因是這幾個同學英文考試很差，老師課堂所講的多數同學均無法消化吸收），這幾個英文低成就的學生只是英文成績不好，課堂上課時並不會吵鬧，最令陳老師頭痛的其班上許偉明同學，每次上課時不是捉弄同學，就是與鄰近同學吵架，干擾到教師教學活動的進行。有一次陳老師在複習句型時，許偉明居然拿原子筆戳前面同學的背部，前面同學痛得尖叫，害陳老師中止教學活動，因爲已接近第一次定期考查時間，陳老師怕進度來不及，一時情緒爆發，對許偉明大聲責罵說：「你不想上課，就出去。」

「你不想上課，就出去」與「要不要上課隨便你」二句話均隱涵教師對學生的學習表現放棄了，但學生聽到前面的話語時，心中會覺得「既然你都叫我出去了，課堂中我留在教室還有什麼面子」、「如果我不出去，會被同學看不起」；如果教師責備的語句是「隨便你」，表示教師不關心學生，因而當事者會心想：「反正教師都不關心我了，我爲何還要上她的課」、「老師既然說隨便我，我就隨便（趴在桌子睡覺、不聽課了）」。當學生因一時好玩或疏忽，而干擾到其他同學的學習活動或教師教學活動的進行時，只要教師給予適時、合理的口頭告誡或藉由肢體語言警告，則多數學生課堂的不當行爲自會收斂。

曾有學者研究指出，學生之所以於課堂中會表現不當行爲或違規行爲，其主要原因可能是：獲得教師及同儕注意、尋求權力以突顯自我、尋求報復以滿足自我、避免失敗或顯現自我無能感。課堂中學生若出現不當行爲，教師有時很難區分導因學生不當行爲的原因，教師能做的就是使用「我-訊息」，明確的讓學生知道其行爲老師已經知道了，這樣的行爲在課堂教學中是不被允許的。教師以正向而堅定的態度糾正學生不當行爲，教師在處理學生問題時，要先調適自己的情緒，做好情緒管理，不要歇斯底里般無情的責罵學生，教師處理事情時不要優柔寡斷，也不要怒氣衝天、大吼大叫、威脅諷刺學生，讓學生知道「教師已發現我的不當行爲，也已警告過我了，再鬧下去，老師眞的會生氣了」，教師處理的態度就是如學者肯特（L. J. Canter）所述的果斷反應型的教師角色。果斷反應型的教師，能對藉由外在肢體語言，讓學生知道教師的內在感受，教師的情緒管理並不是要教師壓抑內在情緒，相對的，教師的生氣與不悅要明顯讓學生知道，這就是「我－訊息」的應用，讓學生知悉「這種吵鬧行爲，老師是不允許的」、「這樣的行爲表現，老師是會生氣的。」

每一位學生都是可造之材，教師不應放棄任何一位學生，所以要有教無類。由於學生間資質、人格、態度間有很大不同，所以教師要因材施教，當學生每天上學就等放學，上課就等下課，每天渾渾噩噩，不知學習目的爲何，則教育是失敗的。相對的，如果學生每天能期待上學的來臨、期盼與同學的相處、喜愛課堂學習活動、樂於參與班級事務，則學生不當或違規行爲自會減少。身爲教師不要期待所有學生都喜愛個人任教的課程，也不要期盼所有學生在課堂學習活動時都是循規蹈矩，安分守己的，當學生分心、好奇、或開玩笑時，都有可能出現非預期的行爲，如上課分心、講話、捉弄他人等，教師的情緒不應隨學生學習行爲變化而起伏，教師若能做好情緒管理，則很多師生衝突事件均可避免。

「教師要重視學生的考試成績，更要關注學生的品德行為；教師要重視學生的分數高低，更要關注學生的態度動機；教師要重視學生的公平競爭，更要關注學生的群體合作。」

有種你打打看

許老師是理化教師，這一節前半段進行的分組實驗操作，只看到班上每位同學聚精會神的討論實驗結果，但第二組的陳宜展卻一個人趴在桌上睡覺，許老師看到後以嚴厲口氣警告他，再不參與分組活動要處罰，等許老師走後，陳宜展又趴下睡覺，完全不參與課堂實驗操作學習活動，許老師第二次看到後，很火大，提高嗓門責備說：「你來學校不上課，那你來學校幹什麼，一大早就在睡覺，跟豬一樣」，陳宜展聽到許老師將他比喻爲豬，回神過來突然變得很有精神回嗆許老師：「你爲什麼說我是豬」，許老師立即大聲回應：「你不是豬是什麼」，就這樣師生對嗆起來，最後，陳宜展突然做出要衝撞許老師的動作，但只快速衝到許老師前面就停下來，許老師也不甘示弱表現強勢動作與憤怒語言說：「有種，你打打看」，並將身體再靠近陳宜展，陳宜展因爲被老師激怒，拿起理化課本朝許老師身上直接丟擲過去。

師生衝突事件的發生，並不是單方面；學生不當行爲的產生，也不是學生單純個體因素引發，從生態學習觀點而言，可能是整個生態環境造成的。以教師的角度而言，若教師課堂中完全不管學生行爲，放任學生自生自滅，則師生衝突不會發生；以學生的立場來看，若學生對教師的言語置之不理，對教師的說教有聽沒有懂，則師生衝突不會發生，師生衝突的發生一定是師生二者交互作用的結果，不論是教師激怒學生或學生衝撞教師，當有一方情緒失控時，就有可能發生嚴重的師生衝突。在師生行爲中，最容易讓學生反彈與情緒失控的是教師對學生的挑釁行爲，如教師以威脅口氣對學生說：「有種你打打看」、「有種你打老師看看」，之後老師再把身體靠向學生，以爲學生在教師威脅之下，不敢動手或衝撞教師，其實這是錯誤的，許多學生就是在此種極端被教師挑釁與激怒情形下出手毆打教師的。

身爲教師在處理學生問題，一個非常重要的原則就是先處理調適自我情緒，「教師處理解決學生問題前，要先處理克服教師情緒，一位能做好情緒管理的教師，不會以挑釁語言激怒學生；一位知道如何處理學生問題的教師，不會以不當言語中傷學生。」當教師身體趨前要顯示教師至高無上的威權或權力，並出言激怒學生：「有種，你打看看」，當事者會心想：「你這個老師眞的這麼了不起嗎？我就是不信你這一套」、「是你先激怒我的」，學生的態度與思維會變爲不理性，也忘記對方是教師，只想到：「打就打，怕什麼」、「最多被記過退學而已。」學生再如何頑皮或行爲不當，當他知道你是學校老師時，絕對不敢出手打老師或對老師有肢體衝撞行爲，只有學生被老師嚴重傷害自尊或極端遭到教師挑釁激怒下，才會失去理智而出手毆打老師。

人在被激怒傷及自尊之下，可能完全失去理智，在缺乏理智的約束下，很多人會做出平時不敢做的事情。曾有一個學生被老師無情責罵，當著同班同學面前罵他連豬狗都不如，父母生下他眞是可悲，結果放學時此同學趁教師走出川堂，從川堂丟下一塊磚頭欲砸傷老師，幸好沒有丟準，此老師逃過一劫；中等學校校園有時常發生學生毆打老師成傷的事件，這些事件的導火線，不能全怪學生，當然學生打人就不對，何況是出手毆打師長，一定要依校規處理。但被打師長是否靜下心來想過：「學生知道我是老師，爲何還敢出手打我，難道他不怕被記過或退學嗎？」學生當然怕，學生不僅害怕被退學，更害怕被教師告，學生既然怕，爲何還敢出手毆打或衝撞教師呢？因爲學生被激怒得沒有退路，被挑釁得情緒失控，在沒有退路、沒有下台階的情況下，學生唯一能做的就是「反撲」，當學生對老師做出反撲的不理智動作時，已經有豁出去的打算。身爲教師絕對不能以肢體語言挑釁激怒並傷害學生，否則就失去爲人師表的基本道德行爲。

成績這麼爛，看你（妳）將來會有什麼前途

黃老師是國中二年級的班導師，每次定期考查完後會從註冊組調出全班同學所有的考試成績，並檢視那些同學考得成績較差，之後黃老師會於早自修時間跟同學檢討定期考查的結果，但每次黃老師均會將班上成績較差的幾位同學叫到前面，私底下責備他（她）們說：「看你（妳）們成績這麼差，將來要做什麼才好」，或對同學說：「成績這麼爛，看你（妳）將來會有什麼前途。」

紙筆測驗成績評量只是測量評定學生至目前已學會的知能，跟學生未來的表現與成就是絕對沒有必然關係的。曾有研究顯示，離開學校後對社會貢獻最大者爲在學時學業成就表現普通的同學，班上的第一名只有一個，有第一名當然有最後一名；考試有最高分當然就會最低分，正由於某些同學成績不好，不適合繼續求學，因而才會謀得一技之長，就因爲社會有許多具有一技之長的人員，才會有水電工、技工、建築工、修理工、維修工等多元角色人員，沒有他們付出與能力，社會體系無法建立與生存，國家社會也不可能進步。

智育成績並不是學習的全部，智育成績良好固然值得嘉許，但正向品德行爲的養成更爲重要，

這就是品格教育的養成。人們無法選擇出來的家庭，學生也無法選擇其天生的資質程度或特殊能力，當學生循規蹈矩、品行端正、做人處世態度良好，考試也盡力了，即使只考四十分，這樣的學生還是值得教師鼓勵的，測量分數本身的數據是無意義的，如何看待學生得到的測量分數，並解析測量分數背後的意涵才是重要的。教師不應將學生目前的智能表現結果與學生未來可能的發展劃上等號，這是沒有教育性，也沒有價值性的論點。

在升學主義及重視文憑的社會環境中，學歷當然重要，每位老師都希望班上同學能考上第一志願的學校，但班級實際現況此種情形是不可能做到的，教師可以做的是讓每位學生都能都能就讀心目心最佳的理想學校，同學心中認定的理想學校並非都是明星學校或一流學府，而是同學能力所及或感興趣的學校。人生歷程中，除了需要「學歷」外，在職場市場中更需要的是「學力」（證照技能），只要每個學生能選擇適合其的學校就讀，畢業後有一技之長，能守法守紀、能獨立謀生，則教育就是成功的。不是每個學生都要上社會上公認的一流學府，不是每個學生都進社會上公認的明星學校，但只要學生就讀的學校，能開展其優勢智慧及個人專長，則學生會愛其所選、選其所愛。

身爲一位教師除具備評量知能外，也應具備評量分數的解釋知能。中小學學生成績不理想，其影響變因很多，如學生的天生質資、學習動機、投入努力程度與生理狀況等，都可能影響學生的課業表現，此外，教師本身的領導與教學風格也是一個重要變項，排除這些變項，學生考試成績依然不理想，教師就不應再苛責學生，「成績不好並不是一種過錯，品行道德表現不佳才是過錯；考試分數低並不是一種不當行爲，故意違反校規才是不當違規行爲。」教師設定的某個成績標準並不是所有學生都能達到的，但遵守基本規範、表現符合校規訂定的基本行爲準則是每位學生皆能做到的，最大表現評量與典型表現評量的內涵是不同的，當教師爲學生搭好良好的鷹架後，學生潛能發展已達最大程度，此時不論學生考的分數多少，「只要學生盡心盡力了，教師就不要再苛責學生。」

守法守紀的行爲表現，具有良好品德行爲是每位同學都可能展現的行爲，其結果如何端看學生要不要去做而已，但評量考試不同，有些學生即使努力去做了，也無法達到八十分，甚至七十分的門檻。對於學生評量後的結果，表現良好者教師定要給予稱讚激勵，對於成績欠佳者教師更要給予信心與鼓勵。教師必須於平時教學中，告知學生行行出狀元的眞諦，並以社會相關人士成功的事蹟作爲案例教學，讓每位同學知道分數並不代表一切，分數不好並不代表未來人生是黑暗的、是沒有前途的。「教師當然要重視學生考試分數，因為這關係到學生未來與他校學生公平競爭的結果；但教師更要重視學生的品德行為表現，因為這關係到學生未來整個人生的發展。」

「成績這麼爛」不應作爲教師告誡學生的警告語，若是學生因爲不專注、粗心或欠缺認眞努力等導致成績退步，老師當然有職責負起教育之責，教師的責任是提醒啓發，而非責罵處罰，如教師可改爲：「小雄，這次英文科好像退步很多喔」、「明雅，跟第一次段考比起來，國文似乎考得很不理想喔」，有自我反省能力或積極認眞的同學，不用老師責罵，聽到老師這些話語，就會自我檢討改進；不用教師板起臉，嚴厲斥責學生，學生也知道成績退步。教師不應把「成績這麼爛」作爲告誡學生考試成績沒有考好的責備語，尤其不能把中低學業成就的學生與其未來的發展或成就劃上等號，因爲這是一種謬誤的推論、是一種不合邏輯的思維、是一種不對的假定，更是一項違反教師評量倫理守則的行爲。

你（們）可以做得很好，加油

母親節前夕，平和國中舉辦母親節感恩音樂會，二年三班表演的節目是直笛合奏，班上少數同學的音感較差，手指不夠靈活，因而無法跟上班上其他同學。在某節自習課中，班導師中肯的告訴同學，班上有許多家長要參加感恩音樂會，希望同學好好表現，對於表演歌曲還不是很熟悉的同學，可利用中午時間到音樂教室練習，班導師說：「家長來是要看你們的表演，如果同學表演很好，父母親會很高興，老師相信你們可以做到，表演那天希望同學『把我們班最棒一面的表現出來』」，同學聽完班導師的勉勵後，大家的榮譽心更高，中午到音樂教室練習的同學更多，每個人都怕表演時吹錯，同學也相互鼓勵相互幫忙，大家都想要把最好的一面表現出來。音樂會表演那天晚上，二年三班的直笛合奏非常順利，贏得台下熱烈的掌聲，回到後台後，音樂老師跟二年三班全體同學說：「你們吹得實在很好，老師沒有騙你們。」

「做事有品質、做人有品德、說話有品味」是每個人都應追求的，「君子一言既出，駟馬難追」，所以謹言慎行是有必要的，尤其是身爲教師者，其一言一行對學生都會產生深遠的影響。使船隻前進的，不是巨大的帆而是無形的風；使作物成長的，不是猛烈的雹，而是濕潤的雨；使學生改變的，不是體罰羞辱手段而是正向管教策略。教育是一種心靈開展的歷程，每一位老師都必須能作爲學生學習旅途中的嚮導及心靈的啓迪者，學生最重視的是教師對他們正向的肯定與對他們的關懷鼓勵，「在肯定中成長的學生擁有自信、在關懷中成長的學生學會感激、在鼓勵中成長的學生充滿樂觀」；「在被愛中成長的學生、學會愛人；在怒罵中成長的學生、學會苛責；在體罰中成長的學生、學會打人。」

教師對學生所講的每句話都會烙印在學生心中，在學習過程中，有些學生因爲個性或人格關係，較缺乏自信與自我。以運動會大隊接力爲例，有些學生體適能尚佳，跑步也不錯，但由於學業成績較差，對自我的信心不夠，當教師告訴他（她）：「○○，這次大隊接力你（妳）也要參加」，缺乏自信心的同學第一個反應是：「老師，我不行」、「老師，我跑的很慢，你找別的同學」、「老師，我下去跑，怕會影響班上的名次。」此時若教師沒有鼓勵學生，則學生永遠是退縮不前、不敢面對挑戰的；無法面對挑戰就無法開展學生眞正的潛能，學生不僅失去學習的機會，也可能失去自我，失去爲團體爭取榮譽的機會。教師如果能給予學生激勵，以明確語氣告訴學生：「老師相信你（妳）可以勝任，不用擔心，只要大家盡力，即使班上沒有跑進前三名也沒有關係。」當學生聽到教師的這些話話，則能激發出內在的動力，勇敢的接受挑戰，而有多一次學習的機會。

「你（妳）可以做得很好」或「你們可以做得很好」是一句非常普通的話語，但此話語對學生整個學習活動的影響是非常大的。在班級活動中，如運動會、音樂會、年級各項團隊競賽等，「把我們班最棒一面的表現出來，老師相信我們班的每個同學都可以做到的」，「把我們班最棒一面的表現出來」就是讓同學能把自己的優勢智慧開展出來，發揮同儕互助與群體合作的行爲，「老師相信每個學生都可以做到」，表示教師對班上同學是信任的，不但對同學有正向的鼓舞作用，更可激發同學的榮譽心。當教師肯定同學，同學自然會把最好的一面展現出來，教育的目的在使同學能肯定自我，知曉天生我材必有用，不會自怨自艾、退縮疏離，所謂態度決定高度、思維決定行爲，當學生知道無法改變環境，但可改變自我時，學生的行爲態度自然會有所有轉變。

此外，一句「加油」可以讓學生眞正感受到教師對他們的重視，這種感受與溫馨感是學生正向行爲養成的最佳的動力泉源。譬如基測或學測前夕，有些同學會深怕考試結果不理想而心情煩躁憂心，教師一句「加油」可以帶動全班再奮力向前衝的動機，加油表示教師對同學的能力的信任與行爲的支持，也表示教師對同學的勉勵。

同學都很討厭你（妳），你（妳）知不知道

陳明和是位單親家庭的小孩，因爲母親曾遭父親家暴而離婚，從小學三年級起他就和父親與奶奶居住，由於父親工作關係，無暇照顧明和，明和的生活起居均由奶奶照料，因而明和也屬於隔代教養家庭。明和從小個性剛烈，自我意識很強，成績中下，與班上同學的人際關係不是十分融洽，升上國中後，此種情形更爲嚴重，常和同學有口語上的衝突，班上同學常向班導師告狀，班導師對於明和在班上的行爲表現非常頭痛。某天，明和因午休時間吵嚷，干擾到班上同學的作息，被風紀股長登記座號於黑板上，明和看到其座號被風紀股長書寫於黑板上，很不高興，直接衝到黑板前面推了風紀股長一下，說：「妳爲什麼把我的座號寫在黑板上？」明和說完後，自己拿起板擦把自己的座號擦掉，此時，正好班導師進到教室，風紀股長哭著將事情告訴老師，班導師十分生氣將陳明和叫到後面說：「你知不知道，你的行爲讓同學都很討厭你，你爲什麼就不能表現好一點呢？」

每個班級中總是會有幾位較調皮、較難管教的學生，有些班級甚至還會出現一、二位有嚴重不當行爲或違規犯紀的學生，如打架、不服教師勸導、霸凌欺負同學、故意與教師頂撞等，某些不善班級經營或無法做好情緒管理的教師，碰到這樣的學生多數以記過或採用體罰方式處理，結果造成學生的不當行爲更爲惡劣，學生違規犯紀的行爲只有短暫收斂，學生並沒有眞正悔過。一位有教育

愛的教師，絕不會只採用消極的處理策略，而會改用更爲積極的輔導與矯正方法，如配合行爲改變技術，運用正向管教策略，對學生動之以情、說之以理，恩威並施，從認知信念改變著手，讓學生能確實了解其行爲的不適切之處。有些學生會因行爲的不當表現或言語的霸凌，讓班上同學討厭，而使其人際關係疏離，在班級中沒有朋友，這樣的學生更需要教師的關注與導正，若是教師只採取嚴厲責難、記過、體罰等方式，不但無法導正學生違規行爲，更會使學生不當行爲變本加厲，因爲「於被處罰中成長的學生，會充滿仇恨；在孤獨中成長的學生、會迷思自己；在否定中成長的學生、會放棄自我；在人際疏離中成長的學生，會充滿偏執。」

身爲教師即使班上有很難管教的學生，教師也不應表現其對學生的無奈或無力感，教師的無奈會讓學生自我放逐，教師的無力感會讓學生更爲猖狂，當班上同學都討厭某個學生時，教師更應採用社會動力學與小組合作學習等方法來改善此學生行爲，教師絕不能當著此學生面前說：「同學都很討厭你（妳），你（妳）知不知道」，甚至說出：「你（妳）的行爲表現不僅同學討厭你（妳），連所有任課教師都認爲教到你（妳）是最倒楣的一件事。」教師這樣的話語只會激怒學生與班上同學的對立，更會讓當事者也討厭所有任課教師與班上同學，教師告誡的話語不僅無法消弭解決問題，反而是促發衝突問題的製造者，教師輔導管教學生時，可明確告知學生其行爲的不當處，爲何不當，此不適切行爲造成的可能後果，教師的態度要眞誠，讓學生知道教師是眞正的關心他；教師的用語要謹慎，避免延伸更大的衝突事件。

教師作爲班級經營與管理者時，對於管理者應有的涵養是：「管理的眼睛要非常明亮，不容許看錯學生；管理的耳朵要十分清晰，不容許誤會學生；管理的口舌要完全理智，不容許怒責學生；管理的態度要真正誠懇，不容許體罰學生。」將每個學生帶上來，不要放棄任何一位學生，是教師應有的倫理準則，也是教師所要努力的目標，教師絕不能因學生的不受教而對學生說出以下話語：「你（妳）知不知道，不僅同學討厭你（妳），連老師也不喜歡你（妳）。」「教師可以責罵學生，但不能藉由責罵而侮辱學生；教師可以處罰學生，但不能藉由處罰而傷害學生；教師可以告誡學生，但不能藉由告誡而威脅學生。」教師也可以依校規來處罰學生，但不能藉由校規處罰而恐嚇學生。

每位任課教師或班導師最希望教到成績好又守法守紀的學生，其次是希望教到成績稍差但循規蹈矩（品德行爲良好）的學生，最不希望教到的是成績不好又愛搗蛋不守規定的學生。成績不好品行表現也欠佳的學生固然令人不喜愛，但身爲教師不能將此不喜愛的態度表現於外在行爲，而讓學生誤解「老師打從心底就不喜歡我這個學生」，碰到此類學生固然令教師頭痛，但班級有這樣的學生也是對教師教育專業的一種考驗，教師要用心思考如何導正學生的不當行爲，絕不能任意放棄學生，讓學生有失學藉口而變成中輟生。當教師用盡所有方法還是無法導正學生違規犯紀行爲時，教師就應尋求學校支援系統（如輔導室）的幫忙，此外，也要運用教師影響力，讓學生的家庭教育發揮正向功能，雖然教育不是萬能，但身位一位教師應時時告誡自己：「我自己是否盡力了」、「我是否用對方法了。」唯有愛、耐心、策略方法同時並用，才有可能改善學生的不當行爲。

第八章　教學倫理延伸案例的省思

案例8-1 只教不管的教師

鍾老師是個新進的理化教師，他認爲教學才是教職最重要的工作，因此對於學校相關活動的參與度很低。有一次中午午休時間，鍾老師至男生專用廁所上小號，當他進到男生廁所時，便聞到一股很濃的菸味，接著聽到二間廁所內有同學嬉鬧聲，一位同學說：「我們導師眞的很機車，什麼事都要管，有夠煩的」。另一位同學呼應著說：「何止機車，簡直是找我們麻煩，不睡午覺也被罰站，但爽的是今天機車老師到校外開會了。」鍾老師除聽到同學批評其班導外，看到每間廁所上方都冒出菸，他看到吞雲吐霧的情形，心中明確知曉那二間廁所內的同學在抽菸。鍾老師明明知道廁所內有同學抽菸，但卻沒有採取任何的勸導管教策略或通知學務處人員處理，裝做沒有看到，上完廁所後便直接回到辦公室，鍾老師心想：「同學抽菸的管教是他們班導師與學務處的工作，他們也不是自己班上的學生，沒有必要理會這種事情。」

放學前，當鍾老師進到辦公室時，聽到辦公室同仁說，中午學校東側廁所內發生一位二年級學生被圍毆的校園霸凌事件，此位二年級林姓學生因爲要使用廁所和幾位躲在廁所抽菸同學發生口角，一言不和，這幾位躲在廁所抽煙同學說二年級學生「白目」，因而痛打他一頓，造成二年級林姓學生輕微腦震盪。發生校園霸凌打人的東側廁所，就是鍾老師中午使用的那間廁所，而打人的那幾個同學就是午休時間擅自離開教室，躲在廁所抽菸的學生。

教師加油站

身爲教師若無法有效處理學生問題或沒有時間處理學生間衝突時，可尋求學校支援系統的幫忙，教師不能明知學生問題而不採取任何管教或積極策略，這是一種消極的態度，也是一種不負責任的做法，支援系統如學務處、輔導處的主任、組長，教官室的教官，當事者所就讀班級的導師。教師若能多盡一點力，學生的衝突事件就會少一點；教師若能多用點心，學生不當行為就會少很多。一位稱職的教師不能看到或發現學生問題或衝突事件時裝做不知道，或消極逃避不敢面對，而是要「積極介入處理輔導，無法適時介入處理時，要立即尋求學校支援系統的協助，教師不能裝作眼瞎、耳聾；教師如能多雞婆些，則能消弭許多衝突或校園霸凌事件。」

案例8-2

課堂中評論政治人物

葛老師對政治議題情有獨鍾，平常沒課的時候喜歡和同事們評論政治人物，總是講得口沫橫飛，甚至上課了還欲罷不能；課餘和同仁討論政治議題，有時和同事們的意見相左，還爭得面紅耳赤。

葛老師的嗜好之一是喜歡看政論性的談話節目，聽名嘴「鬥嘴鼓」。或許是太關注了，葛老師上課時竟忍不住要對政治人物評論一番，在評論政治人物或事件時，用辭都非常「激動」、情緒也非常高昂，像評論指責某某立委「講話都沒有經過大腦」，某某官員「有頭沒腦」、某某官員頭殼壞掉了、某某部會推行的是「狗屁政策」等。因爲葛老師於課堂中「頻繁」論政，有時會使教學突然中斷，學生難免會跟家長反映，有位家長的政治立場明顯和葛老師不同，便一狀告到校長那邊；此外，其餘家長也認爲課堂中講述評論政治議題，有失教育中立原則，何況教師評論的時事及政治議題完全與課堂教材內容沒有關係，教師的批判話語純是個人主觀內容，不是從客觀角度解析，長期下來，不僅會影響課堂進度，也會影響學生的思想與判斷力，因而紛紛向主任反應葛老師的課堂行爲。

教師加油站

通常每個人都有自己的宗教信仰與政黨取向，教師也不例外。課堂教學中，政治與宗教議題非常敏感，教師不應背離教學的本質，與教材內容無關的政治議題或政論節目內容，教師不應將之帶到課堂中。私底下教師可與同仁討論政治議題，但不能過於主觀，或強迫同仁接受自己的論點，否則很容易引起同仁間的衝突。曾有教師在選舉前夕，於辦公室討論年底選舉事宜，甲老師直接批評某某候選人形象很差，年底選舉肯定不會選上，也希望在現場的同仁不要選給他，但乙老師的觀點剛好與甲教師相反，認爲甲老師所講的都不是事實，甲老師對事情根本沒有深入了解，而直接反駁甲老師的論點，就這樣二位教師在辦公室吵了起來，愈吵愈大聲，誰也不服輸，最後還是其他同仁請校長出面勸和。在人際溝通上，尊重他人的選擇與主體性，才能贏得別人的一種尊重，所謂「敬人者人恆敬之、愛人者人人恆愛敬之、禮人者人人恆禮之。」一位有效能的教師必須謹守教育基本規準：「合自願性的歷程、合認知性的程序、合價值性的活動、合法則性的程序、合倫理性的行為。」

案例 8-3

課堂批評同仁

劉老師在成爲正式教師之前，當了五年的代理老師，年年都在不同的國中服務。照理說閱歷應當算豐富，與同事相處的基本應對之道也會懂得分寸。然而，劉老師在不知不覺中養成了一項很不好的壞習慣，就是在上課中喜歡批評其他老師和學校的一些措施。

在一次的段考試題裡，因爲題目偏難，學生的成績明顯退步。劉老師竟然向學生說：「命題老師應該有洩題給自己班的學生吧！不然爲什麼出這麼難，一定是要把別班的同學考倒，好凸顯她自己多會教！你們當學生的，應該知道怎樣表達自己的意見，讓學校聽到學生的聲音，你們自己應當知道該怎麼做，如果你不去反映，命題老師就不知道做錯了什麼？」

結果劉老師的話傳進了家長的耳中，最後也傳到命題老師那兒，讓命題老師既難過又憤怒，認爲就算命題有瑕疵，也願意虛心檢討改進，怎麼會被說成洩題，還鼓勵學生去檢舉老師的不是？

二十週年運動會，體育組長規劃了許多動態活動，劉老師對於體育組長規劃的校慶活動認爲沒有教育意義，於課堂中對學生發牢騷說：「這次二十週年運動會，學務處規劃的那些活動一點意義也沒有，我看體育組長及學務主任是在作秀，你們對那些活動只要應付就好了，根本不必太用心。」

學校爲配合教育革新政策與社會脈動，打算將傳統東西二面圍牆打掉改爲開放式綠籬，由於東西二面圍牆有學校美術教師的雕塑作品，富有歷史性，此外劉老師對於開放式綠籬一直持反對態度，於課堂中他當著任課班級同學的面前說：「你們將來在校園內活動要自求多福，因爲開放式綠籬只是好看而已，根本沒有教育價值，任何人腳一跨就可以進到校園了，我不知道校長及主任的腦筋在想什麼？」

每位教師都是獨立的個體，有自己的想法與教育願景，若是對學校行政措施或相關活動有意見，應該透過正式組織或非正式組織向學校行政單位反應，而不是於課堂中任意批評責難，教師於課堂中批評同仁的不是，是做了最壞的示範，教師可利用適當時機將個人的意見或心中疑惑表達出來。雙向有效的互動溝通才是解決問題的最佳方法，私底下謾罵批評並不能解決問題，反而會延伸不必要的衝突事件。教師是學生學習楷模，教師於課堂中隨意批評其他同仁的不是（同仁的行爲對錯也許只是教師主觀的看法與論點），學生目睹後也會加以學習，可能於課堂外或網路上任意發表攻擊污衊其他同學或教師的言論，學生會想：「我們老師都這樣了，爲何我不可以。」一位稱職的教師是：「有問題或疑惑會當面與同仁溝通，在課堂中不會批評攻擊學校同仁或他人，言論表達中肯客觀，對學生避免主觀與刻板印象，能爲課堂中的言語負完全責任。」

案例8-4

以考古題作爲段考試題

許老師在南部一所市區國中任教理化科已有三十年歲月了，這學期他也已申請退休獲准，學期結束即將告別教學生涯，退休後他最想做的事就是出國旅遊，遊山玩水去也。服務教職三十年來，許老師奉公守法、兢兢業業，按部就班，雖不是一位非常傑出POWER教師，但也是位盡職負責的教師，服務教職期間也兼任過教學組長、註冊組長等，在學生心目中是位教學認眞的教師，在家長心目中是位十分稱職的教師，在校長心目中是位有主見又配合度高的教師。

五月初，各國中都舉行第二次段考（第二次定期考查），國二理化科一考完，學生譁然，校園議論紛紛。教務處的主任及組長電話接到手軟，許老師卻渾然不知是他闖了禍。

原來這次國二的理化科段考題目，輪到許老師命題。許老師覺得他兩年前出的那份段考試題品質不錯（當時他出試題時花了很多時間），自認很有水準，便拿出來作小幅度的修正，就交給教務處的教學組了。不知是許老師太沒有警覺心，還是退休在即，人就變得鬆懈了。殊不知現在的補習班競爭很激烈，爲了提升學生的段考（定期考查）成績，都會蒐集各校之前各年度的試題給學生練習。結果許老師出的考題，有些同學在補習班已練習過了，更離譜的是，試題雷同度高達百分之九十以上，連選擇題的答案順序及選項內容都沒有更動。

學校開會討論，決定讓國二的學生重考理化科，更是讓學生罵翻天，直說學生又沒犯錯，爲何要再重考一次，眞是無辜；少數國二學生的家長更是憤憤不平，認爲教師及學校行政人員的疏忽，徒增學生的考試壓力；而不知情的家長更誤認許老師洩題給補習班，有可能與補習班勾結。許老師對於他一時的大意，造成學校的困擾及學生的不便，深感內疚，他告訴校長，不知現在補習班的競爭這麼激烈，幾年前的學校考古題都蒐集這麼齊全；而讓許老師眞正難過的是，聽到部分家長說他與補習班勾結，不知拿了補習班多少的好處，許老師因圖一時的方便，造成學校極大困擾與家長的誤解而後悔不已。

教師加油站

段考或是模擬考等正式考試，教師一定要自己命題，試題內容的難易度要適中，若是之前有不錯的試題，教師當然也可以採用，但教師最好將題幹的詞句重新撰寫，選項內容與答案也要變動，最好不要完全引用。教師命題時要把握命題原則，其中了三個重要命題準則爲：一是絕對不能洩題；二是不要直接引用出版商的題庫或考古題；三是試題的難度不能太過艱深等。在已發生段考重考的事件中，多數均是命題教師不用心導致的，此種不用心就是教師直接引用出版商編製研發的題庫，或是直接採用之前學校或他校的考古題，教師若是輪到段考或模擬考或重要考試的命題教師，試題題目必須親自命題，依據雙向細目表架構出題。一位稱職的命題教師「出的題目非常靈活有創意，題目試題均是個人自己創新研發的，題目難易度適中富有鑑別度，每個題目都是教師個人的智慧財產權。」

案例 8-5

因綽號而體罰學生

明倫國中朱老師是二年級數學老師，體格壯碩，其任課班級學生私下都叫其「胖朱」（胖豬）。朱老師上課非常認眞，唯一的缺點就是自我情緒控制不是很好，而其處罰管教方式也不佳，如常因學生考試成績不好，而大聲怒責學生，讓學生受到驚嚇；此外，也常因班級部分學生課堂吵鬧，讓學生罰站聽完整節課，朱老師這些不當管教方法，曾被家長告到校長室，校長及學校處室主任也與朱老師溝通許多次，請其改變管教方式。某日第二節數學課，鐘聲響起後，朱老師走進二年五班教室，看到黑板上寫著五個「胖豬」字語，朱老師一看到，馬上問黑板上的字是誰寫的，只見陳金明緩緩的舉起手來，朱老師一看到陳金明舉起手來，快速走向陳金明坐的位置，連續掌摑其臉頰三下，邊打邊怒罵說：「身爲學生怎麼可以罵老師是豬，如果老師是豬，你（妳）們班上都是一群笨豬。」朱老師打完後，又瘋狂式的抓起陳金明的頭撞擊桌子，提高聲音怒吼著：「居然罵我是豬！」班上同學對於朱老師這種舉動，都驚嚇的不敢發出一點聲音。此時，長得人高馬大的班長突然站起來說衝到朱老師前面說：「老師，您這樣做會不會太過份了！」、「您看，金明的嘴角已經在流血了。」班長的話語似乎讓情緒失控的朱老師恢復理智，朱老師停止責罵怒吼的聲音，也放開其抓緊陳金明頭部的雙手，全班變得寂靜無聲，朱老師突然改用輕聲細語的語調告知班長：「班長，趕快帶金明到保健室擦藥。」

教師加油站

綽號有時是一種親切的稱呼，但教師要教育學生，若是幫同學取的綽號，讓同學有不舒服的感覺，就不應以綽號稱呼同學。幫老師取綽號時，綽號不能有不雅的名稱，因爲不雅的綽號是對人的一種不尊重，如果老師不喜愛同學幫他（她）取的綽號，要明確的告知學生：「這個綽號老師很不喜歡，老師感覺很不舒服，希望同學以後不要再以綽號稱呼老師。」身爲教師也要有開放胸襟，若是學生取的綽號沒有不雅或損傷教師的意思，教師也不用太在意。幫人取綽號也是一種藝術，更是一種智慧，這部分教師要教育學生。有些教師能接納容任學生所取的綽號（當然這個綽號的前提是沒有不雅的字眼），如「大肚老師」、「小蟲老師」、「麻辣教師」等，但有些教師因爲人格特質關係不喜愛學生幫其取綽號，如果綽號沒有任何不雅或辱罵不敬的意圖，教師可以大方的接受；有些學生是基於一時好玩與好奇，並不是故意要辱罵教師，教師若是發現學生以不雅的綽號稱呼同學或教師，要立即糾正，糾正教導學生，並不是要對學生拳打腳踢、怒氣沖沖的責備謾罵學生。一位受學生喜愛的教師是「能接受學生適當而合理的小玩笑，能接納學生一時的行為失誤，能願諒學生一時失誤所造成的不敬。」

案例8-6 請工友代課

在第一次國中基本學力測驗的前兩週，一所偏遠地區小型國中的顏姓數學老師，因爲臨時感冒生病，又找不到老師幫忙，心想課程都已教完，就想到一個變通辦法，請女工友「代課」，到課堂上發考卷給學生練習，顏老師特別叮嚀代課工友數學考卷要發給學生練習，並於數學課堂中完成，她星期一上課時會檢討。

但是這位代課的工友，放任學生自由活動，並沒有盡到督促的責任，將二張數學試卷發給學生後便放任不管，自己坐在教室內休息，班級內的學生看到是學校工友代課，多數學生都不加以理會，有的學生在睡覺，有的學生跑出去玩，代課工友自己也在打瞌睡，教室鬧哄哄，許多同學三節數學課並沒有專心的練習數學試卷，三節數學課就在同學嬉鬧遊戲中浪費掉，有位學生很不滿，因為同學太吵害他無法專心練習或自修，便拿起手機拍下課堂情形向家長投訴，家長氣的大罵太誇張。

顏老師解釋說，當時學期考試已經結束，才會讓學生自由活動，一切都是誤會。當初之所以請工友代課這種下下策，實在是學校老師太少了，加上自己重感冒生病來不及事先找好代課教師，事出突然，保證沒讓學生受教權受損，病好後已找時間幫學生補課了。

但這樣的理由，不少家長還是難以接受，懷疑學校是推卸責任。而且月底就要學測了，國三生正在最後衝刺階段，學校把學生晾在一旁，實在說不過去。

教師加油站

請工友代課是嚴重違反法令的，教師如果無法立即找到代課教師，應請學校主任及教學組的幫忙。這就好像公務人員有事請假，臨時找一位沒有公務員資格的人代班一樣，此種情形是違反法令規定的。教師找尋的代課教師最好有學士學位，如果是中等教師必須是相關領域專長的教師，如國文代課教師必須是國文系所畢業、數學代課教師必須是數學系所畢業，教師必須明確告知代課教師，代課教師課堂的職責也要重視教學品質與學生常規管理，如果可以的話，代課教師最好以有修讀教育學程者的較適合。

案例8-7

未按規定請假

許老師是七順國小的英語科專任教師，之前負責教授年級的是三、四年級。暑假期間許老師至美加自助旅行，原訂於八月底前回國，但許老師不知何事耽擱，至九月中旬才能回國，由於國小是九月一日開學，許老師無法準時回國，其擔任的英語課程便沒有教師授課。許老師並沒有循正當程序向學校請假，也沒有請學校教學組協助其找代課教師，而是私底下打電話請其大學部英語系的一位林姓同學代課，這位代課林姓教師沒有教師證書，也沒有修讀教育學程。

開學後，部分中年級班級導師發現英語科教師並不是教學組課表上原先排定的許老師，這位新面孔的老師在學生常規管理上似乎不是很好，紛紛向教學組查詢是怎樣一回事，有些教師還認為是許教師生病或家庭突遭變故，不然怎麼會開學就請假，教學組及人事主任細查教師請假情形，發現許老師並沒有正式向學校遞出請假單或請學校同仁代為請假，經詢問代課林老師，才發現原來是許老師無法於開學時回國，便從國外直接打電話給林姓教師，請其幫忙教授二個星期的英語課程，林姓教師告訴許老師，她沒有修讀教育學程也沒有教師證書，恐有不便，但許老師又告訴她，以大學部所學的專業知能，教授三、四年級的英語課程綽綽有餘，何況短期代課教師不需要有教師證書，請林姓教師不用擔心，由於林姓教師曾在某英語補習班教授兒童美語經驗，自認可以勝任，加上許老師的一再懇求，因而林姓教師便答應許老師的請託。

校長、主任及人事主任知悉後，召開相關會議，會議一致通過，許老師未依規定請假，又請沒有修讀教育學程的林姓教師代課而沒有知會教學組，嚴重破壞學校的行政程序，恐影響學生的學習權，因而以「曠職」來懲處許老師，教學組並另覓合格的英語科代課教師來代課。

教師加油站

教師與公務人員一樣，若是因爲生病或臨時有事要請假，必須循正常程序，如果事發突然，教師可請同仁或教學組代爲請假，如果教師貪圖方便不假外出就是曠職。請假只是一個簡單的程序，教師必須依法行事，課務自有教務處安排，不用自己操心。教師如認爲自己有認識優秀的老師，是可以向教務處推薦，由教務處按行政程序處理，絕不能自己私下到校外找人代課。教師不應以爲請假找人代課的事情很容易，就不按程序請假，教師有事請假並不影響教師的專業性，校園中也沒有教師會無故請假不到校上課者，教師請假也不是一件可恥的事情，教師「不能以事簡而不爲」，違反請假規定，否則學生出了意外，不僅是責任的問題，更是道德良心的層面問題。一位稱職的教師是「凡事能依法行事，在法的前提下兼顧情理；凡事能配合學校行政程序，不會自以為是，違反法令規定。」

案例8-8 作弊遭同學舉發

大和國中爲建立學生榮譽感與責任心，這學期推廣「榮譽考試制度」，榮譽班級考試是沒有老師監考的，完全仰賴同學的高度自我要求，如果同學作弊被其他同學舉發或被巡堂教師發現，該科以零分計算，並記大過一次。

第二次段考時，三年二班徐延生因爲歷史科準備不夠充分，怕段考成績太差，利用MP4錄音筆錄下考試重點，在歷史段考考試時，使用觸控耳機聆聽錄音內容作答，結果被鄰近同學發覺，下課時三位同學一齊向班導師檢舉。班導師於隔天早自修時，當著全班同學正式質問徐延生，說同學目睹到他考歷史科時作弊，徐延生因同學指證歷歷，只好當著全班同學面前坦誠昨天歷史科考試時的確有作弊，班導師以嚴厲口吻當場責罵徐延生一頓，說他缺少榮譽感，爲了分數不擇手段，嚴重破壞班上聲譽，要徐延生寫下悔過書、反省自述表，此外，也立即轉告教務處及歷史教師，第二次段考的歷史科零分，並依校規記大過一次。這一天，全班同學都知道徐延生考試作弊，歷史科零分。

教師加油站

教師在處理班級中的說謊、偷竊、作弊等學生事件時，必須特別謹慎小心，因爲這些事件關係在學生的顏面，教師若是當衆讓學生出糗難堪，可能會嚴重傷害到學生的自尊，有些校園自殺或逃學事件，就是跟教師對學生事件的處理不當有關。教師處理學生說謊、偷竊、作弊事件要有技巧，也要有智慧，這也是教師專業知能的應用。處理學生說謊、偷竊、作弊事件時最重要的是考量到學生的自尊，教師不應當衆拆穿學生謊言、當衆指責學生是偷竊者、當衆辱罵學生行爲不檢，考試作弊，教師應考量到學生的面子，讓學生於全班同學面前難堪困窘、下不了台，是最不智的處理策略。一位稱職的教師是「能有效處理學生的問題行為，又能兼顧學生的自尊；讓學生知道自己做錯事情，也能讓學生有改過自新的機會。」

案例8-9

罵同學白吃

一心國中位於舊社區，早年那兒工廠林立，違章建築很多，居民多數爲原住民，來自台東、花蓮、屏東等地。儘管時空變遷，這所學校家長的社經地位仍然比其他學校低，很多學生是單親家庭或隔代教養家庭，學生家長多數是勞工階層或臨時工。

中小學開辦營養午餐後，向學生收取營養午餐費用也是多數學校導師的職責之一，有些學校爲減輕班導師工作量，開學時會將營養午餐費連同註冊費一次繳交；有些學校考慮到學生學期的營養午餐費一次繳交，對部分家長會造成經濟負擔，因而會逐月向學生收取。談到收費，總令班導師傷腦筋，有的班級兩三天就可收齊，有的班級就是拖拖拉拉，學生要一、二個星期才會完全繳交完畢，班導師明明已發下通知單，甚至釘在聯絡簿上，請學生務必向家長轉達，然而過了繳費期限，還是有三、五位沒交。五年二班就是如此，級任蕭明倫老師沒有辦法，每個月的班級營養午餐費用都是自己先墊款，把費用交給總務處的出納組。

有一天，蕭明倫看到班上的吳興典同學，午餐時吃得特別久、特別慢、特別多，掃地工作都已開始了，他還在吃。抬餐桶的同學已在催促了，吳興典告知同學說：「我的湯還沒有喝，請再等一下。」蕭明倫老師坐在教師位置，看在眼裡，氣得大罵：「你這個月午餐費用到現在還沒交，午餐還要白吃。」當下讓吳興典傻眼，吳興典順口說了一句：「我不吃了！」

下午掃地時間，吳興典負責打掃外掃區域，掃完後同學一同回到教室，此時下午第一節上課鐘聲也響起，這節是級任蕭明倫老師的國文課，全班同學坐好後，吳興典看到黑板右側寫著：「吳興典裝白癡，營養午餐白吃白喝。」吳興典看到書寫的字體不是蕭老師的字，而是班上某個同學書寫的，整整四十分鐘的國文課堂上課中，蕭明倫老師也看到這行字，但蕭老師裝做沒有看到，也沒有把這行字擦掉，而專注於課程內容的講述中。下課時，班長陳思宜覺得這行字很不適切，自動到黑板上把此行字擦掉。

教師加油站

教師不只要關注學習成就前半段或高社經地位家庭的學生，更要關懷學習成就後半段及弱勢家庭的學生。弱勢家庭的學生通常也會伴隨低學業成就的情形，這些學生是最需要教師付出更多關心與愛心的。每個人天生下來即有許多的不平等，教師對待學生必須排除此種天生或原生性的不平等，讓每個學生感受到教師同樣的愛。若是學生在學習或生活上有困難，教師要盡其所能的幫助學生，經濟上困難並不是要教師直接以金錢資助學生，而是教師可轉介學校輔導室，請輔導室協助介入；至於學習上的困難，教師可採取補救教學或推薦參加攜手計畫，以提升學生的基本知能。教師絕對不能放棄任何學生，當學生感受到自己被教師放棄，這些學生離開校園後，有的可能會變成社會問題青少年。教師應切記：「積極用心的拉學生一把、不要對任何學生放棄，教師的愛與關懷會改變影響學生的一生。」

案例 8-10

粗糙的「舉手」調查法

在國中小當導師，常要協助學校的各處室作一些調查，像單親家庭、低收入戶、外籍配偶子女、隔代教養、身心障礙等。

有時候是行政單位急著要資料，以便呈報教育局；有時候是老師貪圖方便省事，就當著全班同學的面，大聲宣佈：「單親家庭的舉手」、「外籍配偶子女的舉手」、「身心障礙的舉手」。或許是沒經驗，或許是不當一回事，國一的新手導師蔡老師就「直接了當」問學生。

小昭的父母上個月剛離婚，小昭把手舉了一半又放下，她不願意讓同學知道她現在沒有了媽媽，尤其是她國小還有好幾位同學上了國中後還是在同一班。只見她眼眶含淚，但是導師沒有覺察到。

蔡老師又問：「有身心障礙手冊的請舉手」，沒人舉手。下課後，阿忠急忙跑出教室，把身心障礙手冊交給導師。蔡老師氣得罵他：「你剛剛爲什麼不舉手？」阿忠頭低低的，不敢看老師一眼。

教師加油站

學生個人有其隱私與自尊，教師在班級經營與教學過程中要特別加以留意。對於學生想保留不想讓全班同學知道的內心世界，教師最好採取個別約談的方式進行。如社會領域教師講述到外籍新娘教材內容，應當謹慎為之，不宜直接說外籍新娘的家庭社經地位較低，來台後生活適應不易，其子女的學習通常較為困難等。教師想了解班上那些同學的媽媽是外籍新娘，直接於課堂中問學生：「媽媽是外籍新娘的請舉手。」或是如「沒有爸爸（媽媽）的請舉手」、「是低收入家庭的請舉手」等，這樣的提問與調查是違反教育本質的。課堂中舉手調查是有其限制的，教師不能因為簡單易行，而沒有考量到調查事項的內容，教師應考量到舉手調查方式是否會傷害到學生自尊或侵犯到學生隱私權，若是可能，教師可改採用書面的調查方式（類似問卷調查），如此，才不會傷害到學生。「請舉手」雖是簡單的三個字與動作，但若是教師於課堂中運用不當，則會對學生造成嚴重的心理傷害，一位稱職的教師是「能根據調查事件的屬性，妥慎選用適當的調查工具與調查方法，既能快速有效的蒐集到相關的資料，又能兼顧到學生的個別差異而不會對學生造成任何傷害。」

案例 8-11

情緒無法掌控的教師

陳老師是某國小三年二班的班導師，運動會前夕，三年級教師在辦公室討論學年要表演的節目，等到討論完後，下課時間已過了十分鐘。雖然陳老師比較慢進教室，但由於平時已分配打飯菜的服務同學，在等待陳老師進教室的時刻裡，同學的飯菜都打好了，連陳老師的便當盒也打好了飯菜。由於陳老師平時都會和同學一齊用餐，因此同學雖然打好了飯菜，卻都還沒有開始吃，在陳老師還沒進教室的空檔，有幾位同學嬉鬧追逐，因而全班鬧哄哄的，十分吵雜。陳老師走進教室，看到學生鬧哄哄，想起學生最近的表現就一肚子氣，學生功課不好，秩序又差，講也講不聽，告訴學生在教室內不能追逐，不小心跌倒很容易發生意外傷害，學生就是不聽。陳老師連吼了幾次「不要講話」、「開始用餐」，有幾位同學依然故我，陳老師的情緒突然失控，走到門邊大吼一聲：「我不吃了！」，並用力把前門，「砰」的一關就離開教室了，當天中午有些同學被陳老師的舉動嚇得沒有用營養午餐。

教師加油站

教師應多看學生的優點，對於學生的行爲改變是要有耐性的，教師的情緒要控制得宜，不應突然出現像歇斯底里的症狀，如喜怒無常，責備學生時暴跳如雷、怒摔物品等，尤其是國小中低年級同學，並不是老師講述的話學生不聽，有時是學生因爲好玩與童心關係，較活潑好動，因而身爲教師必須要有耐心與愛心，不厭其煩的再三叮嚀囑咐。「學生是需要教導的，學生的行為改變是需要時間的，要學生行為於短暫時間內改變是不可能的，教師應發揮創意，來激勵改變學生。」

案例8-12

教師不管，讓學生打學生

張老師是太順國中二年四班的數學科教師，教學認眞，帶班嚴格，也常指導學生做科展，並兼任指導資優班數學科的加深加廣課程。張老師在學校裡看起來相當忙碌，但每天傍晚時分，喜歡和同事到地下室打打桌球，以活絡筋骨，舒展身心。

每天下午放學前，班長會拿著一大疊名單去辦公室給張老師，有上學遲到的、上課講話的、作業不交的、考試不及格的、整潔工作不認眞做的，科任教師課堂上課中吵鬧的等等，讓張老師非常心煩。

有一天，張老師心生一計，便把班長、副班長、風紀股長等人叫來，面授機宜一番，交待以後由幹部來執行管教任務。上學遲到一分鐘，放學後留下來自修五分鐘，但最多罰九十分鐘，此事由班長負責；作業不交者留下來罰寫，罰寫五遍，此事由副班長負責；上課講話者或吵鬧者，一次打手心二下，此事由風紀股長執行；整潔工作不認眞者，中午負責打掃教室內外，此事由衛生股長負責；至於考試不及格的同學，由張老師親自個別約談了解原因。自此以後，風紀股長負責「打人」，打上課不守規矩或吵鬧的同學，而且是由導師授權開打。不到一周，學生就紛紛向家長反映，他（她）不是被老師處罰，而是被同學（風紀股長）打，有的同學和風紀股長平時交情較好，就會被打得比較小力，漸漸的，風紀股長成爲全班公敵，每位被風紀股長打過的同學都很討厭他。

風紀股長漸漸感到班上許多同學都很討厭他，說他是老師的「走狗」，而且還跟他嗆聲說：「當風紀股長有什麼了不起，爲什麼可以打同學？」風紀股長聽到後很難過，告訴老師說他不想當幹部了。

教師加油站

輔導管教學生是教師的職責，班級幹部只是協助教師教學活動的順利進行，或是協助教師班級常規管理。班級幹部是協助者角色，教學與管教輔導的主體應回歸到教師角色。以各科小老師爲例，其工作是協助教師督促與提醒同學學習單的撰寫、收發該科作業、登記同學平時成績等，教師不能將教學工作轉移至學科小老師身上，若是有同學作業不交，也應由教師親自處理。教師不應怠忽教師應盡的責任，而想出一些奇怪的班級經營的做法，否則有失教師應負的職責與應盡的義務，「創新的班級經營，是一種正向的管教方式，而不是一種『以暴制暴』的負向方法」。

案例 8-13

獎勵&罰款規則

陳平和是和順國中一年三班的級任老師，教授的科目是國文，陳老師的企圖心與好勝心很強，有關學年的比賽常要求班上學生要得到前三名。開學一個月來，班上的整潔、秩序與資源回收三項比賽在全年級十五個班級中都是敬陪末座，陳老師認爲班上同學過於散漫，不重視平時的行爲表現，因而於第五週的班會中，明確的告知學生，爲激發班上同學的榮譽心，班上實施「獎勵&罰款規則」。凡是參加學年比賽獲得個人項目的前三名，除學校的獎勵外，教師會自討腰包頒給得獎同學三百元、二百元、一百元不等的獎勵金；但是整潔、秩序與資源回收三項常規性的比賽，如果沒有得到前三名，每個同學要罰款十元，同學罰交的錢就作爲班費。班上同學對於老師實施的獎勵金制度非常贊同，但對於三項常規性比賽沒有得到前三名，要被罰十元的「罰款規則」並不十分認同，由於陳老師甚爲嚴厲，同學就算內心反對也不敢表現出來，只有私底下相互抱怨說：「那有沒有前三名就要被罰錢的。」

運動會時，一年級有舉辦趣味競賽，當體育組將比賽辦法發給各班後，陳老師利用早自修告訴學生，跑步快慢與體能不是短期就能訓練出來的，大隊接力輸了他不會責怪同學，但趣味競賽是可以訓練的，只要同學於比賽前多練習，要進前三名並不是難事。學年班級比賽獲第一名對陳老師而言，似乎是一件比教學更重要的事情。爲了讓同學於運動會當天有最好的成績，運動會前的三個星期，每天早自修時間，陳老師就帶領全班到操場練習，若是同學表現不好，陳老師就大聲責罵，說同學的動作遲鈍，笨得跟豬一樣，凡是被罵的同學，都覺得很沒有面子。運動會前二天，陳老師突然又頒布一項新的規定，運動會趣味競賽若是得到前三名，老師請全班同學吃麥當勞，但是如果沒有得到前三名的名次，班上每位同學要罰交二十元作爲懲罰。

多數同學對於老師又以罰款來作爲沒有得到前三名的懲處，非常不以爲然。

教師加油站

班級經營中，不論教師有任何理由都不能以罰款來懲罰班級學生，除非是學生故意破壞學校的設備、材料或硬體設施，學校可請求學生或家長賠償。賠償與罰錢在本質上有極大的不同，賠償通常是可將過失責任歸咎於學生。罰款不僅有違相關法令規定，也不符合教育或管教原理，教師絕不能採用，尤其是考試成績方面，教師絕不能因爲學生考試成績未達標準或及格，而對學生罰錢，這是一種不合法也不合情理的處罰方式。「以罰款來管教懲罰學生，是一種最愚蠢不智的方法，也是一種絕不能實施的策略。」

案例8-14

身教無法落實

許朝雄是和平國小六年二班的導師，做事中規中矩，對學生課業與常規行爲的要求還算合理。在手機的使用方面，許老師認爲手機的使用是社會潮流，有些學生的確有使用的需要，因而沒有禁正學生攜帶手機到校，但許老師規定課堂上手機必須關機，若是課堂手機響起干擾到學習活動的進行，中午午休要罰勞動服務；此外，許老師也告知同學手機要自我保管好，以免遺失或被偷。由於許老師對於手機使用的規則定得十分清楚明確，因而多數同學也能遵守。

許老師對於同學手機在班級使用程序的規定還算周延且合理，但許老師自己的手機卻沒有於課堂進行中關機或調整爲震動或靜音，而是將手機置於手機袋內，再將手機袋套入左邊的皮帶上。課堂進行中，有時手機響起，許老師不管課堂內容進行到那裏，或是學生正進行何種學習活動，均會暫時停止一切的教學活動接聽手機，由於手機響起的聲音很大，少數很專注聽講的同學還會被突然響起的手機聲驚嚇到。許老師告訴學生，對方打來的電話都很重要，老師要立即接聽。

有一次，班上某位同學因爲在下課時，有事打電話給媽媽，上課時手機忘記關機，課堂上許老師正在講解數學，這位同學的手機突然響起（她媽媽打來的電話），許老師被突如其來的聲響打斷教學思緒，因而非常生氣，整整責備這位同學十分鐘，要這位同學中午午休時把教室內外打掃清理乾淨。

教師加油站

教學歷程中，身教重於言教，品德教育的落實就是要從生活中去實踐體會，當教師能以身作則爲學生楷模時，學生自然能遵守相關的班級規範。教師若是當天有急事必須接聽手機，可將手機調整為震動狀態，當手機響起時，教師再到教室外接聽。如果這通電話有其迫切性，教師也可以很明確的告知學生。如此，學生定能體會教師於課堂中接聽手機的動機與真正目的。

案例 8-15

處罰過度不合理，學生傷害難撫平

在一所大學的學生宿舍裡，一群學生正在聊天、哈啦，聊著聊著，就聊起國中時期老師的處罰方式。

阿其：「我們的老師罰寫很恐怖，動不動就要寫五十遍、一百遍。那抄得完，有的找父母、同學代寫，有的花錢找人代寫，有的寫整晚、寫通宵，我同學氣得罵老師說她以後生小孩會沒屁眼。」

阿文：「我們的老師，就是講話很沒有口德，他的嘴巴就是讓人不敢領教。學生也不是犯什麼大錯，「歷史罪人」、「社會敗類」、「米蟲」、「寄生蟲」、「吃屎」、「豬頭」等不堪入耳的話語都出來了。平常老師也是口無遮攔，笨得像豬、豬腦袋、不長進、沒出息等，你想得出來的，他大概都有講過。最誇張的是，他批評一個女生說，「她那需要讀書，她只需要把雙腿張開，就會有錢賺了！」

阿江：「我遇到一位老師，處罰學生的方式無奇不有，學生稱爲『滿清十大酷刑』，像雙手著地，屁股翹高，老師用藤條往屁股抽打下去，讓學生痛的哇哇叫；罰站時叫學生雙手舉起拿起書包，以警示學生說書包內的課本要用心讀；叫學生從班級教室走廊青蛙跳，把整個樓層跳一圈，如果一個樓層有二十間教室，就要跳過二十間教室，被罰同學跳完後，雙腿發軟。眞的有夠變態！」

阿遠：「大概是我的功課不錯，遇到的老師還算OK啦！但我一位同學可就慘了，調皮得很，功課又差，常被罰青蛙跳、交互蹲跳什麼的，上課被老師用手指敲腦袋，就好像在敲西瓜熟了沒。」

阿福：「我們那位老師，被學生取了一個綽號，叫做閻羅文，打學生一點也不手軟，籐條打斷換椅子的條狀木板打，有時拿起掃把就打，教室就像殺戮戰場，學生被打得落花流水；考完試後，我們班就像『油品』跳蚤市場，每個同學會說，擦了他帶來的油被老師打時比較不會痛，或是被老師打過後擦上什麼油，紅腫傷痛會立即減輕。」

阿仁：「我碰到一位老師，超愛錢，什麼都用罰錢，作業沒交罰五元；上課遲到一分鐘罰一元。最誇張的是，連考試考不及格，都要罰錢。錢又不是我們賺的，幹嘛罰我們錢。」

阿寶：「我看到一位老師，很喜歡罰學生跑操場，動不動就罰學生跑十圈、二十圈，學生跑不動、跑不完，就要學生分期付款，隔天還是得跑。常規行爲不乖或吵鬧被罰跑操場也就罷了，連考試不及格也要罰跑，但是有些同學就不是讀書的料，但那位老師也不管這些。後來，我聽說他們班上有好幾位同學都轉走了！」

後來有一位同學提到那時候的老師也不好做，學校採能力分班，放牛班的學生就「隨他去吃草」，放牛班的導師缺乏成就感，也常用打罵的方式管教學生。那個時代雖然過去了，但體罰的傷痕似乎還存在著。

教師加油站

後現代主義浪潮是個多元、民主、開放而重人權的社會，時代在變、社會在變、潮流在變，教師的管教方法與班級經營策略也要有所轉變。有些教師常會說：「我的中小學就是在體罰中長大的，以前我的教師可以，爲什麼論到我當教師就不可以」，「以前可以」不代表以前的管教處罰方式合理且適當，「以前可以」不代表「現在可以」。就學習向度而言，教師在職進修才能符應知識經濟時代脈動，而不會出現「以過去知能，教現代學生去適應未來社會」；就輔導管教向度而言，教師必須採取合法、合理且有效的方法，才不會出現「以不當管教方法，處罰過當而傷害學生的人格與自尊。」相關理論證實，對學生採取體罰或不合理的處罰方式是弊多於利，其對學生的傷害可能是一輩子的，「教師責罵學生的言語要中肯，對事不對人；教師處罰學生的方法要合理，不可意氣用事。」教師對學生的影響是長遠的，即使學生離開校園、成家立業還是會憶起中小學的學習生活，「一位稱職的教師要成爲學生學習過程中的『貴人』而不是『罪人』，學生對教師的回憶是『感恩與謝意』，而不是『怨氣與恨意』。」

教師體罰學生或處罰過度造成學生身心受創，若家長提出告訴，一般而言教師會得到三項懲處：一是被行政處分記大過乙次；二是依學生受傷害情形賠償一定的金額；三是在校長及家長會長陪同下至學生家裡向家長及學生親自道歉，此外，最常見的一種情形是電視媒體會爭相報導。所有教師明知體罰學生是違反相關法令的，爲何教師還要採取體罰方法來管教學生，教師此種行爲是知法犯法，此外，教師體罰結果造成學生身心嚴重受創，此種傷害可能影響學生一輩子及之後的學習與生活，教師應該謹守：（「體罰就是不被允許的行為，管教與處罰學生要合理、合法，絕對不能意氣用事、情緒失控而對學生採取任何體罰方法。」）

註：本章節由吳明隆、許清練共同撰述。

國家圖書館出版品預行編目資料

教學倫理：如何成為一位成功教師？／吳明隆著. －－1版. －－臺北市：五南, 2009.08
面； 公分.
ISBN 978-957-11-5707-8（平裝）
1.教師職業倫理 2.個案研究
198.52 98012132

1IUH

教學倫理：如何成為一位成功教師？

作　　者 — 吳明隆（60.2）
發 行 人 — 楊榮川
總 編 輯 — 龐君豪
主　　編 — 陳念祖
責任編輯 — 李敏華
封面設計 — 哲次設計
出 版 者 — 五南圖書出版股份有限公司
地　　址：106台北市大安區和平東路二段339號4樓
電　　話：(02)2705-5066　傳　真：(02)2706-6100
網　　址：http://www.wunan.com.tw
電子郵件：wunan@wunan.com.tw
劃撥帳號：01068953
戶　　名：五南圖書出版股份有限公司
台中市駐區辦公室/台中市中區中山路6號
電　　話：(04)2223-0891　傳　真：(04)2223-3549
高雄市駐區辦公室/高雄市新興區中山一路290號
電　　話：(07)2358-702　傳　真：(07)2350-236
法律顧問　元貞聯合法律事務所　張澤平律師
出版日期　2009年8月初版一刷
定　　價　新臺幣440元